Peter Struck
Ingo Würtl

Vom Pauker zum Coach

Die Lehrer der Zukunft

Carl Hanser Verlag

5 4 3 2 1 03 02 01 00 99

ISBN 3-446-19656-0

Satz: Fotosatz Amann, Aichstetten
Druck und Bindung: Clausen & Bosse, Leck
Printed in Germany

Wir sollten aufhören,
junge Menschen erziehen zu wollen,
denn dabei werden sie am Ende ohnehin
nur genauso wie wir.

Österreichischer Politiker

Wir haben schon viele Reformen
erlebt, aber noch keine mitgemacht.

Hamburger Lehrer

Auf jeden Schulreformer kommen
mindestens tausend Leute, die vor ihm
warnen.

Florian Langenscheidt

Überhaupt lernt niemand etwas durch
bloßes Anhören, und wer sich in
gewissen Dingen nicht selbst tätig
bemüht, weiß die Sache nur
oberflächlich.

Johann Wolfgang von Goethe

Inhalt

Vorwort

Pinguine haben auch »Schulen«, aber noch nie hat man gehört, daß es Streit über ihre Erziehung gibt, obwohl sie von jungen, noch nicht lebenserfahrenen Tieren, die gerade nicht am Brutgeschäft beteiligt sind, geführt werden.

Nun wird man zu Recht einwenden, daß Pinguine instinktgesteuert sind, daß sich in ihren Schulen nie etwas ändern muß und daß ihr überkommenes, immer wieder gleiches Erziehungsgeschäft auch ausgesprochen einfach ist, und gegen diesen Einwand läßt sich dann kaum noch etwas sagen.

Über menschliche Schulen gibt es zur Zeit sehr viel Streit, vor allem in Deutschland. Ihre Schüler sind schwierig, denn sie haben sich in den letzten Jahrzehnten deutlich verändert, weil die herkömmliche Arbeitsteilung zwischen der Familie, die erzieht, und der Schule, die bildet, nicht mehr so gut funktioniert, jedenfalls bei der Mehrzahl der Kinder.

Es gibt keinen Konsens darüber, was Schule heute und im kommenden Jahrhundert zu leisten hat, denn alle europäischen Länder haben jeweils ein ganz anderes Schulsystem mit jeweils anderen formalen und inhaltlichen Akzentuierungen, und die 16 deutschen Bundesländer haben ebenfalls 16 verschiedene Schulsysteme mit jeweils anderen Schwerpunktsetzungen.

Und obwohl Schulen in Deutschland allerorten anders strukturiert sind, ist nirgendwo jedermann zufrieden: 43 Prozent der deutschen Schüler kritisieren ihre Lehrer. 80 Prozent aller Lehrer haben Angst vor Schülern, behauptet ein bayerischer Schulpsychologe. 85 Prozent der brandenburgischen Lehrer sind nach einer Studie der Universität Potsdam angeblich psychisch krank. Eltern erwarten von Schulen höchst Gegensätzliches und flüchten zugleich massenhaft vom staatlichen Schulwesen in Richtung Privatschulen. Die Handwerkskammern beklagen regelmäßig die schwachen Lese-, Schreib- und Rechenkünste der Schulabgänger. Die

Großindustrie vermißt bei ihren Bewerbern Schlüsselqualifikationen wie Selbständigkeit, Teamfähigkeit, Erkundungskompetenz und Konfliktfähigkeit. Der Bundesbildungsminister mahnt bei den Schulen mehr Kreativität und Innovationskraft, die Reduktion der Stoffvermittlung und Beihilfe beim Umbau von der Industriegesellschaft in eine Wissensgesellschaft an. Bildungsforscher wollen die autonome Schule statt der bürokratisch von Ministerien gesteuerten. Die Lehrerverbände bedauern ihre ausgebrannten Mitglieder, die mit zu hoher Wochenstundenverpflichtung zu große Klassen unterrichten. Schließlich beklagen die Lehrer selbst sich darüber, daß sie unzulänglich aus- und fortgebildet sind und daß sie einen zeitgemäßen Unterricht mangels Computern in den Klassenräumen nicht bewerkstelligen können. Selbst die Parteien und auch der Bundespräsident verweisen immer häufiger auf den Wissenschafts- und Wirtschaftsstandort Deutschland, der international nicht mehr wettbewerbsfähig bleiben kann, wenn es nicht »eine Revolution im Klassenzimmer gibt«. Und ein Wissenschaftler, nämlich Klaus Hurrelmann von der Universität Bielefeld, meint schlichtweg, die Schulen wären insgesamt leistungsfähiger und humaner, wenn sie statt von 7 bis 14 Uhr von 9 bis 15.30 Uhr dauern würden.

Schule wird also zur Zeit von allen unter die Lupe genommen, selbst von Boston aus, wo eine Kommission unter Mithilfe des Max-Planck-Instituts für Bildungsforschung in Berlin diagnostiziert hat, daß die deutschen Mittelstufen- und Oberstufenschüler in Mathematik und in den Naturwissenschaften unter vergleichbaren Staaten nur noch unteres Mittelmaß sind.

Neuerdings gibt es sogar Schüler, die wie die in Hamburg auf die Straße gehen und fordern: »Wir wollen mehr lernen«, obwohl man doch eigentlich glaubte, Kinder und Jugendliche würden sich über jede ausgefallene Schulstunde freuen. Die Lehrer können dem Beobachter dieser bildungspolitischen Turbulenzen, die täglich neu von der Finanznot des Staates und seinen stringenten Sparmaßnahmen genährt werden, eigentlich nur leid tun. Sie sitzen zwischen allen Stühlen, nämlich zwischen ihrer früheren Ausbildung für Kinder, die es heute gar nicht mehr gibt, ihrem eigenen Älterwerden (»Vergreisung der Lehrerkollegien«) und ihrem Ausgebranntsein (»Burn-out-Syndrom«), ihrer unzeitgemäßen Arbeitsplatzgestaltung und den veralteten Lehrplänen, der Fülle von höchst unterschiedlichen Eltern-, Schüler- und Politikererwartungen nebst Arbeitszeit- und Frequenzerhöhungen sowie Kürzungen von Mitteln für Gebäude und Unterrichtsmaterialien.

Gerade die Geschichte der deutschen Pädagogik kennt eine ganze Reihe begnadeter Lehrer, konzeptionelle und methodische Geniestreiche und wunderbare Erfolge bei einzelnen Schülerbiographien. Aber dennoch erinnert die aktuelle Lehrersituation gelegentlich an einen Schiffbrüchigen, der in tosender See auf einem Floß sitzt und mit Hilfe einer leeren Apfelsinenkiste um ihn herum schwimmenden Delphinen beizubringen versucht, wie ein Computer funktioniert.

Ingo Würtl, den ich als Mitautor für dieses Buch gewinnen konnte und der ein überaus erfahrener und erfolgreicher Praktiker bei der Therapie komplizierter Schülerpersönlichkeiten ist, wählt ein anderes Bild, eine andere, ganz ungewöhnliche Sichtweise zur Beschreibung der aktuellen Schul- und Lehrersituation; er bezeichnet die Schule als »Pflichtrestaurant mit Aufeßzwang« mit einem Lehrer in der Rolle des »neurotischen Kochs«.

Schule bedeutet ursprünglich »Muße« oder »freie Zeit«, jedenfalls meinten die alten Griechen das mit ihrem Wort »schole« und die Römer mit ihrem Wort »schola«. Sie wollten damit ausdrücken, daß sich Bildung vor allem in der Ruhe ereignet, sich wichtigen Dingen zuwenden zu können, die sich nicht sofort als bare Münze auszahlen.

Im Mittelalter war die schulische Bildung vor allem Angelegenheit der Kirche, und die war sehr autoritär, wenn nicht totalitär. Die deutsche Aufklärung wollte die Bildung und damit die Schule von der Kirche lösen, und sie forderte eine Bildung für alle, also auch für Mädchen, für die Landbevölkerung und für Arbeiterkinder. Das führte 1723 in Preußen, dem größten Land des Deutschen Reiches, zur allgemeinen Schulpflicht und zur Geburt der Volksschule. Hamburg hat als letztes deutsches Land erst 1870 die Schulpflicht eingeführt.

Neben kirchliche und private Schulen traten nun auch staatliche, aber Eltern mußten für den Schulbesuch ihrer Kinder zahlen. Erst in der Weimarer Republik wurde das Schulgeld für die Volksschule abgeschafft, für das Gymnasium mancherorts erst Ende der fünfziger Jahre.

Heute dreht sich vieles wieder um: Eltern mißtrauen immer häufiger den staatlichen Schulen, sie weichen zunehmend auf Privatschulen – und zwar auch im Ausland – aus, und Schritt für Schritt deutet sich an, daß sie wieder zahlen müssen, für Hefte und Papier, für Bücher, für die Selbsthilfe beim Instandsetzen maroder Klassenräume und wahrscheinlich im nächsten Jahrhundert auch für die Lernlaptops, die vielleicht die jetzigen Schulrucksäcke ersetzen werden.

Mit dem Wandel der bisherigen Industriegesellschaft zu einer Wissens-, Dienstleistungs-, Kommunikations-, Freizeit- und Produktionsgesellschaft im nächsten Jahrhundert, mit der Globalisierung von Wirtschaftsräumen, von politischen Entscheidungen und von wissenschaftlichen Entwicklungen, vor allem aber mit der totalen weltweiten Medienvernetzung ist zu fragen, ob Schulen und Lehrer noch beweglich genug sind, ob eine planwirtschaftlich gesteuerte, staatlich verwaltete und zentral organisierte Schule mit anhand von Prüfungsordnungen ausgebildeten Lehrern und mit ideologische Akzentuierungen begünstigenden Strukturen, in denen Eltern nur begrenzt mitentscheiden dürfen und in denen Schüler mehr belehrt werden, als selbst lernen zu können, in denen Lehrer mehr verbeamtete Stundengeber als mit jungen Menschen zusammenlebende Lernberater sind, noch für eine Zukunft taugt, auf die hin aufgeklärte Menschen uns rüsten wollen.

Muß Schule nicht ein moderner »Dienstleistungsbereich für pädagogische Arbeit« werden, wie der Bielefelder Bildungsforscher Klaus Hurrelmann verlangt? Muß sie ihre herkömmliche weisungsorientierte Verwaltungshierarchie, die den jeweiligen Machthabern im Rahmen von »Kulturhoheit« Zugriff, Kontrolle und auch die Freiheiten einer persönlichen Spielwiese garantiert, nicht ablösen durch autonomere Gestaltungsmechanismen, die eine lebendige Organisation und ein für Lernen produktives Schulleben erlauben?

»Schule muß ›kundenfreundlich‹ werden«, sagt Klaus Hurrelmann. Seine Vision von einer zeitgemäßen Schule im kommenden Jahrhundert faßt er wie folgt zusammen: »Eine Stärkung der Autonomie der einzelnen Schule ist dringend fällig, verbunden mit einer Aufwertung der Mitwirkungsgremien, vor allem einer erheblichen Stärkung der Rolle der Schulkonferenz. Sie sollte in parlamentarischer Tradition das zentrale Mitwirkungs- und Steuerungsorgan der Schule sein und auch Eltern mit Sitz und Stimme beteiligen.«

Warum nicht auch Schüler? Schließlich verbringen Schüler ab Klasse 5 zumeist mehr Zeit in der Schule als Lehrer. Und was bedeutet das für die künftige Lehrerrolle und überhaupt für die Lehrerpersönlichkeit und ihre Bildung? Erkennt man gute Lehrer daran, daß sie ihren Unterricht stets mit den Augen ihrer Schüler betrachten? Oder erkennt man sie daran, daß sie Pädagogik als eine höchst symmetrische Angelegenheit von der Art ansehen, daß sie einem Schüler, der mit dem Aufschrei »Karl-Heinz hat mich geschlagen« zu ihnen kommt, zuallererst entgegnen: »Und was hast du getan?«

Wir hoffen, daß dieses Buch Ihnen die nötigen Antworten, aber auch Hilfestellungen gibt.

Wenn wir von Schülern und Lehrern sprechen, sind das für uns geschlechtsneutrale Funktionsbegriffe. Selbstverständlich meinen wir dann stets auch Schülerinnen und Lehrerinnen, zumal Schülerinnen zur Zeit erfolgreicher sind als männliche Schüler und Lehrerinnen in den deutschen Schulen zahlreicher vorkommen als männliche Lehrer. Wir meinen, daß es für den Leser zu ermüdend wäre, auf jeder Seite dieses Buches mehrfach die Formulierungen »Schülerinnen und Schüler« sowie »Lehrerinnen und Lehrer« aufnehmen zu müssen. Wir bitten um Nachsicht für diese leserfreundliche Entscheidung.

Hamburg, im Sommer 1999 *Peter Struck*

Das Schulwesen in Deutschland ist eine gigantische Unternehmung; von den rund 80 Millionen Einwohnern besuchen etwa zehn Millionen als Schüler fast 45 000 allgemeinbildende Schulen, in denen sie von ungefähr 650 000 Lehrern in eigens dazu gebauten Schulen unterrichtet werden. Das kostet sehr viel Geld, und entsprechend umfangreich ist die Literatur, die sich mit Schule befaßt. Im Grunde ist alles, was es in der Pädagogik zu sagen gibt, schon gesagt worden. Sinnvoll sind weitere Bücher zu pädagogischen Fragen nur, wenn darin neue Sichtweisen alter Fragestellungen zu anderen Antworten als den schon bekannten führen.

Wir Deutschen sind ängstlicher als andere, wenn es um Neuerungen geht; ein Gespräch über die Schulpflicht oder über Sinn und Unsinn der Ziffernzensuren macht Angst und führt zu Feindseligkeiten. In Gesprächen mit Pädagogen aus unseren Nachbarstaaten Niederlande und Dänemark ist immer wieder zu hören, wie wir – aus deren Sicht – eine eigenartig sinnlose Neigung haben, auch die Schule und was damit zusammenhängt, »in den Griff« zu bekommen; und sie fügen hinzu, daß Schulen nichts seien, was man »in den Griff« bekommen könne.

Die Bestimmung der Schule ist, daß junge Menschen dort Gelegenheit erhalten, von Fachleuten zu lernen, was für das Leben in der Gemeinschaft des Volkes, des Staates oder gar der ganzen Menschheit nötig ist. Völker und Staaten gibt es seit vielen Tausenden von Jahren, gelernt wurde immer, auch ohne Schulen. Zwar sind in der Vergangenheit viele Staaten zugrunde gegangen, aber keineswegs deshalb, weil es damals noch keine Schulen gab. Schulen in unserem Sinne sind so junge Erscheinungen, daß es eigentlich unmöglich ist, zu wissen, wie richtige Schulen aussehen müssen. Wir haben also allen Grund, unseren Einfallsreichtum auch auf die Schule anzuwenden. Nachdenklichen Menschen fallen zu diesem Thema noch ganz andere Dinge ein als nur die Forderungen nach mehr Geld, kleineren Klassen, weniger Stundenausfall und was es sonst noch an pädagogischem Kleinkram gibt.

Über die neuen Medien, besonders über das Internet, ist das, was man heute wissen kann, universell verfügbar geworden; das läßt berechtigte Zweifel daran aufkommen, ob unsere überkommenen Belehrungsschulen noch sinnvoll sind. Niemand kann sagen, welche Bedeutung das Internet einmal für die Menschheit haben wird; eines ist aber sicher: Lernen bedeutet nicht mehr länger vor allem die Bewältigung von Lernstoff, sondern vielmehr die Fähigkeit, mit Hilfe der neuen Medien in der unüberschaubaren Menge dessen, was man wissen könnte, zu finden, was man wissen möchte. Wohl oder übel wird die Schule sich allein deshalb ändern müssen. Ihr Wandel »von der Belehrungsanstalt zur Lernwerkstatt« ist unumgänglich.

Mir ist es eine Freude, eingeladen worden zu sein, gerade an diesem Buch mitzuwirken. Als Sonderschullehrer habe ich immer mehr auf den einzelnen Schüler als auf die ganze Klasse gesehen und gefunden, daß das »Über-einen-Kamm-Scheren«, das in den heutigen Schulen unumgänglich erscheint, vielen Schülern schadet und zu lebenslang schmerzenden seelischen Wunden führt. Zwar ist es gerade modern, die Abschaffung der Sonderschulen zugunsten von Integration zu fordern; aber vom einzelnen jungen Menschen aus gesehen, braucht eigentlich jeder seine eigene, auf ihn abgestimmte Sonderschule. Das »Plädoyer für den Hauslehrer« von Hans Magnus Enzensberger aus dem Jahre 1982 gibt Hinweise, die immer noch sehr bedenkenswert und aktuell sind. Er schlägt vor, die Schule ganz neu zu gestalten: Die Schüler kommen nicht zum Lehrer, sondern umgekehrt die Lehrer zu ihren Schülern. In gewohnt deutscher Gründlichkeit kann man jeden der Vorschläge Enzensbergers ins Reich des baren Unsinns verweisen; aber es täte uns Lehrern gut, auch einmal unkonventionelle Einfälle von allen Seiten her zu betrachten und sie nicht gleich mit Abscheu in den Gedankenmülleimer zu werfen.

Die radikalste Vorstellung, wie das Zusammenleben mit Kindern anders als bisher zu organisieren sei, findet man in Deutschland bei den Antipädagogen, die heute als Vereinigung »Freundschaft mit Kindern – Förderkreis – e.V.« unter der fremdartigen Überschrift »Amication – Unterstützen statt Erziehen« in der Öffentlichkeit erscheinen. Dort wird die sehr extreme Auffassung vertreten, das einzig wirklich Schädliche in der Entwicklung der Kinder sei Erziehung, weil sie immer nach dem Grundsatz arbeite: »Ich weiß besser als du, was für dich gut ist.« Da die Schulen nach ebendiesem Grundsatz verfahren, ohne daß sie damit rundherum erfolgreich wären, hätten wir allen Grund, extreme Meinungsäußerungen zu Fragen von Schule und Erziehung »einmal auf der Zunge zergehen« zu lassen und nicht gleich darob empört zur Tagesordnung überzugehen. Vielleicht ist es richtig, daß die naturgegebene Abhängigkeit von Kindern zwar Hilfe und Unterstützung, aber nicht unbedingt Erziehung durch die Erwachsenen erfordert; Schulen müßten dann anders aussehen. Auf Hilfsbedürftigkeit bei Erwachsenen reagiert das Gemeinwesen Staat jedenfalls nicht normalerweise mit Erziehung und Entmündigung. Das ist nur bei Kindern so. Vielleicht aber nur irrtümlich?

Vielen Kindern geht es in der Schule nicht gut, obwohl sie durchaus geneigt sind und Lust haben – oder hatten – zu lernen. Enzensberger drückt das so aus: »Ich bin nie gern in die Schule gegangen. Aber ich habe immer gern etwas Neues gelernt.« Darüber nachzusinnen, sollen die in diesem Buch festgehaltenen Gedanken anregen.

Hamburg, im Sommer 1999 *Ingo Würtl*

Schule und Lehrer am Ende des 20. Jahrhunderts

Können Sie sich vorstellen, was es schulisch bedeutet, wenn eine Familie von Hamburg nach München umzieht? Wußten Sie, daß die Kinder dann mit großer Wahrscheinlichkeit sofort oder später ein Schuljahr verlieren? Nur wer allwöchentlich am Schulsorgentelefon sitzt, hat eine Vorstellung davon, wie unterschiedlich Schulen in Deutschland sind, und das nicht nur in bezug auf gut und schlecht. Da wird zwar oft gesagt, es gäbe ein Süd-Nord-Leistungsgefälle, verschwiegen wird jedoch in der Regel, daß Schüler und Eltern in Sachsen, Bayern und Baden-Württemberg durchweg einen erheblich größeren Leidensdruck auszuhalten haben als Schüler in Schleswig-Holstein, Hamburg und Bremen. In Süddeutschland wird zwar mehr Wissen vermittelt, dafür aber ist in Norddeutschland die Schulzufriedenheit etwas höher, und das soziale Lernen spielt eine größere Rolle.

Das Grundgesetz garantiert den 16 Bundesländern Kulturhoheit, d. h., sie können in Sachen Schule jeweils ihre eigenen Vorstellungen umsetzen. 16 Bundesländer haben daher 16 verschiedene Schulsysteme. Positiv ist daran, daß sie regionale Antworten auf nachbarschaftliche Besonderheiten berücksichtigen dürfen, so daß Französisch als erste Fremdsprache im Saarland und in Rheinland-Pfalz eine größere Bedeutung hat als Englisch, daß Dänisch und Friesisch in Schleswig-Holstein, Niederdeutsch und Romanes (die Sprache der deutschen Sinti und Roma) in Hamburg und Sorbisch in Sachsen angeboten werden, daß sich Brandenburg, das ja um Berlin herum liegt, ebenso wie die Hauptstadt für die sechsjährige Grundschule entschieden hat und daß Thüringen und Sachsen, wie es in der DDR üblich war, das Abitur nach Klasse 12 bescheinigen. Die Schattenseite der Kulturhoheit: Sie öffnet der parteipolitischen Ideologisierung Tür und Tor, Schulsystemgestaltung muß zur Waffe gegen jeweils andere Regierungskonstellationen herhalten und verkommt gelegentlich auch zur Spielwiese für Kultusminister und Schulsenatoren.

Immerhin ist das höchst bunte deutsche Schulwesen ein hochinteressantes Forschungsfeld für Erziehungswissenschaftler, die immer irgendwo Effekte von besonderen Versuchen und auch ideologischen Ausgeburten studieren können.

Allerdings unterliegt die Ständige Konferenz der Kultusminister (KMK) einem gewissen Einigungszwang: so wenn es um die Anerkennung von Abschlüssen geht, um den Umzug von Familien innerhalb Deutschlands, um Kernfächer bis zum Abitur und um Mindeststundenzahlen für diese Kernfächer auf dem Weg in die Hochschulen, ganz zu schweigen von den Vorgaben der Europäischen Union, wenn es beispielsweise um die Erweiterung des Fremdsprachenunterrichts geht. So wurde 1998 in Brüssel beschlossen, künftig mit der ersten Fremdsprache bereits in der 1. Klasse zu beginnen.

Die Kultusministerkonferenz kompensiert das Fehlen eines Bundesschulministers, sie übt seine koordinierende Funktion aus, und das konnte sie leichter, als nur elf Bundesländer zu ihr gehörten. Mit 16 Bundesländern mußte sie zwangsläufig immobiler werden, so daß sie von einigen Zeitgenossen geradezu als Bremsklotz für die Modernisierung des deutschen Schulwesens empfunden wird. Außerdem: Bürokratie und Innovation sind zwei gegenläufig wirkende Prinzipien; die staatliche Verwaltung von Schulen bremst längst überfällige Reformen, denn Verwaltung impliziert Abstimmungsprozesse, deren Wesensmerkmal die Langsamkeit ist.

Kein Wunder, daß im April 1997 der damalige Bundeskanzler Helmut Kohl sagen konnte: »Die reaktionärste Einrichtung der Bundesrepublik ist die Kultusministerkonferenz; im Vergleich dazu ist der Vatikan noch weltoffen.« Und als die Kultusministerkonferenz im Februar 1998 ihren 50. Geburtstag feierte, kamen von ganz anderer Seite nicht weniger hämische Glückwünsche. Die Gewerkschaft Erziehung und Wissenschaft (GEW) schickte eine Grußadresse mit folgendem Text: »Wir gratulieren im Namen von 50 000 Straßenkindern, 250 000 Sitzenbleibern, 76 000 Jugendlichen ohne Schulabschluß und 523 000 arbeitslosen Jugendlichen unter 25 Jahren.« Vor allem der Mangel an innovativem Konsens und das gegenseitige Blockieren der beiden großen Kontrahenten Nordrhein-Westfalen und Bayern kennzeichnen das oberste deutsche Schulgremium. Kein Wunder, daß die Bilanz nach 50 Jahren mager ausfällt:

* das Hamburger Abkommen zur Vereinheitlichung des deutschen Schulwesens aus dem Jahre 1964, das zu den bundesweit üblichen Schulformnamen Hauptschule, Realschule und Gymnasium führte und für die Hauptschule zumindest 9 Klassen vorsah;
* die Einführung der Mengenlehre in den 60er Jahren;
* die gegenseitige Anerkennung der Gesamtschulzeugnisse und der Haupt- und Realschulabschlüsse sowie die Integration der ziemlich anderen Schulsysteme der neuen Bundesländer;
* die Festlegung auf vier Pflichtfächer bis zum Abitur (Bayern wollte fünf, Nordrhein-Westfalen drei);
* sowie der Kompromiß zur zwölf- bzw. dreizehnjährigen Schulzeit (von Klasse 5 bis zur Hochschulreife muß in den Kernfächern eine Mindestwochenstundenzahl von 265 Wochenstunden erreicht sein, egal, ob das Abitur nach Klasse 12 oder 13 abgelegt wird).

Auch in der Abwehr von Unerträglichem war die KMK erfolgreich: So wurde Ende der 70er Jahre ein Ansinnen des damaligen SPD-Verteidigungsministers Hans Apel nach Einführung eines »Wehrkundeunterrichts« abgeschmettert.

Das 20. Jahrhundert ist das bislang erfolgreichste in Sachen Schulreformen. Die beiden Motoren Jugendbewegung zu Beginn des Jahrhunderts und Achtundsechziger Bewegung haben für eine starke Grundschule gesorgt, für Gesamtschulangebote, für Schullandheime, für eine akademische Lehrerbildung, für eine deutlich aufgebesserte Lehrerbesoldung, für Fächer wie Sport, Musik, Kunst, Biologie, Physik, Chemie, Informatik und Politik bzw. Gemeinschaftskunde, für Werkräume, Küchen und naturwissenschaftliche Experimentierräume, für Gesamt-, Epochen- und Projektunterricht, für Offenen Unterricht und die Integration von Behinderten, für Betriebspraktika und für eine Erweiterung des alternativen Schulangebots mit Landerziehungsheimen, Waldorfschulen, Freien Schulen, Montessorischulen, Produktionsschulen, Schulen mit doppelqualifizierendem Bildungsgang und vielem anderen mehr. Einiges ist wieder verschwunden (z. B. der Gesamtunterricht), anderes ist rückläufig, und wieder anderes lebt erneut auf wie die Einrichtung von »Jahrgangsübergreifenden Klassen« nach dem Vorbild von Peter Petersens Jenaplanschulen.

Insgesamt muß am Ende dieses Jahrhunderts resümiert werden: Schule zeigt über alle Zeiten hinweg eine starke Tendenz zurück in Richtung Buch-, Tafel- und Belehrungsschule, in der Fächer in Stundentakten unterrichtet werden und in denen Schüler vor allem zuhörend (oder sich langweilend) sitzen, in denen Wissen überwiegend verbal nach dem Vorbild des »Nürnberger Trichters« vermittelt, später wieder abgefragt und dann per Noten bewertet wird. Und viele Lehrer zeigen sich, wenn der Schulrat kommt, ausgesprochen kreativ und engagiert und sind durchaus zu einem methodischen Feuerwerk voller Handlungsorientierung und Spannung fähig. Doch neigen sie, besonders nach vielen Jahren Berufstätigkeit, immer mehr zur Routine, zur Minimierung von Aufwand und Lerninvestition. Erfolgreiche Reformen sind jedoch immer personengebunden und zeitlich begrenzt erfolgreich, sie lassen sich nicht ohne weiteres auf sämtliche Lehrer und auf Jahrzehnte übertragen und kommen zum Erliegen, wenn es an Kraft, Lust und auch an Geld fehlt.

So ist für die gesamte Schulgeschichte typisch, daß es in relativ kurzen Abständen immer wieder eines Rucks oder eines Trittes bedarf, damit es so etwas wie einen Innovations- oder auch nur einen Engagementschub gibt. Nach

Kriegen und in Armutsphasen, in gebeutelten Regionen und deren Nachbarschaften läßt sich so etwas beobachten. Leider muß stets erst die Not besonders groß werden, wie der Schweizer Zukunftsforscher Gottlieb Guntern feststellt, damit sich, zumindest vorübergehend, einiges in Schulen verbessert, damit schon jetzt vor Ort bewährte moderne Unterrichtsweisen »serienreif«, also auf eine größere Anzahl von Schulen und Lehrern übertragbar werden.

Im Moment scheint wieder so ein Zeitpunkt dringender Not erreicht zu sein:

* Unsere Schulen sind unzeitgemäß, Reformen dringend erforderlich, aber viele Lehrer zeigen sich reformmüde.
* Schulgebäude, massenhaft in den 50er und 60er Jahren gebaut, sind heute oft marode, eine Folge des »Renovierungsstaus«, wie Verwaltungsbeamte das nennen.
* Lehrer sind im Schnitt so alt wie schon lange nicht mehr, sie sind ausgebrannt und durch schwierige Kinder überfordert. Nach Auskunft des bayerischen Schulpsychologen Hermann Meidinger sind 80 Prozent aller Pädagogen heute vom »Burn-out-Syndrom« (Streß, Verunsicherung, Schweißausbrüche, Zittern, Schlaflosigkeit, Ängste) betroffen. Es mangelt ihnen an Selbstvertrauen, sie sind überempfindlich und glauben, von den Schülern für »böse« gehalten zu werden.
* Bei vielen Kindern ist der familiäre Versorgungs- und Erziehungsanteil zusammengebrochen, Schüler werden als verhaltensgestört, lernschwierig, gewalttätig, süchtig oder krank beschrieben.
* Dem Staat mangelt es an Geld für Lehrerstellen, sinnvolle Lerngruppengrößen, Schulbau sowie Lehr- und Lernmittelausstattung.
* Betriebe und Hochschulen klagen über unzureichende Fähigkeiten und Fertigkeiten der Schulabgänger, einige Universitätsrektoren verlangen bereits eine Aufnahmeprüfung als »Abitur plus«.
* Politiker sehen den Wissenschafts- und Wirtschaftsstandort Deutschland im internationalen Wettbewerb gefährdet.

* Eltern schimpfen auf Kultusminister, Schulen und Lehrer, weil sie meinen, ihre Kinder würden zuwenig oder das Falsche lernen und würden in ihren Besonderheiten nicht genügend gefördert oder ungerecht beurteilt. Einige wollen inzwischen sogar vor Gericht einklagen, daß ihnen Steuern wegen entgangenen Unterrichts zurückerstattet werden.
* Schüler schimpfen über unengagierte Lehrer, über veraltete Schulbücher und über langweiligen, weltfremden Unterricht und neuerdings mit dem Slogan »Wir wollen mehr lernen« auch über Unterrichtsausfall.
* Immer mehr Lehrer klagen über Angriffe von Schülern, aber auch über Intrigen von Kollegen. Mittlerweile gibt es sogar schon eine »Bundesarbeitsgemeinschaft Lehrer gegen Mobbing (BLM)«.
* Zugleich klagen immer häufiger Schüler über »pöbelnde Pauker«, von denen sie beleidigt oder niedergemacht, ausgegrenzt oder diskriminiert werden.
* Unterrichtsausfall ist zu einer der bedeutendsten Dimensionen von Schule geworden. Die Eltern könnten gar nicht so schnell mitrechnen, wie der Mangel verwaltet wird, beklagt eine Hamburger Mutter; und eine Elternvertretung des Hamburger Gymnasiums Lerchenfeld erhält von der Schulbehörde die Antwort: »Der Lehrerbedarf orientiert sich an der Haushaltslage«, also nicht an den Schülerzahlen.
* Sparen ist zur wichtigsten Gestaltungsdimension des aktuellen deutschen Schulwesens geworden. Natürlich hätten die Kultusminister gern mehr Geld für Lehrerstellen, für kleinere Klassen, für Schulbau, Sachmittel und Computerausstattung, aber sie bekommen es nicht von ihren Kabinetten und Parlamenten – auch weil der Bürger als Wähler dies nicht massiv einfordert. Bei Umfragen vor Wahlen rangieren die Themen Schule und Jugend stets nur auf abgeschlagenen Plätzen hinter Sicherheit, Wohnen, Straßenverkehr, Arbeit und Kriminalität. Gleichwohl hat eine Umfrage der Elternvertreter Hamburger Schulen

im Jahre 1998 ergeben, daß 85 Prozent der Hamburger Bürger der Meinung sind, im Bildungsbereich dürfe auf keinen Fall gespart werden. In den Schulen wird also selbst dann gespart, wenn die Geburten- und damit die Schülerzahlen in den alten Bundesländern so stark wachsen wie zur Zeit. Nach Einschätzung des Bundesbildungsministeriums wird die Schülerzahl in Deutschland in den nächsten Jahren um etwa eine Million zunehmen. Aber vielleicht ist die Not ja noch nicht groß genug, damit endlich etwas passiert!

* Die Schülerzahlen steigen bundesweit (1998 gab es 175 000 Schüler mehr als 1997), aber zugleich werden Lehrerplanstellen gestrichen; die GEW hat ein Defizit von 45 000 Planstellen errechnet; 1998 sind aber nur 15 500 neue Lehrer eingestellt worden, während gleichzeitig 40 000 Junglehrer arbeitslos blieben.

Auf allen Ebenen besteht Handlungsbedarf:

* Schüler brauchen heute ganz anderes Gestühl (beweglich, verstellbar, sechs verschiedene Stuhlgrößen), da beispielsweise 14jährige in ihrer Körperlänge innerhalb einer durchschnittlichen Klasse um bis zu 60 Zentimeter differieren.
* Wir brauchen eine völlig andere Lehrerbildung, damit auch andere Menschen mit anderen Kompetenzen in den Lehrerberuf kommen.
* Wir brauchen den Umbau der Schulen von Belehrungsanstalten zu Lernwerkstätten, damit Kinder mehr lernen.
* Wir brauchen den Wandel des Lehrers vom Stundengeber zum Lernberater.
* Lehrer sollten als Lernberater etwas von Erziehung, Bewegung, Spiel, Gewalt- und Suchtprävention, von Hirnforschung und Lernpsychologie sowie von Teilleistungsstörungen verstehen, sie müssen integrieren und individuell kompensieren können.
* Schüler müssen leistungsfähiger werden, aber auch anderes leisten können als bisher; sie müssen selbständig, team-

fähig, konfliktfähig, erkundungskompetent, handlungsfähig und kreativ werden und vernetzt, also in Zusammenhängen, denken können.

* Schulen brauchen eine andere Fehlerkultur, denn Kinder lernen am besten, wenn sie beim Lernen Fehler machen dürfen, wenn sie zu zweit ein Problem zu lösen haben, wenn sie anderen etwas erklären dürfen und wenn sie durch Handeln lernen können.
* Grundschulen brauchen mehr männliche Lehrer, Klassen brauchen zwei Klassenlehrer und zwei Räume.
* Lehrer müssen durch Computer, Internet und geeignete Lernsoftware freigesetzt werden für sozialpädagogische Zuwendung und für Elternarbeit.
* Eltern und Schüler sollten an der Schulgestaltung beteiligt werden, sie müssen in autonomeren Schulen mehr Mitsprache haben.
* Schulen brauchen mehr Lehrer, Schulassistenten, Sozialpädagogen, Familienhelfer, Präventionslehrer, Sonderpädagogen, Schulpsychologen, Beratungslehrer, Lehrbeauftragte und ABM-Kräfte.
* Fächer müssen zu Lernbereichen gebündelt werden, die von Klassen- statt Fachlehrern unterrichtet werden; 45-Minuten-Takte sollten durch flexible Lern- und Entspannungsphasen abgelöst werden; Klassenlehrer sind ergiebiger als Fachlehrer.
* Das dreigliedrige Schulsystem mit Hauptschule, Realschule und Gymnasium ist nicht mehr zeitgemäß, es muß im Kern durch ein zweigliedriges, das entweder früher in die Berufsausbildung mündet (Sekundarschule) oder zur Hochschulreife führt (Gymnasium), abgelöst werden und zugleich durch ein vielgliedrig profiliertes System ersetzt werden, weil zur Vielfalt unserer pluralistischen demokratischen Gesellschaft eine Vielzahl von höchst unterschiedlichen, aber gleichwertigen Bildungsgängen paßt. Dazu gehören beispielsweise Musikschulen, Sportgymnasien, technische Gymnasien, Computerschulen, altsprachliche, neusprachliche, naturwissenschaftliche, dop-

pelqualifizierende und internationale Schulen, Schulen mit erweitertem Fremdsprachenunterricht (Z- oder E-Klassen), mit Expreß-Abi-Klassen (Berlin) oder D-Zug-Klassen (Hessen, Rheinland-Pfalz, Baden-Württemberg), mit Montessori-, Freinet- oder Waldorfpädagogik, Konfessionsschulen, Produktionsschulen und Schulen mit einer Profil-Oberstufe.

Deutschland und Europa unterliegen zur Zeit einem raschen Strukturwandel. Schon klagen viele Unternehmen, daß sie trotz hoher Arbeitslosigkeit nicht mehr in der Lage sind, ihre offenen Stellen zu besetzen, weil Schulabgänger nicht die erforderlichen Qualifikationen mitbrächten. Vor allem werden Defizite bei der Fähigkeit zur selbständigen Informationsbeschaffung, im Bereich der Kreativität, der Konfliktfähigkeit sowie bei der Fähigkeit zum vernetzenden Denken beklagt. Der ehemalige Bundesbildungsminister Jürgen Rüttgers bringt das heutige schulische Dilemma auf den Punkt: »Es muß die Entwicklung gestoppt werden, alles neue Wissen in die schulische Bildung hineinnehmen zu wollen; wenn ich weiß, daß sich das Wissen der Menschheit alle fünf bis sieben Jahre verdoppelt, wenn jeden Tag 20000 wissenschaftliche Aufsätze erscheinen, wenn in den nächsten zwei Jahren so viele Forscher arbeiten werden wie in den vergangenen 2000 Jahren zusammen, dann muß solch eine Politik scheitern.« Man kann zwar an seinen Zahlen zweifeln, aber recht hat er, wenn er sagen will, daß die Fähigkeit, sich rasch Wissen anzueignen, stetig bedeutsamer wird, als über Wissen zu verfügen.

Wir müssen mit einer zeitgemäßen Schule den Seiltanz hinbekommen, den Schülern ein Fundament an Grundwissen zur Verfügung zu stellen und ihnen darüber hinaus die Kompetenz zu vermitteln, sich jeweils nötige Informationen selbst in Kürze zu beschaffen; sie sollten zwar noch wissen, wie die Hauptstädte von Italien und Ägypten heißen, aber wie die Hauptstädte von Sierra Leone oder Burkina Faso heißen, müssen sie nicht mehr unbedingt in der Schule lernen. Derlei Wissen benötigen sie vielleicht ein einziges Mal in ihrem gesamten Leben, und dafür reicht die Fähigkeit, sich zu informieren, wenn es erforderlich ist.

Schule hat die Aufgabe, die Welt im Kopf und im Herzen des Kindes zu ordnen und es für die Welt lebenstüchtig zu machen. Dementsprechend muß sie dem Kind in der heutigen und künftigen Welt Reden, Lesen, Schreiben, Rechnen, Fremdsprachenkompetenzen und einige naturwissenschaftliche, historische und geographische Kenntnisse beibringen. Darüber hinaus muß sie das Kind politisch bilden, es sozialfähig machen und in ihm Medienkompetenz aufbauen, weil die Fähigkeit, sich kundig in der Arbeitswelt orientieren und kritisch in der Medienwelt behaupten zu können, mittlerweile bedeutsamer geworden ist, als Redoxgleichungen zu beherrschen und die linken und rechten Nebenflüsse der Donau hersagen zu können. »Je virtueller die Welt wird, desto mehr Werturteile müssen gefällt werden«, sagt Rüttgers dazu.

In Deutschland gibt es zur Zeit etwa 360 Berufsbilder, aber 50 Prozent aller Schulabgänger drängen in nur 15 Ausbildungsberufe, weil ihnen die anderen unbekannt sind. Allein im August 1998 sind elf neue Ausbildungsberufe entstanden, die fast kein Schüler kennt, so der Kaufmann für audiovisuelle Medien oder die Fachkraft für Veranstaltungstechnik. In den nächsten Jahren werden etwa 1,5 Millionen neue Arbeitsplätze in den Berufsfeldern Multimedia, Umwelt, Biotechnik und wissensorientierte Dienstleistungen entstehen. Bereitet die Schule auf diesen Umbruch an der Jahrhundertwende, den manche als den Übergang von der bisherigen Industriegesellschaft zur künftigen Informations-, Dienstleistungs-, Erlebnis-, Freizeit- und Produktionsgesellschaft bezeichnen, ausreichend vor? Immer weniger Menschen werden immer mehr produzieren. Wenn nicht wachsende Arbeitslosenzahlen die Folge sein sollen, müssen junge Menschen schon früh in die Lage versetzt werden, sich selbst eine Nische in der künftigen Gesellschaft bauen zu können, in der sie gebraucht werden, in der sie ihren Lebensunterhalt verdienen können und in der sie ihre Erfüllung finden.

Wir brauchen also eine ganz neue Vision von Schule und deshalb ein völlig neues Verständnis des Lehrerberufs. Denn es ist ein Unding, daß deutsche Eltern zur Zeit 30 Millionen Mark pro Woche für Nachhilfeunterricht aufwenden, im Schnitt 50 Mark pro Haushalt. Das sind fast zwei Milliarden Mark pro Jahr! Nachhilfelehrer leisten, was die Lehrer an den Schulen nicht zustande bringen, sie stehen also indirekt für das Versagen der deutschen Schule, wiewohl man gleichzeitig einschränkend zugeben muß, daß viele Jungen und Mädchen nur deshalb Nachhilfe bekommen, weil das mittlerweile als schick gilt, weil es vor den Augen der Nachbarn und Verwandten auch kundtut, daß man bereit ist, in die Karriere seines Kindes zu investieren. So manch ein von seinen Eltern in seine Zukunft hinein verplanter Nachhilfeschüler bräuchte gar keinen Nachhilfeunterricht, jedenfalls nicht, wenn er in Mathe von einer »1« auf eine »2« abgesackt ist.

In Deutschland gibt es mittlerweile etwa 3000 Nachhilfefirmen, zu denen auch Institutionen wie die »Schülerhilfe«, die etwa 800 Filialen hat, und der »Studienkreis« gehören. Etwa 38000 arbeitslose Lehrer und jobbende Studenten sind dort tätig. Reparieren sie, was Lehrer in den staatlichen Schulen angerichtet haben? Privatschüler benötigen jedenfalls nur selten Nachhilfeunterricht, kommen aber mehrheitlich zum Abitur oder zum Realschulabschluß, und sie sind im Studium nicht weniger erfolgreich als Absolventen staatlicher Schulen.

Ende der Schule oder Schule der Zukunft?

»School's out« heißt der provokative Titel eines Buches, mit dem der New Yorker Pädagoge Lewis J. Perelman Aufsehen erregt hat. Seine These: Schule sei zwar eine wichtige Institution in einer relativ kurzen Phase der Entwicklung der Menschheit gewesen, nun aber sei ihre Zeit vorbei. Erstens würden Kinder außerhalb der Schule ohnehin mehr lernen als in der Schule, zweitens sei doch herkömmliches Lernen gar nicht mehr möglich, weil die negativen Einflüsse der Jugendkultszenerie und der Medien das schulische Lernen allzu stark beeinträchtigten.

Perelmans Alternativvorschläge erinnern an Pestalozzis Ideal vom Lernen im Wohnzimmer, wenn er sich für Tele-Lernen und Homeschooling einsetzt. So wie Pestalozzi mit seinem Buch »Wie Gertrud ihre Kinder lehrt« dafür plädiert, daß Mama in die Lage versetzt wird, ihren Kleinen zu Hause Lesen, Schreiben, Rechnen und Weben beizubringen, schlägt Perelman vor, daß die Schüler daheim am Computer lernen und dabei mit einem irgendwo anders sitzenden Lehrer verkabelt sind.

Mit oder ohne Computer: Schon jetzt werden in den USA mehr als eine Million Kinder von ihren Eltern zu Hause unterrichtet. Diese Eltern mißtrauen den Public Schools, haben aber auch nicht das Geld für die teuren Privatschulen; für sie ist in der Tat die Zeit von Schule vorbei. Sie befürchten, daß ihr Kind Opfer von innerschulischer Gewalt werden könnte, sie trauen den Lehrern nicht zu, genügend Lernfortschritte bei ihren Kindern zu erreichen, und sie glauben, daß sie so etwas wie Werteerziehung selbst besser hinbekommen als Lehrer. 61 Prozent dieser Eltern sind mit den Lernleistungen der öffentlichen Schulen unzufrieden, und 39 Prozent unterrichten ihre Kinder lieber selbst, weil sie ihre Sprößlinge nicht den schulischen Gewalt-, Sex-, Drogen- und Streßfaktoren aussetzen wollen.

Sich der Schulpflicht zu entziehen ist in allen US-Staaten legal, wenn die Eltern nachweisen können, daß sie in der Lage sind, ihre Kinder selbst zu unterrichten, also der Unterrichtspflicht zu genügen. Eine Studie hat ergeben, daß Homeschooling-Schüler im Lesen insgesamt besser waren als 79 Prozent der staatlichen Schüler, in Mathematik und Fremdsprachen besser als 73 Prozent der Public-School-Kids. Die 18jährige Melanie Hadley bewertet denn auch ihre Homeschooling-Erfahrungen so: »Es gibt einem ungeheuer viel Freiheiten, die Möglichkeit, Tempo, Pausen, Schwerpunkte und Vertiefungsgrad selbst zu bestimmen, vor allem aber einen Frieden, der davor bewahrt, sich selbst fertigzumachen, nachdem man von Lehrern und Mitschülern fertiggemacht wurde.«

Mit der Zunahme des gesellschaftlichen Arbeitsteilungs- und Qualifizierungsbedarfs wurden einst die ersten Schulen gegründet. Sie sollten unterrichten, was Eltern nicht hinlänglich konnten, und das waren am unteren Ende Lesen, Schreiben und Rechnen und am oberen Ende Hebräisch, Altgriechisch, Latein, Astronomie, Arithmetik, Geometrie usw. Heute können die meisten Eltern lesen, schreiben und rechnen, und viele verstehen auch genügend von Fremdsprachen, Naturwissenschaften, Geographie und Geschichte. Müßte Schule auch heute noch vor allem das tun, was Eltern nicht gut können, dann müßte sie vor allem erziehen.

Tatsächlich ist das »Ende der Schule« heute in vielen Bereichen ihrer herkömmlichen Funktionen erreicht:

* Wie bereits erwähnt, wenden deutsche Eltern allwöchentlich 30 Millionen Mark für Nachhilfeunterricht, also für Leistungen auf, die eigentlich die Schule zustande bringen müßte.
* Etwa vier Millionen Menschen in Deutschland können trotz Schulbesuchs weder lesen noch schreiben. Analphabetismus wird vom Institut der deutschen Wirtschaft in Köln definiert als »die Unterschreitung der gesellschaftlichen Mindestanforderungen an die Beherrschung der Schriftsprache«, und die UNESCO drückt es so aus: »Analphabet ist, wer keine Telefonzelle benutzen, ein ihn betreffendes Inserat nicht lesen und kein einfaches Formular auf dem Postamt ausfüllen kann.« Die Zahl von vier Millionen deutschen Analphabeten umfaßt auch solche Menschen, die zwar noch lesen und schreiben konnten, als sie die Schule verließen, diese Kulturtechniken aber später wieder verlernt haben. Immerhin verlassen pro Jahr etwa 40 000 Jungen und Mädchen (mehrheitlich sind es Jungen) bereits die Schule als Analphabeten; sie haben mindestens neun Jahre die Schulbank gedrückt, ohne in dieser Zeit

richtig lesen und schreiben zu lernen. Ihnen gegenüber hat die Schule ihre Aufgabe nicht erfüllt.

* Nach Auskunft der Mainzer Klinik für Kommunikationsstörungen ist bereits jedes vierte Kind im Vorschulalter sprachgestört, also in seiner Sprachentwicklung weit hinter seinen Altersgenossen zurück. Die meisten dieser Kinder verlassen die Schule nach neun oder zehn Jahren immer noch mit gewaltigen Sprachdefiziten, weil die Schule diese nicht kompensieren konnte. Der Direktor der Klinik, Manfred Heinemann, macht neben den Lehrern das viele Fernsehen dafür verantwortlich, das sprachloses Verstehen von Bildern trainiert, außerdem den Verlust an Spielmöglichkeiten mit Gleichaltrigen, die ja auch kommunikative Entwicklungen fördern, die Verstädterung und die damit verbundene Einschränkung von sprachfördernden Bewegungsmöglichkeiten. Dazu kommt die wachsende Zahl »schweigender Familien« mit ihren Defiziten an Ansprache und Aufmerksamkeit.
* Die weltweite Tims-Studie des Boston-College bescheinigt den deutschen Schulen, daß sie, bezogen auf Mathematikleistungen von Achtkläßlern, nur einen unteren Mittelplatz erreichen, die Zwölftkläßler belegen in höherer Mathematik sogar nur den drittletzten Platz. 15 bis 20 Prozent der deutschen Schüler gelten mittlerweile als rechenschwach, sechs Prozent als extrem rechenschwach. Rechenschwäche, auch Dyskalkulie genannt, ist vor allem auf Bewegungsmangel, auf Mangel an räumlichen Erfahrungen beim Spielen, auf den Mangel an Umgang mit verschiedenen Materialien und auf die fehlende Kompensation durch psychomotorische Übungen in Kindergärten und Schulen zurückzuführen. Dyskalkulie korreliert mit der Schwäche, links und rechts unterscheiden zu können, und mit dem Phänomen, nicht gut rückwärts gehen zu können. Rechenschwache Kinder bleiben oft »zählende Rechner«, sie erkennen Mengen, Größen und logische Folgen nicht, haben keine konkrete Vorstellung von der Größe von Zahlen (100 oder 1000 sind einfach nur

viel), und sie sind oft wahrnehmungsgestört. Weil sie Entfernungen und Geschwindigkeiten nicht richtig einschätzen können, erleiden sie häufiger Unfälle als andere, und sie lernen nicht mehr ohne weiteres das Fahrradfahren, weil sie die nötige Balance nicht zustande bringen. Schule kann mit großem Aufwand Dyskalkulie kompensieren, vorausgesetzt, sie beginnt damit im Grundschulalter; später ist es oft zu spät, denn dann lernt Hans nicht mehr ohne weiteres, was Hänschen nicht gelernt hat.

* Nach wie vor geht die Schule von der erzieherischen Grundversorgung des Kindes in der Familie aus. Nur ist diese bei immer mehr Kindern nicht mehr gegeben. Kinder, die zu Hause kein Frühstück bekommen, lernen schlecht, Ernährung hat also etwas mit Erziehung und Lernen zu tun. Immer mehr Lehrer haben diesen Zusammenhang erkannt, und sie beginnen daher den Unterrichtstag mit einem »Schulfrühstück« und beenden oder unterbrechen ihn mit einem »Pädagogischen Mittagstisch«. Oft werden den Kindern dann Speisen geboten, die diejenigen Vitamine und Spurenelemente enthalten, die der häuslichen Ernährung fehlen, oder mit denen einseitiger Ernährung (z. B. zuviel Zucker) gegengesteuert wird. Vom »Neun-Uhr-fünf-Effekt« sind immer mehr Grundschüler betroffen; wenn sie gar nicht oder nur süß gefrühstückt haben (Marmelade, Schokomus, Kakao, Weißbrot), werden sie etwa gegen 9.05 Uhr müde oder zappelig und können dann dem weiteren Unterricht nicht mehr folgen, so daß sie auf Dauer zuwenig lernen.
* Etwa 20 Prozent der deutschen Schüler gelten als hyperaktiv bzw. als vom »hyperkinetischen Syndrom« betroffen. Sie können sich im Unterricht nicht mehr gut konzentrieren, sie stören ihre Lehrer und Mitschüler als »Zappelphilippe«, und am Ende fallen sie durch schlechte Noten, zumindest aber erheblich durch Teilleistungsschwächen auf, wenn sie nicht mit dem Medikament Ritalin ruhiggestellt oder mit Verhaltenstherapien gebremst werden.

* Mit der Zunahme des Phänomens »veränderte Kinder«, mit dem Schwinden der häuslichen Erziehungskompetenz und der leiblichen Grundversorgung der Kinder vergrößern sich die Verhaltens- und Leistungsbandbreiten schon in der Grundschule. Es kommen zugleich immer mehr erzieherisch vernachlässigte und immer mehr häuslich gut und früh geförderte Schüler in die 1. Klassen, so daß die Lehrer mit herkömmlichen Unterrichtsmethoden nur noch den Kindern in der Leistungsmitte einer Klasse einigermaßen gerecht werden können. In dem Maße, in dem immer mehr Schüler überfordert und gleichzeitig immer mehr Schüler unterfordert werden, ist die bisherige Grundschule mit frontalen und lehrerzentrierten Unterrichtsmethoden in der Tat am Ende, auch weil sie den Lehrer hoffnungslos überfordert. Nur mit der Wandlung der Grundschule zur Lernwerkstatt mit Offenem Unterricht, mit Partnerarbeit und Computern, mit Wochenplanarbeit und mit vielen individualisierenden Materialien (Arbeitsblätter, Lexika, Karteikartensysteme, Druckerei), mit der Wandlung des Lehrers vom Stundengeber zum Lernberater in flexiblen Lernphasen statt der bisherigen 45-Minuten-Takte, nur mit einer anderen Fehlerkultur und mit Notenfreiheit, mit gezielt gestalteten Lern-, Entlastungs-, Spiel-, Bewegungs- und Ernährungsphasen nebst musischen Phasen, mit »Jahrgangsübergreifenden Klassen« (wie an der Peter-Petersen-Schule in Köln, die immer zwei Jahrgänge in einen Raum setzt, so daß jeder Schüler im Wechsel mal zu den jüngeren, mal zu den älteren gehört) und mit dem in Schleswig-Holstein begünstigten Prinzip »Einschulung ohne Auslese« (alle Sechsjährigen werden ohne Schulreifetest eingeschult, ganz egal, wie weit sie in ihrer Entwicklung sind), kann sie wieder einigermaßen funktionabel werden. Wir müssen wirklich darüber nachdenken, ob es noch sinnvoll ist, Schüler ausgerechnet nach Geburtsjahrgängen zum Lernen zusammenzuschließen, denn nirgendwo sonst funktioniert das Leben nach diesem Prinzip, sehen wir einmal von Ge-

treidefeldern ab, in denen jede Pflanze genauso alt ist wie die nächste. Mit dem neuen schleswig-holsteinischen Schulgesetz soll es fortan möglich sein, Kinder ein bis drei Jahre in den beiden zu einer flexiblen »Eingangsphase« gebündelten Klassenstufen 1 und 2 zu belassen; sie steigen in dem Moment in die 3. Klasse auf, in dem sie reif dafür sind, und das ist wirklich ein enormer individualisierender Fortschritt von Schule. Lerntempi sind nun mal sehr verschieden, und sie entsprechen keineswegs immer dem, was wir Begabung oder Intelligenz nennen.

* Hochbegabte Kinder versagen oft in der Schule. Auf den ersten Blick wirkt diese Aussage wie ein Widerspruch in sich. Aber Kinder, die schon am Schulanfang alles können, was der Lehrer von ihnen verlangt, langweilen sich oft, so daß sie zunächst schwierig werden, dann stören, dann lästig werden und schließlich, wenn sie von den Mitschülern in den nichtintelligenzabhängigen Anforderungen (Ordnungsverhalten, sauber schreiben, Hefte mitbringen, Unterschriften vorlegen, Ergebnisse unterstreichen) überholt werden, in Form schlechter Berichts- oder Notenzeugnisse als Versager abgestempelt werden. Weil die Lehrer zu stark von den schwachen und durchschnittlichen Schülern in Anspruch genommen werden, vernachlässigen sie die früh- und hochbegabten bzw. die schon intensiv von zu Hause her geförderten, und wenn diese dann schließlich durch Verhaltensstörungen auffallen, versuchen Lehrer nicht selten, sich ihrer zu entledigen. Mittlerweile ist dieses Problem in den meisten Bundesländern erkannt worden; so hat beispielsweise die Hamburger Schulbehörde eine »Beratungsstelle für besondere Begabungen« eingerichtet, die solchen Kindern und ihren Eltern hilft. Franz J. Mönks von der Universität Nijmwegen schätzt, daß zehn bis 15 Prozent eines Schülerjahrgangs »Spitzen- und Hochbegabte« sind (Hochbegabte werden mit einem IQ ab 130 definiert). Das bedeutet, daß in Deutschland pro Jahr etwa 70000 bis 80000 solcher Kinder eingeschult werden, für die die herkömm-

liche Schule eigentlich nicht taugt. In Hamburg können »besonders begabte« Schüler an zwei Stellen ihrer Schullaufbahn eine Klasse überspringen (von Klasse 6 nach Klasse 8 und von Mitte der Klasse 11 nach Mitte der Klasse 12), in Schleswig-Holstein können sie die 2. Klasse überspringen, in Nordrhein-Westfalen können Fünftkläßler z. B. am Mathematikunterricht der 11. Klasse teilnehmen (Konzept »Individuelle Bildungsgänge«), in Berlin hat man für sie »Expreß-Abi-Klassen« zum Abitur nach Klasse 12 eingerichtet, die in Baden-Württemberg, Hessen und Rheinland-Pfalz »D-Zug-Klassen« heißen und eine Aufnahmeprüfung nach Klasse 4 oder 6 voraussetzen. Aber immer mehr Eltern wollen für ihren hochbegabten Nachwuchs keine staatlichen Antworten mehr; sie lassen ihn durch eine der Außenstellen des Nachhilfeunternehmens »Studienkreis« fördern oder samstags in speziellen Kursen für hochbegabte Schüler an Universitäten (z. B. in Hamburg), oder sie melden ihr Kind an einer der drei »Jugenddorf-Christophorusschulen« für Hochbegabte des Christlichen Jugenddorfwerkes (CDJ) in Braunschweig, Rostock und Königswinter an, wenn sie nicht gar ganz auf Eliteinternate und -schulen in Großbritannien, in der Schweiz und in den USA ausweichen. Die Zahl der deutschen Privatschüler, die Schulen in Großbritannien besuchen, hat sich jedenfalls in den letzten Jahren versiebenfacht.

* Es gibt immer mehr Schüler, die mehr lernen wollen oder anderes lernen wollen, als die Schule ihnen bietet. So gingen in Hamburg Schüler sogar auf die Straße, um gegen Unterrichtsausfall zu protestieren, so wählen junge Menschen Privatschulen, an denen sie auch Japanisch, Chinesisch oder Betriebswirtschaft lernen können, und so klagte ein Schüler vor einem Berliner Gericht, daß er in der Oberstufe zwangsweise mit Chemie beschult werde, weil er meinte, die Schule würde ihm dadurch wichtige Lernzeit rauben, die er lieber für dasjenige einsetzen würde, was er eigentlich lernen möchte. Als Folge unserer meinungs-

und wertepluralistischen Gesellschaft sind Elternerwartungen und Schülerwünsche eben vielgestaltiger als in einem totalitären System, und nur mit einer höchst bunten Schullandschaft und einer Fülle von Schulprogrammen bzw. Schulprofilen nebeneinander vermag der Staat allen Schülerpersönlichkeiten Rechnung zu tragen. Warum soll es also nicht Ski-, Schwimm-, Tennis- und Fußballgymnasien oder Legasthenikerinternate geben, die auch zum Abitur führen?

* Die Pleitewelle in Deutschland hat einen signifikanten Grund: Mangel an kaufmännischen Kenntnissen. Um dem vorzubeugen, hat das Institut der deutschen Wirtschaft das Projekt »Junior« ins Leben gerufen: An deutschen Gymnasien schließen sich Interessierte zu Miniunternehmen zusammen, organisieren einen lokalen Kurierdienst oder einen Veranstaltungsservice, handeln mit bedruckten T-Shirts oder eröffnen ein Reisebüro für Schüler. Bisher sind 18 solcher Miniunternehmen im Saarland, in Sachsen-Anhalt, Sachsen und Nordrhein-Westfalen gegründet worden. »Learning by doing« heißt die Devise. Die Jugendlichen erfahren hautnah, wie Wirtschaft und Markt funktionieren. Sie erkennen wirtschaftliche Zusammenhänge und lernen die Bedingungen kennen, unter denen ein Unternehmer Entscheidungen fällen muß. Das Ziel ist die Förderung von Konfliktfähigkeit, Selbständigkeit, Eigeninitiative, Verantwortungsbewußtsein und Teamfähigkeit. Wie im rauhen Wirtschaftsleben erlernen die Schüler ihr Handwerk: Lohnfortzahlung, Bilanzierung, Steuerpflicht, Entrichtung von Sozialabgaben, Ringen um Aufträge und Kundenpflege. Wichtig sind auch die Erstellung eines Geschäftsberichtes, die Einberufung einer Hauptversammlung und die Entwicklung einer Geschäftsstrategie. Paten aus der Wirtschaft stehen den Jungunternehmern zur Seite. Bereits im Schuljahr 1995/96 haben sich mehr als 50000 Schüler aus 19 Ländern an einem Wettbewerb um die besten »Unternehmer« beworben, die insgesamt 4900 Minifirmen führten.

Zum Sieger kürte die Jury aus Israelis, Dänen, Holländern, Engländern und Maltesern eine Gruppe aus Dänemark und eine aus Israel. Das Nicolaus-Cusanus-Gymnasium aus Bergisch-Gladbach wurde Dritter. Geschäftssprache ist wie im »richtigen« Wirtschaftsleben Englisch.

* Die sechsjährige Chiara Del Lama ist die erste italienische Schülerin, die ihre Schulpflicht über das Internet erfüllt. Chiara erhielt eine entsprechende Ausnahmegenehmigung, weil sie allein mit ihren Eltern auf der ansonsten menschenleeren Insel Montecristo wohnt. Seit September 1998 kommuniziert sie über das Internet täglich mit der nächstgelegenen Schule auf dem Festland. Per Mausklick kann sie mit Lehrern und Klassenkameraden sprechen und dabei das Lesen, Schreiben und Rechnen lernen. In Sachsen gibt es mittlerweile die »Erste Tele-Lern-Schule Leipzig« und in Berlin eine Computerschule, in denen der gesamte Unterricht per Bildschirm und Internet abgewickelt wird. Der ehemalige Bundesbildungsminister Jürgen Rüttgers hat jedenfalls 1998 den deutschen Schulen vorgeworfen, mit der technologischen Entwicklung nicht Schritt zu halten. Nur 20 Prozent der deutschen Lehrer würden über ausreichende Computerkenntnisse verfügen, und zwei Drittel aller Lehrer der Sekundarstufe I würden Computersoftware nie oder ganz selten in ihrem Unterricht einsetzen.

Auch wenn die Schule noch nicht am Ende sein sollte, muß sie offensichtlich eine ganz andere werden. Dieses Anderssein darf aber nicht nur in eine Richtung gehen, also beispielsweise nicht nur in Richtung »Schulen ans Netz«. Das Althergebrachte muß ebenso weiter angeboten werden, etwa für Schüler und Eltern, die eine altsprachliche bzw. eine humanistische Bildung wünschen oder eine Schule, die bewußt nicht mehr erzieht als bisher, weil es mit der Erziehung im Elternhaus noch gut klappt und weil der Artikel 6 des Grundgesetzes den Eltern das Erziehungsrecht zugesteht. Aber für diejenigen Kinder, die zu Hause keine stimmige

Erziehung haben, muß Schule mehr Erziehungsanteile als bisher übernehmen, weil sonst das Lernen darunter leidet und weil die Schule im Moment die einzige gesellschaftliche Institution ist, die noch sämtliche Kinder bewußt erzieherisch zu erreichen vermag, was mehr als die Hälfte der deutschen Familien nicht mehr schafft. Wir brauchen also in Zukunft bildende und erziehende Schulen einerseits (das könnten die Gymnasien sein) und erziehende und bildende Schulen andererseits (die könnten Sekundarschulen heißen). Beide führen zum Sekundarabschluß I und zum Abitur; der eine Schultyp vertraut dabei mehr auf die herkömmliche Arbeitsteilung, mit der die Familie erzieht und die Schule bildet, während der andere Typ Bildung in einen starken erzieherischen Rahmen einbettet, damit auch Kinder aus erzieherisch nicht so kompetenten Familien genügend lernen und ausreichend leistungsfähig für die gewandelten gesellschaftlichen Herausforderungen des nächsten Jahrhunderts werden.

Zwar hat es noch nie Konsens darüber gegeben, was Schule zu leisten hat, aber noch nie scheint der Konsens so gering gewesen zu sein wie heute. Zwar gibt es einen grundsätzlichen Konsens in bezug auf Lesen, Schreiben, Rechnen und Fremdsprachenunterricht, aber schon, wenn es um den dafür nötigen Unterrichtsumfang und um die Methode geht, gibt es Streit: Sollen diese Kulturtechniken notenfrei oder mit Zensuren vermittelt werden? Ist Lesenlernen durch Schreiben besser oder umgekehrt? Ist die synthetisch-analytische Methode besser oder die Ganzwort- oder Ganzsatzmethode? Welchen Stellenwert soll die Mengenlehre haben? Ist Überschlagen oder Schätzenkönnen wichtiger, als die zweite Stelle hinter dem Komma, die einem ja heutzutage ohnehin der Taschenrechner liefert, direkt berechnen zu können? Soll der Mathematikunterricht bis zum Sinussatz vordringen oder nicht? In welchem Alter soll der Fremdsprachenunterricht beginnen?

Vielleicht wächst mit dem Zusammenwachsen Europas demnächst der Konsens bei der Unterrichtsgestaltung an deutschen Schulen, sicher ist das aber nicht. Vielleicht wird die regionale Schulautonomie gleichzeitig mit der europäisch-zentralen in Brüssel gestärkt, so daß wir eine deutschlandweite Schulinstanz in Berlin nicht benötigen. Immerhin besteht ein gewisser Konsens darin, daß wir in Deutschland keine japanischen Schulverhältnisse haben wollen, in denen die alte Schule lediglich mit dem Lerngerät Computer fortgeschrieben wird, statt mit ihm eine ganz andere Schule voller Bewegung, Kreativität und Konfliktfähigkeit zu begünstigen.

In Japan beginnt man schon mit 15monatigen Kindern mit dem Lesen; und sobald die Kinder greifen können, beginnt der Mathematikunterricht. In 200 der 18 000 Kumon-Schulen werden 40 600 Babys in Rechnen, Japanisch und Englisch unterrichtet, in 16 Tokioter Vorschulen werden Ein- bis Sechsjährige akademisch, künstlerisch und sportlich gedrillt, gesponsert von einem Windelhersteller. Der Leistungs- und Karrieredruck ist im japanischen Schulwesen mörderisch, er korrespondiert mit einem enormen Ehrgeiz der Eltern. Nur eines von 20 Kindern besteht die Aufnahmeprüfungen der 50 renommiertesten Privatschulen des Landes, und die Schülersuizidrate liegt gemeinsam mit der von Singapur und Südkorea weltweit an der Spitze. Welche Schäden ein so aufgepäppeltes Schulwesen, das ganz dem alten Denken verhaftet bleibt, schon bei Siebenjährigen anrichtet, beschreibt eine Grundschullehrerin aus Tokio so: »Die Mütter lassen ihre Kinder Englisch büffeln und Klavier spielen, doch sie ziehen sie an, binden ihnen die Schuhe zu, schälen ihnen das Obst und schieben ihnen den Suppenlöffel in den Mund; in der Turnstunde stürzen die meisten der Kinder, weil sie das Rennen und das Fallen nie gelernt haben. Die Kinder melden sich nie, weil sie Angst haben, etwas Falsches zu sagen, und wenn sie dann nach einer Aufforderung etwas Falsches gesagt haben, weinen sie sofort.« Kreativität und Konfliktfähigkeit fehlen den meisten japanischen Kindern, aus Angst vor Fehlermachen haben sie beides nie entwickeln können. Kein Wunder ist also, daß Außenstehende wähnen, die Zahl der frechen und pfiffigen Kinder in Japan nehme ab und die der stillen »guten« Kinder zu. Kein Wunder ist aber auch, daß japanische Wissenschaftler, Industrielle und Politiker mittlerweile in Scharen nach Deutschland reisen, um sich zu erkundigen, was man unter Kreativität versteht und wie deren Entwicklung begünstigt werden kann. Der japanische Börsenkrach hat also immerhin diese Neugier und damit eine gewisse Veränderungsbereitschaft begünstigt.

Das »Sterben« der deutschen Schule läßt sich zur Zeit auch an ihrer Bausubstanz und an ihrer Ausstattung beobachten. »In Bremen verrotten die Schulen« warnte neulich eine Zeitungsüberschrift. Im Vergleich zu ausländischen Schulen wirken deutsche Schulen tatsächlich oft ärmlich, karg und allerorten demoliert. Auch das Gestühl tut vielen Schülerrücken keineswegs gut, weshalb eine Rendsburger Schulleiterin mit finanzieller Hilfe der Eltern moderne Tische mit verstellbaren Schreibflächen und bewegliche Stühle, die in der Höhe variabel sind, bei einem dänischen Schulmöbelhersteller geleast hat. Schul- und Bezirksämter lassen Klassenräume manchmal so herunterkommen, daß Eltern selbst zum Farbpinsel greifen, und manche Kultusministerien sind wie das in Niedersachsen schon längst wieder dazu übergegangen, die Eltern beim Schulbuchkauf zu beteiligen. Der Staat versucht im Moment, sich seiner Schulen ein Stück weit zu entledigen, weil sie ihm zu teuer geworden sind und weil er die Elternkritik gern umleiten möchte, und zwar von der Regierungszentrale hin zur Schule selbst.

»Autonomie« bzw. »Teilautonomie« steht dafür, Schulen selbstverantwortlicher und finanziell ergiebiger zu machen. »Eigene Budgetierung« bzw. »Globalhaushalt«, »Sponsoring«, »Personalhoheit der einzelnen Schule«, »Partizipation der Eltern und Schüler in Sachen Schulprofil, Haushalt, Schulleiterwahl und Personaleinstellung«, »Schulmanagement« und »Regionalisierung der Schule« zur »Nachbarschaftsschule« sind Schlagwörter, die nicht nur begrüßenswerte pädagogische Innovationen, sondern auch Auswege aus der staatlichen Finanzkrise meinen. Schon wird ganz offen von Politikern zugegeben, daß sie bei der nötigen Computerausstattung der Schulen langfristig von einer Drittelfinanzierung des Staates ausgehen, während zwei Drittel durch Eltern und Betriebe aufgebracht werden sollten, und sie drücken gern beide Augen zu, wenn die Eltern einer Schule die Anstellung eines zusätzlichen Lehrers – wie gerade in Hamburg und in Meppen geschehen – aus eigener Tasche finanzieren. In der Hamburger Schulbehörde ist sogar eine eigene Arbeitsgruppe eingerichtet worden, die die Möglichkeiten von Schulsponsoring eruieren soll. Der Hamburger Landesschulrat hat schon vor Jahren geäußert, daß zwar der Schuletat der Hansestadt von Jahr zu Jahr steige, aber nicht in dem Maße wie die Kosten der Schulen, so daß der Zeitpunkt näher rücke, von dem an Schulen in besseren Stadtteilen ermuntert werden müßten, einen Teil des Geldes selbst zu erwirtschaften, damit der Staat gezielt die Schulen schwächerer Stadtteile fördern könne, so daß am Ende alle etwa gleich viel oder wenig haben würden. Die Aufgaben des Staates wachsen jedenfalls hinsichtlich der Schule, je mehr die Familie zerfällt, je mehr Kinder geboren werden, je älter und ausgebrannter die Lehrer werden, je unterschiedlicher Kinder- und Elternerwartungen werden und je mehr ganz andere Leistungsprofile durch die technologische Entwicklung und die internationale Wettbewerbssituation erforderlich werden. Die Schule stirbt aber oder verändert sich ganz dramatisch, wenn das passiert, was sich zum Beispiel in Berlin ereignet: Die Zahl der Schüler mit Lern- und Verhaltensproblemen steigt rasant, während der Senat die Stellen des Schulpsychologischen Dienstes deutlich reduziert.

Und dennoch: Hoffnung keimt allerorten. Das Ende der Schule ist gleichzeitig der Beginn für ihre Neugestaltung. Lewis J. Perelman hat nicht recht, wenn er meint, die Zeit der Schule sei vorbei. Denn er will ja nur die Schule in die Wohnzimmer und in die Computernetze verlagern. Wir brauchen weiterhin Schulen, auch wenn sich der Begriff Schule mit ganz anderen Inhalten füllt. Wenn ein Teil der bisherigen

Fachlernziele durch Schlüsselqualifikationen ersetzt wird, wenn der Computer einige der herkömmlichen Funktionen der Lehrer übernimmt und ihn damit in Richtung Lernberater, Sozialpädagoge, Spielpädagoge, Ernährungsfachmann, Psychomotoriker und Familienhelfer freisetzt, wenn die Schüler mehr selbst lernen, als belehrt zu werden, dann kann das alles immer noch Schule heißen.

Es gibt schon eine ganze Reihe von zeitgemäßen Schulen in Deutschland, die bestens für das nächste Jahrhundert gerüstet sind, und zwar sowohl staatliche als auch noch häufiger private. Abschließend sei daher einmal exemplarisch aus dem Schulprofil der Evangelischen Bugenhagenschule in Hamburg-Alsterdorf zitiert; für die Lehrer dort ist mittlerweile folgendes selbstverständlich:

* Integrationsklassen mit 19 nichtbehinderten und drei Kindern mit besonderem Förderbedarf.
* In jeder Unterrichtsstunde sind zwei Lehrkräfte in der Klasse anwesend.
* Alle Lehrer von Parallelklassen bilden ein Team.
* Intensive Elternarbeit.
* Die Schüler haben im Wechsel Pflicht- und Freiarbeit.
* Jede Klasse hat einen Tages- und einen Wochenplan.
* Jeder Klassenraum hat verschiedene Arbeitsecken (Leseecke, Bauecke, Computerecke, Forscherecke, Entlastungs- bzw. Spielecke).
* Die Schüler wechseln zwischen Einzelarbeit, Partnerarbeit, Kleingruppenarbeit und Arbeit im Klassenverband.
* Fächerübergreifende Projekte.
* Individuelle Förderung der Kinder mit Teilleistungsschwächen bzw. derjenigen mit besonderem Förderbedarf.
* Lernen mit dem PC.
* Teilung in zwei Gruppen beim Fachunterricht.
* Gemeinsames Frühstück im Klassenraum.
* Morgen- bzw. Erzählkreis.
* Aufstellen und Besprechen von Regeln.
* Kinder lernen voneinander und helfen einander.

* Dem unterschiedlichen Lerntempo der Kinder wird Rechnung getragen.
* Englisch ab Klasse 3.
* Gliederung des Unterrichts in Lernbereiche statt in Fächer.

Wenn Sie so etwas Ähnliches an Ihrer Schule haben, dann können Sie froh sein! Sie wissen dann aber auch, daß man dafür andere Lehrer braucht als in der Schule vor 50 Jahren oder in so mancher Schule, die es heute noch in Deutschland gibt.

Der Schüler zwischen Schulsystem und Lehrerpersönlichkeit

Die Lehrerpersönlichkeit ist für den Schüler bedeutsamer als das jeweilige Schulsystem. Lehrer sind Schicksal für ihre Schüler, denn die Schüler können sich ihre Lehrer nur selten aussuchen. Der Zufall entscheidet über die »Chemie« des Zusammenspiels, aber auch über Engagement und »pädagogischen Eros«. Es gibt Schüler, die in der vorherigen Klasse mit ihrem Klassenlehrer überhaupt nicht klarkamen, aber bei ihrem neuen Lehrer aufleben und plötzlich gute Leistungen bringen.

In den USA hat man einmal versuchsweise einem neuen Lehrer eine gute Schülergruppe als schlecht »verkauft«, prompt wurden die Schüler in der Folge schlechter. Umgekehrt hat man einem anderen Lehrer eine schwache Schülergruppe vorweg als besonders gut dargestellt, und sie wurde danach deutlich besser. »Self-fulfilling prophecy« nennt man diese sich im nachhinein bestätigende Erwartung, die sich Lehrer oft auch selbst zurechtbasteln, indem sie den ersten Eindruck, den sie von einem neuen Schüler haben, in die Zukunft hinein hochrechnen. So gibt es Lehrer, die sich ein Vorurteil aufbauen, indem sie zunächst die den Schüler begleitende Akte, den Schülerbogen, mit all seinen Eintragungen, Berichten und Zeugnissen studieren, so daß der Schüler eigentlich nur werden kann, wie es die Vorberichte und die vorgefaßte Meinung des Lehrers erwarten lassen; es gibt aber auch Lehrer, die dem Schüler und sich selbst eine Chance geben, indem sie ganz bewußt nicht in seine Akten sehen und deshalb auch nicht wissen, wie vorherige Lehrer und Schulleiter ihn einschätzten.

Wir kennen Lehrer, die es mögen, wenn Schüler lebendig, pfiffig, frech und »plietsch« sind, und es gibt solche, die genau das nicht ausstehen können; es gibt Lehrer, die lieber mit Mädchen arbeiten, solche, die lieber Jungen unterrichten, und solche, die keinen Unterschied zwischen Jungen und Mädchen machen, und jeweils anders ist dann die Leistungsentwicklung der Klasse und der Schülerpersönlichkeiten.

Es gibt aber auch Lehrer, die am Abend des ersten Unterrichtstages ihre neuen Schüler noch einmal in Gedanken Revue passieren lassen, dabei bei einigen ein positives Gefühl, bei anderen eher Antipathie verspüren, die dann aber so offen sind, daß sie im Laufe der Zeit diese ersten Eindrücke geradezu austauschen: Eine äußerlich zunächst unsympathische Schülerin zeigt sich im Laufe der Zeit als ausgesprochen bemüht, sozial und den Lehrer stark unterstützend, und ein auf den ersten Blick sympathischer Junge stellt sich später als erhebliche Belastung für die Mitschüler und den Lehrer dar. Die allererste Einschätzung beginnt stets mit Äußerlichkeiten, der wahre Kern erweist sich erst nach längerer Zeit, und zwar gerade auch in der Wechselwirkung zwischen Lehrer und Schüler.

Es ist nicht selbstverständlich, daß Lehrer- und Schülerpersönlichkeit gut zueinander passen, und weil Eltern das oft schon leidvoll erfahren haben, erkundigen sie sich gelegentlich bei der Schulleitung, wer die neuen Klassen übernimmt, um notfalls Einfluß nehmen zu können. Von der Persönlichkeit des Klassenlehrers, der Fachlehrerkonstellation und der Zusammensetzung der Klasse hängt durchaus ab, welche Leistungs- und Notenentwicklung der einzelne Schüler nimmt, und nicht zuletzt deshalb stimmen die Schullaufbahnprognosen des Grundschulgutachtens vielfach nicht mit den dann später tatsächlich erreichten Schulabschlüssen überein. Jede dritte Schullaufbahnempfehlung, die am Ende der 4. Klasse ausgesprochen wird, erweist sich im nachhinein als falsch, nach Klasse 6 ist es nur noch jede sechste. So kommen hauptschulempfohlene Schüler zum Abitur, realschulempfohlene nur zum Hauptschulabschluß usw. Das Wissen um die Unzuverlässigkeit der Prognosen, der Umstand, daß es in der Pubertät oft dramatische Entwicklungskrisen gibt, die zum Auseinanderdriften von Begabung und Verhalten führen, das Phänomen der Spätentwickler, die sämtliche früheren Prognosen über den Haufen werfen, und die Bedeutung der Klassenlehrer- und Fachlehrerkonstellation, die sich lern- und leistungsförderlich oder lern- und leistungsbeeinträchtigend auszuwirken vermag, haben schon vor vielen Jahren einige Bundesländer wie Hamburg veranlaßt, das Elternrecht als schullaufbahnentscheidende Instanz an die Stelle von Ausleseprüfungen, von Zeugnisnotenschnitten oder Grundschulgutachten zu setzen; die Grundschule empfiehlt zwar noch eine weiterführende Schulform, die Eltern können aber diese Empfehlung ignorieren, und oft zeigt sich dann später, daß sie gut daran taten, weil ihr Kind zum Abitur oder zum Realschulabschluß gelangte, obwohl die Grundschule nur die Hauptschule empfohlen hatte.

Da wir mittlerweile in vielen Bundesländern ein offenes Schulsystem haben, mit dem auch später noch jede eingeschlagene Schullaufbahn korrigiert werden kann, spielt das Schulsystem nicht mehr so stark Schicksal, wie es die am Schüler wirkenden Lehrerpersönlichkeiten tun. Man kann nach der 4., 6., 7., 8. oder 10. Klasse zum Gymnasium wechseln, man kann nach dem Hauptschulabschluß noch zur Realschule gehen oder die Fachoberschulreife an Beruflichen Schulen erwerben, man kann nach dem Realschulabschluß oder einem qualifizierenden Hauptschulabschluß in ein Aufbaugymnasium wechseln, die Hochschulreife auf dem Zweiten Bildungsweg erwerben, eine externe »Fremdenprüfung« machen, die die Fachoberschul- oder Hochschulreife bescheinigt, oder sogar nach einer abgeschlossenen Berufsausbildung noch ein Studium an einer Universität beginnen.

Dennoch spielt das Schulsystem, wenn auch an zweiter Stelle nach dem Lehrer, für den einzelnen Schüler eine wichtige Rolle. Gute Schüler freuen sich über Noten, schlechte eher nicht. Einige behinderte Schüler werden gerade durch das gemeinsame Lernen mit Nichtbehinderten besonders mitgerissen und gefördert, andere dagegen brauchen die gezielte Ausgliederung und die spezifische Förderung entsprechend ihren konkreten Behinderungen, so daß sowohl Integrationsklassen im Regelschulwesen als auch Sonderschulen angeboten werden müssen. Für einige Schüler ist eine kurze, nur vier Jahre umfassende Grundschulzeit gut, für andere ist das langsamere Reifen in einer sechsjährigen Grundschule oder in einer Gesamtschule besser. Einige Schüler benötigen erst Arbeitswelt- und Berufsschulerfahrungen, bevor sie über den Zweiten Bildungsweg dennoch zur Allgemeinen Hochschulreife gelangen, einigen tut ein reines Mädchengymnasium gut, anderen jedoch gerade nicht.

Die öffentliche Meinung schwankt zwischen einer frühen Trennung von Begabungsprofilen (möglichst kurze Grundschulzeit) und einer möglichst langen integrierenden Phase (sechsjährige Grundschule, schulformunabhängige Orientierungsstufe, Gesamtschule). Die einen befürchten ein allzu langes Bremsen der leistungsstarken Schüler durch schwache, die anderen sehen bei einem längeren gemeinsamen Fundament eher die Vorteile der mitreißenden und sozialintegrierenden Effekte, die einem »Restbewußtsein« und einer früh zur Resignation führenden Stigmatisierung vorbeugen.

Wie lange soll also die gemeinsame Grundschulzeit dauern? Wann soll ein Schüler erfahren, daß er in der Leistungsrangordnung der Klasse eher schlecht dasteht? Wie lange soll die Schulzeit überhaupt dauern? Wievielgliedrig muß das Schulsystem sein? Wie sollen Übergänge geregelt werden? Hierüber gibt es keinen Konsens, weder in Deutschland noch in Europa:

* In Italien ist geplant, die Einschulung vom sechsten auf das fünfte Lebensjahr vorzuverlegen und mit einer Vorschulklasse als Klasse 0 zu starten.
* 14 Bundesländer haben eine vierjährige Grundschule, Berlin und Brandenburg aber eine sechsjährige, Dänemark eine siebenjährige, andere Länder eine neun- oder gar zehnjährige. Die deutschen Integrierten Gesamtschulen sind im Grunde genommen zehnjährige Grundschulen. Und wenn Schleswig-Holstein künftig die ersten beiden Klassen zu einer »Eingangsphase« bündelt, die die Schüler ein, zwei oder drei Jahre lang besuchen können, dann wird für einige Schüler die Grundschulzeit nur noch drei Jahre umfassen: Sie besuchen ein Jahr lang die Klassen 1/2, danach die 3. und dann die 4. Klasse.
* Zur Frage nach der Länge der Grundschulzeit gehört auch der Aspekt Einschulungsalter. Hier ist europaweit eine Tendenz der Vorverlegung der Einschulung festzustellen. Fünfjährige lernen leichter als Sechsjährige, das gilt insbesondere für Fremdsprachen. Deshalb forderte der ehemalige Bundesbildungsminister Jürgen Rüttgers, daß die Einschulung künftig grundsätzlich mit dem 5. Lebensjahr stattfinden solle. Luxemburg zwingt bereits alle Vierjährigen in die obligatorische Vorschule. Einige deutsche Bundesländer bieten als Klasse 0 für Fünfjährige eine Vorschule oder einen Schulkindergarten an.
* Durchweg gibt es in den ersten beiden Schuljahren keine Noten mehr. In Hamburg und künftig auch in Nordrhein-Westfalen können die Eltern der 3. und 4. Klassen auf einem Elternabend abstimmen, ob sie lieber ein Noten- oder ein Berichtszeugnis (»Lernentwicklungsbericht«) haben wollen, und mit dem neuen Hamburger Schulgesetz wird die Öffnung für Berichtszeugnisse bis zur 6. Klasse erlaubt, wenn die Schulkonferenz es so will. In Dänemark gibt es bis zur 7. Klasse keine Noten. Grundschule heißt aber heute auch Familienergänzung, und so gehen immer

mehr Bundesländer dazu über, »Volle Halbtagsgrundschulen« (Niedersachsen), »Verläßliche Halbtagsgrundschulen« (Hamburg, Rheinland-Pfalz) oder »Betreute Schulen« (Schleswig-Holstein) von 8 bis 13 Uhr ab Klasse 1 oder gar »Offene Ganztagsschulen« bis 15 oder 16 Uhr anzubieten.

* In Nordrhein-Westfalen, Bremen, Berlin und Brandenburg dauert die Schulpflicht zehn Jahre, in den anderen Bundesländern neun Jahre, aber viele Bundesländer bieten zehn Hauptschulklassen an. Brandenburg hat keine Hauptschulen, aber 79 Realschulen, 99 Gymnasien und 290 Integrierte Gesamtschulen. Sachsen hat 662 Mittelschulen (»Differenzierte Mittelschulen« genannt) und 185 Gymnasien, aber keine Haupt- und Gesamtschulen. Thüringen hat eine Hauptschule, 403 Regelschulen, 113 Gymnasien und vier Gesamtschulen, Sachsen-Anhalt hat 346 Hauptschulen, 141 Sekundarschulen, 468 Realschulen, 185 Gymnasien und keine Gesamtschule. Und in Mecklenburg-Vorpommern gibt es 15 Integrierte Gesamtschulen, 96 Gymnasien, 380 Realschulen, 307 Hauptschulen und 129 Verbundene Haupt- und Realschulen. Viele Bundesländer haben noch wie Bayern das dreigliedrige System mit Hauptschule, Realschule und Gymnasium; während in Bayern und Baden-Württemberg Gesamtschulen keine Rolle spielen, dominieren sie aber in Hessen, Nordrhein-Westfalen, Bremen, Berlin und Hamburg. Das Saarland hat die Hauptschulen flächendeckend abgeschafft und in den »Erweiterten Realschulen« aufgehen lassen, während Rheinland-Pfalz zwar eine Reihe von »Regionalen Schulen« als Integrierte Haupt- und Realschulen geschaffen hat, daneben aber Hauptschulen und Realschulen weiterbestehen läßt. In Hamburg gibt es 16 »Integrierte Haupt- und Realschulen« neben herkömmlichen Hauptschulklassen und Realschulklassen. Gewiß ist es ein Zeichen von mangelndem bundesweiten Konsens, von fehlendem Mut zur »Lösung aus einem Guß« und von regionaler »Spielwiesenmentalität«, aber auch ein Zeichen

dafür, daß Kultusministerien dazu neigen, etwas Eigenes haben zu wollen, das es sonst nirgendwo gibt, so z. B. wenn die Integrierten Haupt- und Realschulen, die es in Hamburg gibt, in Mecklenburg-Vorpommern »Verbundene Haupt- und Realschulen« heißen, in Rheinland-Pfalz »Regionale Schulen«, im Saarland »Erweiterte Realschulen«, in Sachsen »Differenzierte Mittelschulen«, in Thüringen »Regelschulen« und in Sachsen-Anhalt »Sekundarschulen«; wenn sie mal mit Klasse 5 beginnen und mal mit Klasse 7; wenn in Bayern ein bestimmter Notendurchschnitt zum Übergang in die Realschule erforderlich ist, in Hamburg aber nicht, wenn es in Brandenburg überhaupt keine Hauptschulen gibt und wenn dieselben Schüler, die in Brandenburg auf die Gesamtschule wechseln, in Hamburg zur Hauptschule, zur Integrierten Haupt- und Realschule oder zur Gesamtschule gehen können.

* In Sachsen und Thüringen wird das Abitur in Klasse 12 erreicht, in Mecklenburg-Vorpommern bislang auch in Klasse 12, aber ab 2000 mit der Klasse 13; in Sachsen-Anhalt wird noch diskutiert, ob man bei dem rot-grünen Beschluß »Abitur nach Klasse 12« bleiben will; in den meisten anderen Bundesländern führt erst die 13. Klasse zur Allgemeinen Hochschulreife, aber in Hessen, Baden-Württemberg, Rheinland-Pfalz und Berlin gibt es auch Klassen, die zum Abitur in der Stufe 12 führen (»D-Zug-Klassen« oder »Expreß-Abi-Klassen«). In Schleswig-Holstein, Bayern und Niedersachsen überlegt man, ob man einen zwei- und einen dreijährigen Bildungsgang in der Oberstufe der Gymnasien gleichzeitig nebeneinander anbietet. (»Gymnasien mit zwei Geschwindigkeiten«). Immerhin hat die Kultusministerkonferenz einen Kompromiß gefunden, um sich der leidigen Frage des Abiturs nach Klasse 12 oder 13 zu entledigen: Ab Klasse 5 müssen in den Kernfächern 265 Wochenstunden bis zum Abitur erteilt werden.
* Bayern, Baden-Württemberg und Sachsen haben sehr genau geregelt, wer zum Gymnasium übergehen darf. Die

Noten der Grundschule in Deutsch, Mathematik, Englisch und Sachkunde müssen einen bestimmten Schnitt erreichen. In Niedersachsen entscheidet nach einer zweijährigen schulformunabhängigen Orientierungsstufe die Lehrerschaft darüber, wer auf das Gymnasium wechseln darf. In Hamburg hingegen entscheiden bislang ganz allein die Eltern, auch gegen die Grundschulempfehlung und das Grundschulzeugnis, wohin sie ihr Kind melden. Während in den anderen Bundesländern Hauptschule und Realschule schon immer mit einem Abschlußverfahren erfolgreich beendet werden müssen, hat Hamburg auf Druck der Kultusministerkonferenz hin erst im Schuljahr 1998/99 eine Abschlußprüfung für die Fächer Deutsch, Mathematik und erste Fremdsprache in diesen Schulformen eingeführt.

Ein letztes Beispiel dafür, daß neben der Lehrerpersönlichkeit auch das Schulsystem Schicksal spielt: In Hamburg kommen 32 Prozent eines Schülerjahrgangs zum Abitur (nimmt man die Fachhochschulreife, den Zweiten Bildungsweg und die Fremdenprüfungen mit hinzu, sind es fast 37 Prozent), in Bayern dagegen nur 18 Prozent. Der Grund: Hamburg bietet sehr viel mehr individualisierende Schulprogramme und profilierende schulische Nischen an als Bayern; überdies gibt Hamburg pro Jahr im Schnitt 11 000 Mark für jeden Schüler aus, Bayern nur 8500 Mark. Finanzaufwand und Gestaltungsvielfalt sind also offensichtlich Faktoren, die Schulerfolge und Schulmißerfolge mitbedingen. Das gilt auch für die etwa 100 000 Schüler, die deutschlandweit alljährlich nicht zum Schulabschluß kommen: Länder, die weniger für ihre Schulen aufwenden, produzieren mehr Schüler ohne Abschluß als solche, die mehr zu investieren bereit sind. Das gleiche gilt für den Aspekt Unterrichtsausfall. Es gibt Schulen, an denen nur 70 Prozent des vorgesehenen Unterrichts erteilt werden, an anderen sind es 90 oder fast 100 Prozent. Dort, wo viel Unterricht ausfällt, wo schon etliche Zeit vor den Ferien der Unterricht im wesentlichen eingestellt wird und erst lange nach den Ferien wiederaufgenommen wird, wo Klassenarbeiten erst nach vielen Wochen korrigiert und zurückgegeben werden und die Lehrer ihre Konferenzen während der Unterrichtszeit abhalten, büßen die Schüler den fehlenden Unterricht dadurch, daß sie schwerer zum Abschluß kommen, schwerer einen Studienplatz finden und eher in Bewerbungsverfahren um einen Ausbildungsplatz scheitern. Daß solche Schulen oder auch nur einzelne Lehrer so wenig anbieten, macht sie, verglichen mit anderen Schulen, aber höchst ungerecht.

Lehrerpersönlichkeit und Schulsystem

Schulsystem und Lehrerpersönlichkeit müssen irgendwie zueinander passen, denn wenn sie nicht kompatibel sind, wächst der Frust des Lehrers, wird er überfordert, ausgebrannt und krank; er ist dann nicht motiviert genug, seine Schüler optimal zu fordern und zu fördern. Deshalb sollten Lehrer nur in Schulprofilen arbeiten, hinter denen sie auch voll und ganz stehen. Es hat also keinen Sinn, Gesamtschulgegner an Gesamtschulen zu versetzen, Notenfetischisten zu Lernentwicklungsberichten zu zwingen und von »Dienst-nach-Vorschrift-Pädagogen« den Umbau von der Belehrungsschule zu einer Lernwerkstatt zu erwarten. Lehrer, die nicht gern mit jungen Menschen zusammensein mögen, minimalisieren die pädagogischen Bezüge. Wenn aber der Staat insgesamt mit allen Lehrern schlecht umgeht, weil er ihren Aufwand mit »Pädagotchis« mißt, weil er von Sportlehrern eine andere Unterrichtsverpflichtung erwartet als von Chemielehrern, weil er Grund- und Hauptschullehrern bei schlechterer Besoldung mehr Belastungen zumutet als Gymnasiallehrern, weil er erzieherisches Engagement und Elternarbeit nicht in die Lehrerarbeitszeit einrechnet, weil er Stellen und Entlastungsstunden streicht, Vergleichsarbeiten einführt, Lehrerarbeitszeitkonten zur Abbuchung von Lebensarbeitszeiten einrichtet, Wander- und Spagatlehrer kreiert, um die durch seine mangelnde Fürsorge entstandenen Lücken zu flicken, und allerorten Gebäude verfallen läßt, dann müssen das am Ende erst die Schüler und etwas später auch die Lehrer ausbaden. Lehrer, die in unüberschaubar großen Schulen mit einem unpersönlichen Fachlehrer- und Kurssystem, mit vielen Bildungsverlusten und Störanfälligkeiten tätig sind, halten eben erfahrungsgemäß nicht so lange durch wie Lehrer an kleinen Schulen mit einem stark ausgebauten Klassenlehrersystem. Dasselbe gilt für die Schüler. Es bekommt ihnen nicht gut, wenn sie in jeder Stunde in einem anderen Raum neben einem anderen Schüler bei einem anderen Lehrer in einem anderen Fach sitzen müssen; sie wollen lieber zwei Hauptbezugspersonen, die ihnen möglichst viel Kontinuität, Deutlichkeit und Fortschrittskontrolle bieten, und am besten ist es, wenn die beiden ein Mann und eine Frau sind, die mindestens ein Drittel, besser noch die Hälfte des Unterrichts mit den Schülern ihrer Klasse im Sinne eines lernenden Zusammenlebens (Konzept »teachers as learners«) verbringen.

Lehrer müssen das machen können, was sie am besten können, und das ist bei jedem Lehrer etwas anderes. Wenn sie Lust am Experimentieren oder zu Innovationen haben, kommt dabei außerordentlich viel Gutes heraus. Der bayerische CSU-Politiker Alois Glück sagt deshalb: »Lehrer brauchen den Mut zum Aufbruch.« Er fordert eine Experimentierklausel nach dänischem Vorbild. In Dänemark ist es nämlich Gesetz, daß mindestens zehn Prozent aller Schulen Versuchsschulen sein müssen. Offenbar hat man dort erkannt, daß Schulen und Lehrer in der gesamten Geschichte der Pädagogik immer dann besonders engagiert und erfolgreich waren, wenn sie etwas Neues ausprobieren durften, und immer dann besonders schlecht, wenn sie im Althergebrachten, in Routine und im zentral Gesteuerten und Verwalteten erstarrten.

Mit mehr Druck und Kontrolle von oben, mit mehr Zentralisierung und Gleichschaltung werden jedenfalls weder Lehrer noch Schulen besser werden, wie sämtliche Lebenserfahrungen belegen, und Schüler damit eben auch nicht.

Wir haben bislang das Schulsystem vor allem aus der Sicht von Lehrern und Schülern betrachtet. Aber auch die Eltern haben eine Meinung dazu: Nach einer Untersuchung des Dortmunder Instituts für Schulentwicklungsforschung halten nur 30 Prozent der Väter und Mütter die Leistungen der Schule für gut, 20 Prozent meinen, daß von den Schülern zuwenig verlangt werde, und weitere 20 Prozent klagen über mangelnde Kenntnisse der Schüler nach Abschluß der Schulzeit. 90 Prozent aller deutschen Eltern erwarten für ihr Kind den Realschulabschluß oder das Abitur, 64 Prozent in den alten Ländern und 80 Prozent in den neuen wünschen von der Schule eine Vorbereitung auf das Berufsleben, 61 Prozent im Westen und 66 Prozent im Osten mehr Allgemeinbildung, 55 Prozent im Westen und 60 Prozent im Osten mehr Erziehung zur Selbstdisziplin, 54 Prozent im Westen und 59 Prozent im Osten Problemlösungsfähigkeit sowie 50 Prozent im Westen und 44 Prozent im Osten Sozialkompetenz; erst auf Platz 6 steht der Wunsch nach »vertieftem Fachwissen«.

An sich muß man mit dem Auszählen von Elternerwartungen sehr vorsichtig sein. Eltern messen Schule zumeist an ihren eigenen zurückliegenden Schulerfahrungen, sie neigen zum bewertenden Blick zurück und können sich nur schlecht mit Innovationen anfreunden, die sie selbst nicht durchlebt haben. Sie akzeptieren erst mit einem durchschnittlichen Zeitverzug von etwa 15 Jahren Neuerungen wie Lernentwicklungsberichte statt Notenzeugnissen, Projektmethode statt Lehrgangsunterricht, Lernwerkstatt statt Belehrungsanstalt, Lernen über Fehlermachen oder Dominanz von Schlüsselqualifikationen über Fachlernziele. Es geschieht nicht selten, daß sie erst dann, wenn sie Neues mit ihrem ältesten Kind erlebt haben, den Reformen bei ihrem zweiten Kind zustimmen. Innovationen bewirken eben immer zuerst Ängste und meist erst danach Hoffnungen, jedenfalls bei der Mehrheit der Menschen!

Als in Hamburg erstmals vor 15 Jahren die Notenzeugnisse in den 3. Klassen per Elternabendbeschluß durch Lernentwicklungsberichte ersetzt werden durften, sprach sich die große Mehrheit dagegen aus. Heute, nach 15 Jahren, ist die große Mehrheit von der Überlegenheit der Berichtszeugnisse überzeugt, aber nur bezogen auf die Klassenstufen 1 bis 3, denn in denen liegen mittlerweile genügend positive Erfahrungen vor, nicht aber bezogen auf die Klassenstufen 5 und 6, mit denen es kaum Berichtszeugniserfahrungen gibt. In Dänemark gibt es bis zur Klassenstufe 7 seit 20 Jahren Lernentwicklungsberichte, und dort wollen auch die Eltern daran nichts mehr ändern.

Alle bisherigen Erfahrungen lehren, daß Schulreformen am besten funktionieren und den deutlichsten Gewinn für Schüler bringen, wenn sie von unten her wachsen, also von einzelnen Lehrern und Schulen her, und daß man sich auf ziemlich schlechte Resultate einstellen muß, wenn sie von oben übergestülpt werden. Selbst an einigen Schulen Bewährtes läßt sich nur schwer flächendeckend ausweiten, wenn die Zustimmung vor Ort fehlt. Schulreformen brauchen einen breiten Konsens im Lehrerkollegium und zwischen Lehrern, Eltern und Schülern. Privatschulen haben es deshalb mit Reformen wesentlich leichter als staatliche Schulen. Mit der Personalhoheit der einzelnen Schule, mit der völlig freien Wahl der Schule durch die Eltern und Schüler sowie mit der Möglichkeit der Schule, sich selbst zu profilieren, mit einem Schulprogramm einen Schwerpunkt zu setzen, läßt sich deshalb ein erheblicher Zugewinn an Innovationen bzw. an zeitnahen Anpassungen erzielen. Die Personalhoheit der Schule führt nämlich zu einem größeren Konsens im Lehrerkollegium. Und wenn Eltern und Schüler per Drittelparität in der Schulkonferenz über Schulprogramm, Etat, Schulleitung und Personaleinstellung mitbestimmen dürfen, schafft diese Partizipation einer Schulgemeinde ein weiteres Stück Modernisierung plus Regionalisierung und damit eine Motivations- und Leistungssteigerung bei Lehrern und Schülern.

Ein 1998 von der Bertelsmann-Stifung organisierter Kongreß mit rund 700 Vertretern aus Politik, Pädagogik, Verwaltung, Wissenschaft und Wirtschaft hat zu der »Münsterschen Erklärung« geführt, die die Lehrer ermuntert, nicht länger auf »Reform von oben« zu warten, sondern selbst die Initiative für einen innovationsträchtigen Konsens im Sinne einer »gesellschaftlichen Allianz« zu ergreifen, damit zentrale bürokratische Steuerungen der Schule und »traditionelle Kontrollstrukturen« beseitigt werden können und damit Lehrer von einem belehrenden Führungsstil zu einem unterstützenden Beratungsstil zu finden vermögen. Mit einem bundesweiten »Netzwerk innovativer Schulen«, das per Internet einen Erfahrungsaustausch ermöglicht, will die Bertelsmann-Stiftung »Kompetenzen für lebenlanges Lernen sowie für Handlungs- und Gemeinschaftsfähigkeit« begünstigen, also dazu verhelfen, daß Schulen im nächsten Jahrhundert fähig sind, mehr Schlüsselqualifikationen über herkömmliche, dann allerdings immer noch notwendige Fachlernziele zu vermitteln. Aber dafür wird langfristig eine ganz andere Lehrerbildung benötigt, die auch andere Menschen letztendlich schon dann erfordert, wenn sie mit dem Lehrerstudium beginnen.

Von der Freude, mit Kindern umzugehen

»Kinder und Uhren darf man nicht beständig aufziehen, man muß sie auch gehen lassen«, meinte der deutsche Dichter Jean Paul. Das war vor rund 200 Jahren, und wenn es bald gar keine Uhren mehr gibt, die aufgezogen werden müssen, wird die Sentenz vielleicht nicht mehr verstanden. Uhren, die von Federn angetrieben werden, die immer wieder gespannt werden müssen, darf man deshalb nicht beständig aufziehen, weil die Mechanik unter dem Aufziehen leidet; deshalb sollen solche Uhren zwar aufgezogen werden, aber nur, wenn es nötig ist. Nun gibt es Menschen, die ihre Uhr aus Gründen, die in ihnen selbst, aber nicht in der Bauweise der Uhr liegen, alle fünf Minuten aufziehen, gleichsam zwanghaft. Das schadet der Uhr.

Ebenso zwanghaft kann man als Erwachsener mit Kindern umgehen. Was heißt es – im Bilde Jean Pauls –, Kinder beständig aufzuziehen? Natürlich ist hier aufziehen nicht im Sinne von necken gemeint, sondern im Sinne von nicht den eigenen Weg gehen lassen. Daß dieser Gedanke am Anfang eines Kapitels mit der Überschrift »Von der Freude, mit Kindern umzugehen« steht, hat seinen Grund darin, daß die gegenwärtige Auffassung darüber, wie einem Kind in der Schule und überhaupt begegnet werden soll, geprägt ist von der geradezu zwanghaften Vorstellung, man müsse Kindern beständig die Richtung weisen, jeden wirklichen oder vermeintlichen Fehler sofort berichtigen und sich darum sorgen, daß die Weichen für eine gesunde leibliche, geistige und seelische Entwicklung optimal gestellt sind. Aber über soviel Zukunftssorge kann man leicht die Freude am Umgang mit Kindern und Jugendlichen verlieren und die – ganz falsche – Vorstellung entwickeln, Schule sei alles, was zählt, so, als gäbe es gar kein Leben nach der Schule.

Alle Kinder sind verschieden. Da kann man leicht dazu neigen, den einen für zu dick, den anderen für zu dünn, für zu schnell oder zu langsam, zu frech oder zu lieb zu halten. Jede Abweichung von einer vermeintlich richtigen Mitte wird dann zum Anlaß genommen, auf das Kind pädagogisch einzuwirken: es zu loben oder zu tadeln, ihm Vorschläge zu machen und auf die Notwendigkeiten des Lebens zu verweisen (die Uhr aufzuziehen und sie zu stellen). Das hat aber mit der Freude, mit Kindern umzugehen, gar nichts zu tun.

Kinder sind Menschen in einem frühen Entwicklungsstadium, und die herrschende Auffassung folgt der Vorstellung des englischen Philosophen John Locke, daß das Hauptziel des Zusammenlebens mit Kindern die Förderung ihrer Entwicklung zum Erwachsenen ist. Ebenso könnte man behaupten, das Hauptziel des Zusammenlebens mit Erwachsenen sei es, ihre Entwicklung zum Greis zu fördern. Aber wie Erwachsene von selbst vergreisen, werden auch Kinder ganz von selbst zu Erwachsenen. In einer sehr schlichten Form wird das Wort »erziehen« im Deutschen Wörterbuch von Brockhaus/Wahrig erklärt durch »jemandes Entwicklung in einer bestimmten Weise lenken«; das *Farbige große Volkslexikon des Bibliographischen Instituts* in Mannheim wird noch deutlicher: »Erziehen bezeichnet eine soziale Interaktion zwischen Menschen, in der ein oder mehrere Erzieher im Idealfall planvoll und zielgerichtet ... versuchen, bei dem zu Erziehenden unter Berücksichtigung seiner menschlichen Eigenart ein erwünschtes Verhalten zu entfalten oder zu verstärken.« Glücklicherweise sind wir schon erwachsen und müssen nicht damit rechnen, auf diese Weise zum Greis erzogen zu werden. Die aufgeführten wissenschaftlichen Erklärungen der Wörter erziehen und Erziehung sind zwar nicht falsch, aber doch merkwürdig weit entfernt von dem Zauber, den Kinder um sich verbreiten können. Es wird gefordert, daß Schulen sich von reinen Bildungsanstalten zu Lebensräumen mit Bildungsauftrag entwickeln und Lehrer sich zu Lernberatern wandeln müßten; darüber hinaus bräuchten wir in unseren Schulen wieder so etwas wie Muße. Aber davon sind wir noch weit entfernt, so daß der Kalauer, in Schulen fände Pädahektik und keine Pädagogik statt, nicht nur ein witziges Wortspiel ist.

Lehrer werden heißt doch, sich darauf einzustellen, ein ganzes Berufsleben lang mit Menschen umzugehen, die noch keine Erwachsenen sind und die noch etwas vor sich haben, was wir schon hinter uns haben; insofern ist der Umgang mit Kindern und Jugendlichen auch immer eine Begegnung mit der eigenen Vergangenheit. Das kann hinderlich, aber auch förderlich sein; jedenfalls ist die Aufgabe, beruflich mit Kindern und Jugendlichen umzugehen, nicht nur belastend, sie kann und sollte auch Freude bereiten. Davon freilich ist heute wenig zu vernehmen, wenn in den Medien über Lehrer, Schüler und Schulen berichtet wird; da geht es vor allem um Abweichungen von dem, was eigentlich sein sollte, also um Unerfreuliches.

Was ist es denn, das uns im Umgang mit Kindern und Jugendlichen erfreuen kann? Da kann man – auch als erfahrener Lehrer – ins Grübeln kommen; und selten wird darüber gesprochen, weder privat noch in der Berufswelt. Einfachste Anlässe zur Freude bietet zum Beispiel der sogenannte Kindermund, jene ungewollt witzigen Äußerungen, die uns zum Lachen bringen und in jedem Lehreralltag vorkommen. Da sagt die siebenjährige Anja ganz sachlich und ehrlich zu ihrem Lehrer: »Du redest so laut wie meine Mama«, weil ihr das gerade aufgefallen ist, und bringt den Lehrer für einen Moment zum Schmunzeln; oder man liest im Aufsatz eines Grundschülers: »Das Haushuhn stammt vom Menschen ab« oder »Das Hausschwein hat eine Nase, die wie eine Steckdose aussieht«, und wird unversehens in eine heitere Stimmung versetzt. Solcher Kindermund gehört aber eher zu den kleinen und oberflächlichen Freuden. Viel tiefer wirkt die Freude über die Begeisterungsfähigkeit der Grundschüler; sie kann den Lehrer immer wieder beflügeln und zu neuen Einfällen bringen. Daß die Begeisterungsfähigkeit in den Sekundarstufen der Schulen schnell versiegt, liegt nicht nur am höheren Lebensalter der Schüler und der damit verbundenen Beruhigung des Gemüts, sondern auch daran, daß in den Sekundarstufen Lehren und Lernen zunehmend weniger den Neigungen der Schüler entsprechen. In der Psychologie gibt es den Begriff der Konsonanz der Affekte (Zusammenklang der Gemütsbewegungen) als einer zwingenden Kraft, die immer wirkt, wenn Menschen zusammen sind. Da steht zum Beispiel einer auf einer Bühne, steht nur da, sagt nichts, gähnt aber immer wieder vernehmlich; es bleibt nicht aus, daß immer mehr Zuschauer ihrerseits anfangen zu gähnen, die Konsonanz der Affekte bewirkt dies. Wenn Lehrer sich auf ihre Schüler einlassen können, werden sie auf die gleiche Weise von ihrer Begeisterung angesteckt und zu eigener Begeisterung angeregt. Und wenn der Lehrer und seine Schüler einander mögen, kann deren Begeisterungsfähigkeit eine sprudelnde Quelle der Freude sein – länger als ein Schuljahr.

Unter Autoritäten verstehen wir solche Menschen, deren Wissen, Können und Urteilen allgemein anerkannt ist, und viele Menschen glauben, der Lehrer habe seine Autorität kraft seines staatlichen Auftrages, kraft seines Amtes. Aber so ein »kraft seines Amtes« hat auf Schüler gar keine Wirkung, jedenfalls nicht auf Dauer, höchstens – scheinbar – zu Beginn eines Schuljahres, wenn die Schüler einen neuen Lehrer bekommen und noch nicht wissen, wie sie ihn einschätzen sollen. Im Alltag der Schule wird Autorität dem Lehrer von seinen Schülern verliehen, die mitgebrachte Amtsautorität bewirkt noch gar nichts. Haben die Schüler aber einmal erfahren, daß sie sich auf das Wissen, Können und Urteilen ihres Lehrers verlassen können, dann bringen sie ihm eine Achtung entgegen, die so herzlich und treu sein kann, daß sie für ihn durchs Feuer gingen.

Lehrer sind Schicksal, im Guten wie im Bösen; und wenn wir hier die gute Seite betrachten, dann sehen wir, daß es Lehrer gibt, die von ihren Schülern so dauerhaft geachtet werden, daß eine lebenslange Freundschaft sie verbindet. Da kann es sein, daß eine erwachsene Frau und Mutter mehrerer Kinder, wenn sie ihrer Lehrerin zufällig begegnet, innerlich wieder zur Schülerin wird, weil sie jene gemeinsame Zeit in der Schule in so guter Erinnerung hat. Dieser Lehrerin wurde offenbar im oben beschriebenen Sinne die Autorität von ihren Schülern verliehen; was aber keineswegs heißt, daß sie etwa nicht streng war (Schüler unterscheiden – mit gutem Grund – ihre Lehrer gern nach »streng« und »nicht streng«) oder daß im Unterricht nicht die Köpfe geraucht hätten. Kinder und Jugendliche brauchen Grenzen, und die bietet nur ein Lehrer, der Autorität durch die Schüler verliehen bekommen hat. In den klaren Grenzen, die solche Autoritäten bieten, fühlen sich die Schüler wohl, und sie achten solche Lehrer um so mehr, wenn es ihnen womöglich zu Hause an klaren Grenzen und Autorität mangelt.

Lehrer, die ihren Schülern solchen Halt bieten können,

bauen ein Verhältnis zu ihnen auf, das durch gegenseitige Achtung und Zuneigung geprägt ist. Welcher andere Beruf als der des Lehrers bietet die Chance, so innig und herzlich von der Kundschaft gemocht zu werden? Natürlich sind da auch Kinder, mit denen das alles aus vielerlei Gründen gar nicht oder nur ansatzweise möglich ist; aber es ist auch eine fatale Verkennung der Wirklichkeit, wenn heute gern so getan wird, als wäre der Umgang mit jungen Menschen eine kaum zumutbare Last und sonst nichts.

Wenn junge Frauen zu Müttern und junge Männer zu Vätern werden, verwandeln sie sich und fangen an, von ihren Kindern zu schwärmen. Von jedem noch so kleinen Fortschritt des Kindes wird stolz berichtet, nicht nur im Sinne von »Was ich doch für eine tolle Mutter oder für ein guter Vater bin!«, sondern auch im Sinne von dankbarer Freude über die täglichen Fortschritte in der Entwicklung des Kindes, die man miterleben darf. Das ist bei vielen Lehrern nicht anders, und deren Familienmitglieder können von den begeisterten und ausführlichen Berichten der Lern- und Reifefortschritte der Schüler so manches Lied singen. Solche Begeisterung mag für Familienmitglieder zuweilen recht anstrengend sein, zeigt aber, wieviel Lebensfreude dem Lehrer in seinem Beruf allein dadurch zuteil wird, täglich die Fortschritte von jungen Menschen so hautnah erleben zu dürfen. Wo gibt es das sonst?

Schule als Pflichtrestaurant mit Aufeßzwang

In seiner tiefempfundenen Verantwortung für das Wohl des Volkes entschließt sich der Staat, sogenannte Pflichtrestaurants für alle Bürger einzurichten. Denn das Gemeinwohl verlangt den gut und gesund ernährten Bürger, und da ist es nur folgerichtig, daß der Staat sich seiner Verantwortung bewußt wird und zur Tat schreitet. Zwar ist es das Ziel, alle

Bürger zu jeder Zeit gesund zu ernähren; aber das ist nicht von heute auf morgen durchsetzbar, und deshalb verlangt der Staat zunächst nur, daß jeder Bürger einmal in der Woche ein solches Pflichtrestaurant besucht. Nun haben Versuche ergeben, daß viele Bürger sich durch Nahrungsverweigerung entziehen – aus mangelnder Einsicht, aus Trotz oder Querulantentum –, deshalb gilt in diesen Pflichtrestaurants fortan der Aufeßzwang: Was serviert wird, muß auch aufgegessen werden. Natürlich wird da nicht ins Blaue hinein ernährt, die Köche bereiten die Speisen nach einem sorgfältig erprobten Plan, an den sie sich genau zu halten haben. Zahlreiche Experten haben in langen Versuchsreihen die für alle gesündeste, bekömmlichste, also die in jeder Hinsicht richtige Ernährung erprobt. Das System ist offen und kann jederzeit den neuesten Erkenntnissen angepaßt werden, wovon rege Gebrauch gemacht wird; denn unter den Experten ist keine Einmütigkeit, welches denn nun die einzig richtige Ernährung sei. Nur soviel ist klar: Dem einzelnen Bürger dürfen die Entscheidungen nicht überlassen werden; weder verfügt er über die nötigen fachlichen Kenntnisse, noch ist von ihm die erforderliche Vernunft für die Einhaltung der Grundsätze einer richtigen Ernährung zu erwarten.

Vielen Bürgern bekommt das Pflichtrestaurant übrigens ganz gut: Sie schätzen die kunstvoll zubereiteten und schmackhaften Speisen sowie das Essen in der Gemeinschaft mit anderen, und sie bejahen die Pflichtrestaurants ohne Wenn und Aber. Dann sind da aber auch Bürger, die überhaupt nicht damit einverstanden sind und ihre ganze Kraft darauf verwenden, sich der Veranstaltung zu entziehen: Sie wollen nur bestimmte Speisen essen, was natürlich nicht geht, vermiesen mit ihrer Laune die Stimmung und schwänzen mit fadenscheinigen Gründen. Die Notwendigkeit eines Pflichtrestaurants für alle wird gerade an diesen Quertreibern besonders deutlich, und die Ernährungsexperten erfinden immer neue Zubereitungsweisen, um auch die Quertreiber für ihre Ideen zu gewinnen. Helfen wird das freilich nichts; der Widerstand bleibt unverändert hoch, und die

Köche beklagen das am meisten; denn sie müssen sich mit den Quertreibern abgeben und werden auch daran gemessen, wie gut es ihnen gelingt, mit solcher Uneinsichtigkeit und Trotz klarzukommen, während sie eigentlich nur dazu ausgebildet sind, Speisen gut und schmackhaft zuzubereiten.

Ist diese Geschichte nur Fiktion? Nicht ganz! Denn unsere allgemeinbildenden Schulen sind solchen Pflichtrestaurants mit Aufeßzwang sehr ähnlich: Die Pflicht, zur Schule zu gehen, gilt – wenigstens bei uns in Deutschland (nicht so in Dänemark, den Niederlanden oder den USA) – ohne Ausnahme, und so kommt es, daß Lehrer unvermeidlich mit den gleichen Schwierigkeiten zu kämpfen haben wie die Köche in den Pflichtrestaurants. Kein Lehrer kann es allen recht machen, sosehr er sich auch müht; und deshalb muß sich jeder Lehrer ihm gemäße Verhaltensweisen aneignen, das Pflichtrestaurant Schule so zu führen, daß jene Schüler, die, aus welchen Gründen auch immer, Schwierigkeiten damit haben, zur Schule gehen zu müssen, nicht die Oberhand gewinnen. Dies ist für viele Lehrer eine schmerzhaft empfundene Notwendigkeit. Waren sie am Ende des Pädagogikstudiums noch der Auffassung, es genüge ein verständnisvoller und freundlicher Umgang mit den Schülern, um sie bei der Stange zu halten, so erzwingt der Schulalltag ganz andere Fähigkeiten: Jeder Lehrer muß auf seine Weise lernen, das Pflichtrestaurant Schule durchzusetzen. Manch einer, der Lehrer werden wollte, hat diese Absicht wieder aufgegeben, als er zum ersten Mal bemerkt hat, was da von ihm erwartet wird. Die Erfahrung, daß ein großer Teil seiner Kraft – häufig der größte Teil – dazu aufgewendet werden muß, einen Zustand herzustellen, in dem Unterricht überhaupt erst möglich ist, macht fast jeder Lehrer, und jeder entwickelt seine eigenen Techniken, damit umzugehen.

Beobachtet man einen erfahrenen Lehrer beim Arbeiten, also beim Unterrichten, dann wird man von diesen Schwierigkeiten womöglich gar nichts sehen, sondern sogar Lust bekommen, selbst Lehrer zu sein. Die Schüler sind bei der Sache, tun, was der Lehrer sagt, und wenn einmal jemand aufmuckt, genügt ein kleiner Hinweis, ein strenger Blick, eine beschwichtigende Geste, um das Aufmucken zu beenden. So gesehen, ist der Lehrerberuf eine angenehme Tätigkeit, die zudem gut bezahlt und obendrein noch mit reichlich Ferien belohnt wird. Die Wirklichkeit aber sieht anders aus: Um das schöne Bild eines unterrichtenden Lehrers abgeben zu können, der seine Schüler offenbar auf seiner Seite hat, waren viele Vorarbeiten nötig, bei denen es alles andere als nur harmonisch zuging. Da wird nicht nur gelacht, gelobt und bewundert, sondern auch gedroht, geschimpft, bestraft, moralisch verurteilt und so weiter, bis sich allmählich die gelungene Einheit einer Klasse mit ihrem Lehrer einstellt, die wir dann als Zuschauer so neidvoll genießen können.

Wer als Lehrer den Unterrichtsalltag des Pflichtrestaurants Schule so gestalten will, daß er daran nicht zugrunde geht – und die Schüler ebensowenig –, muß sich zu Verhaltensweisen bekennen, die zwar überall im Unterricht üblich sind, die aber weder gern angesprochen noch gern vorgeführt werden. Wir haben heute die Vorstellung, Zwänge dürften in der Schule nur dann ausgeübt werden, wenn die Gezwungenen sich dem Zwang durch Einsicht fügen und dadurch den Zwingenden sozusagen moralisch entlasten. Geht das? Wir haben als Lehrer mit den uns anvertrauten verhaltensauffälligen Schülern auch mit Keramikton gearbeitet, und Studenten wollten immer wissen, wie man es anstellt, daß die Schüler den nassen Ton nicht an Wände und Decke werfen. Der Hinweis »Das verbiete ich« führte stets sofort zu der Frage »Aber wie?« Und als ihnen dann das Verbieten in der Praxis vorgeführt wurde, waren sie erstaunt, daß das gar nichts pädagogisch Besonderes ist, sondern ihnen aus ihrer eigenen Erziehung in der Familie längst bekannt war. Darf man denn Schülern drohen und mit ihnen schimpfen und ihnen angst machen? Widerspricht das nicht jeder Vorstellung einer guten Erziehung? Wir halten den Anspruch, im Umgang mit Schülern auf das Mittel der Angst zu verzichten, für einen Irrtum. Angst ist nicht nur im Tierreich für das Zusammenleben und Überleben ein wichtiger Affekt, sondern ebenso bei uns Menschen.

In der Pädagogik setzen wir vor allem auf die Einsicht – also darauf, daß die Schüler einsehen, warum sie etwas tun oder lassen sollen. Aber die Einsicht ist häufig ein sehr unwirksames Mittel. Was haben wir nicht schon alles eingesehen und trotzdem nicht danach gehandelt! Das ist bei Schülern nicht anders. Und wer als Lehrer meint, alle Notwendigkeiten des Zusammenlebens in der Schule mit dem Mittel der Einsicht durchsetzen zu können, den wird die Uneinsichtigkeit seiner Schüler schnell eines Besseren belehren. Und dann greift er doch zu anderen – nur schamvoll angewandten – Mitteln. Das soll natürlich nicht heißen, ein Lehrer solle nach Möglichkeit das Mittel der Einsicht durch das bessere der Angstmacherei ersetzen. Wir glauben aber, daß unter den gegenwärtigen Bedingungen der Schule (Pflichtrestaurant mit Aufeßzwang) das Mittel der Einsicht häufig zu schwach und jenes der Angst deshalb unvermeidlich ist. Im Schulalltag wird man – von seltenen Ausnahmen abgesehen – kaum einen Unterschied sehen zwischen dem Handeln aus Angst und jenem aus Einsicht. Das hängt damit zusammen, daß die Angst nur bei der Einübung von Verhaltensweisen offen eingesetzt werden muß; ist jedoch das gewünschte Verhalten einmal gelernt, tritt die Angst in den Hintergrund. Kleine Kinder ziehen gern an Tischdecken und richten dabei Unheil an; dann schimpfen Mama und Papa, das Kind ist beleidigt, fühlt sich ungerecht behandelt, schimpft seinerseits und weint vielleicht sogar. Das wiederholt sich so oft, bis das Kind schließlich klein beigibt und nicht mehr an der Tischdecke zieht. Ist das ein unzumutbarer Eingriff in die Seele des Kindes? Trägt es einen bleibenden Schaden davon? Jedes Zusammenleben mit anderen Menschen, seien es nun Eltern, Geschwister oder Schüler, erfordert von allen Beteiligten Opfer, und die Schule fordert von vielen Schülern sehr große Opfer. Zu Hause können sich Kinder in ihr Zimmer zurückziehen oder nach draußen gehen, wenn ihnen danach ist, in der Schule geht das nicht, da herrscht für viele eine geradezu qualvolle Enge, die ihnen arg zusetzt. Wer zur Schule geht, muß viele Verzichte leisten, und es ist die Aufgabe des Lehrers, diese Verzichte durchzusetzen.

Wir haben Schüler daraufhin befragt, was denn aus ihrer Sicht einen guten Lehrer ausmache. Die Antworten waren immer sehr ähnlich: Er soll gerecht sein (keine offensichtlichen Lieblinge unter den Schülern haben), er soll gut erklären können (die Fähigkeit, gut zu unterrichten), er soll Humor haben (Anlässe zum Lachen nicht ungenutzt verstreichen lassen), und er soll sich durchsetzen können (das Zepter in der Hand behalten). Diese letzte Eigenschaft – das Sich-durchsetzen-Können – wurde von den Schülern immer als *Sich*-durchsetzen-Können beschrieben. Die Schüler wußten aus eigener Erfahrung, daß das jeder Lehrer anders macht, jeder auf seine, nur ihm eigene Weise. Manche Lehrer tun das zuwenig oder gar nicht; sie setzen sich nicht durch, und das finden die Schüler immer ganz schlecht. Wer sich als Lehrer durchsetzt, muß es freilich ertragen, dadurch den Unwillen der Schüler, ihr Maulen, heimliche oder offene Drohungen und Beschimpfungen hervorzurufen. Aber letztlich bleibt aus der Sicht der Schüler die Fähigkeit, sich durchzusetzen, unbedingt das Kennzeichen eines guten Lehrers; ein solcher Lehrer bietet Halt, wird geachtet und geliebt.

Das Zusammenleben von Lehrern und Schülern wird jedenfalls viel leichter und angenehmer, wenn sich im Pflichtrestaurant Schule der Lehrer durchsetzt, auch wenn ihm dies nicht liegt oder ihm gar zuwider ist, weil er keinen Druck mag. Andererseits: Wer als Schüler über lange Zeit (zuweilen viele Jahre) Gelegenheit hat, einen Menschen dabei zu beobachten, wie er sich bei seiner Arbeit behauptet, der sieht etwas, was in jedem Beruf brauchbar ist. Der Klempner, der ein Rohr zu biegen hat, kann sich dem Metall gegenüber nur dann durchsetzen, wenn er die Eigentümlichkeiten des zum Rohr geformten Metalls genau kennt und beachtet; mit brachialer Gewalt ist da nichts zu machen. Ebenso gilt: Wer als Lehrer eine Klasse sicher führen will, der braucht mehr als nur brachiale Gewalt, und er braucht den festen Willen, daß geschieht, was er möchte. Ohne freundschaftliche und liebevolle Achtung seiner Schüler wird es ihm nicht gelingen, sich durchzusetzen.

In der Volkshochschule kommt man als Lehrer ohne solche Gewalttätigkeiten aus, nicht nur deshalb, weil die Schüler erwachsen und deshalb vernünftiger und einsichtiger den Wünschen des Lehrers folgen, sondern weil hier als Regulativ die Freiwilligkeit waltet: Die Schüler selbst entscheiden, ob sie da wieder hingehen oder nicht. Unsere Volkshochschulen sind eben keine Pflichtrestaurants mit Aufeßzwang. Vielleicht können die Lehrer, wenn in späteren Jahrzehnten (oder Jahrhunderten) die allgemeinbildenden Schulen nicht mehr als Pflichtrestaurants gestaltet sind, sondern die Schüler sich nach ihrem eigenen Hunger und ihrem eigenen Geschmack ernähren dürfen, den Umgang mit ihren Klassen zwangloser gestalten; gegenwärtig geht das nicht. Vielleicht gibt es später nur einen kleinen, verbindlichen Kanon dessen, was gelernt werden muß: Lesen, Schreiben (das sich womöglich ganz auf das geschickte Tippen einzelner Tasten beschränkt) und ein wenig Rechnen (Beschränkung auf die Grundrechenarten). Die schon bekannte Formel, die Schule müsse sich »von der Belehrungsanstalt hin zur Lernwerkstatt« entwickeln, und jene vom »Lehrer als Lernberater der Schüler« weisen in diese Richtung.

In Deutschland ist jeder Mensch religionsmündig, wenn er vierzehn Jahre alt wird; dann kann er frei darüber entscheiden, welcher Religion er angehören möchte oder ob er lieber gar keiner Religion angehören will, ohne daß Staat, Elternhaus oder sonstwer ihn zu irgendeiner Auffassung zwingen könnte. Aber wir trauen dem Vierzehnjährigen nicht zu, frei darüber zu entscheiden, was und wieviel er lernen möchte. Diese Entscheidung nehmen wir ihm ab, weil er scheinbar nicht die nötige Reife für solche schweren Entscheidungen hat. Wer einmal bedenkt, wieviel man außerhalb der Schule lernt, durch Freunde, Eltern, Medien, aber auch durch sich selbst (Autodidaktik), muß zugeben, daß die Schule nur eine unter vielen Möglichkeiten ist, im Leben etwas zu lernen. Die Schule könnte insofern viel gelassener mit den ihr anvertrauten Schülern umgehen, um ihrer Aufgabe einer allgemeinen Bildung gerecht zu werden.

In den modernen Demokratien ist man zu der Überzeugung gelangt, daß es besser ist, die Zwänge so klein wie möglich zu halten, und etliche unserer Nachbarstaaten – und auch die USA – haben die Schulpflicht deshalb durch eine Unterrichtspflicht ersetzt: Die Eltern müssen nachweisen, daß ihre Kinder unterrichtet werden, und das kann zu Hause, in Privat- oder auch in Staatsschulen geschehen. Zwar gibt es bei uns – aus guten Gründen – keine Wahlpflicht, sondern ein Wahlrecht, über dessen Einhaltung der Staat wacht. Die Schulpflicht aber gilt bei uns noch ganz ungebrochen, und sie in Frage zu stellen macht nicht nur vielen Eltern, sondern auch vielen Lehrern angst. Wir glauben so wenig an den Lernwillen unserer Kinder, daß wir meinen, die Abschaffung der Schulpflicht und die Einführung eines Schulrechts für jeden würden geradezu das Fundament unseres Staates zerstören. Und so müssen wir denn das Pflichtrestaurant Schule führen, so gut es eben geht. Mit der ungeteilten Zustimmung unserer Kundschaft können wir nicht rechnen, und deshalb müssen wir zu Methoden greifen, die wir Lehrer eigentlich gar nicht mögen.

Ihrem Wesen nach sind Schulen am ehesten so etwas wie Dienstleistungsunternehmen, ohne daß die modernen Grundsätze, die für solche Unternehmen gelten, auch in den Schulen sichtbar wären. Unsere Kunden, nämlich die uns anvertrauten Kinder, sind keine Könige, sondern eher Untertanen, die zu sich zu nehmen haben, was wir für richtig halten. Wenn wir das langfristig ändern könnten, wären nicht nur unsere Kunden zufriedener, sondern auch wir Lehrer, und das würde dem ganzen Unternehmen Schule den Hautgout des unerwünschten Zwanges nehmen.

Der Lehrer als Schicksal

Lehrer geben Noten, Lehrer entscheiden über Versetzungen, Lehrer empfehlen Schullaufbahnen oder schreiben sie vor, Lehrer erteilen Abschlüsse oder verweigern sie, Lehrer wenden sich Schülern intensiv zu oder nicht, Lehrer lassen sich von Eltern anrufen oder verbitten sich das, Lehrer wählen Unterrichtsformen, die die Kinder stärken oder schwächen, Lehrer haben Lieblinge oder finden einzelne oder alle Schüler unsympathisch, Lehrer sind Menschen – und machen, wie alle Menschen, Fehler.

Ein Drittel aller Schullaufbahnprognosen, die Lehrer in 4. Klassen geben, stellen sich im nachhinein als falsch heraus, nicht zuletzt deshalb, weil die Empfehlung der Grundschule in der Regel nur von einem einzigen Pädagogen gegeben wird. Prognosen bei Sechstkläßlern gehen nur noch zu einem Sechstel fehl, weil dann mehrere Lehrer über die Schüler befinden und weil mit Beginn der Vorpubertät und nach Erfahrungen im Umgang mit einer Fremdsprache eine etwas größere Treffsicherheit möglich ist.

Es gibt in Einzelfällen hauptschulempfohlene Schüler, die dank eines besonders engagierten Klassenlehrers, dank eines höchst individuellen Nachhilfeunterrichts und dank einer förderlichen Mitschüler- und Fachlehrerkonstellation dennoch zum Abitur kommen. Es gibt aber auch gymnasialempfohlene Schüler, deren Eltern keinen Nachhilfeunterricht bezahlen können, die mit Mitschülern und Lehrern nicht klarkommen und die die Schule mit dem Hauptschulabschluß oder nicht einmal damit verlassen. Manchmal wird ein gymnasialtauglicher Schüler aber auch von seinen Eltern in ein nicht zu ihm passendes Schulprogramm gedrängt, so daß er zum Beispiel Altgriechisch und Latein pauken muß, obwohl seine Begabungsstärken in Mathematik, Technik, Physik und Chemie liegen. Wenn ein solcher Schüler dann nicht zusätzlich gefördert wird, weil an seiner Schule familienergänzende Erziehung nicht üblich ist und von den meisten Eltern nicht gewollt wird und weil diese Schule nach dem Motto arbeitet, »wer bei uns Abitur macht, muß auch ohne Pädagogik gut sein«, wenn also der um Prestigezugewinn bemühte Ehrgeiz der Eltern nicht zu den Teilleistungsschwächen ihres Kindes paßt, kann es geschehen, daß dieses Kind am humanistischen Gymnasium scheitert, obwohl es an einem technischen, einem neusprachlichen oder einem Wirtschaftsgymnasium bestens zurechtgekommen wäre.

Lehrer sind höchst bedeutsame Schullaufbahnschicksale, Elternhäuser aber auch. Insofern ist unser Schulsystem an vielen Ecken und Enden ungerecht, und die Karriere eines Schülers verläuft sehr zufällig, was Effekte auf Schülerseite anbelangt. Jedenfalls können Lehrer durchaus Schüler über sämtliche Hürden tragen, wenn sie Hausbesuche machen, wenn sie nie krank werden, wenn sie sich stets optimal auf den Unterricht vorbereiten, wenn sie zu zweit eine Klasse führen und mit ihren Schülern auch gelegentlich wochenends und in den Ferien etwas unternehmen, wenn sie sie manchmal zum Kaffeetrinken zu sich nach Hause einladen und dann im Detail über mögliche Lernfortschritte mit einem Sorgenkind sprechen, wenn sie schwächere und gute Schüler zur Partnerarbeit mit mitreißenden Effekten zusammenschließen und Fehlermachen als Chance zum Bessermachen verstehen. Es gibt ja auch den Fall, daß ein Lehrer einen bestimmten Schüler unbedingt in seiner Klasse halten möchte und ihm gezielt zur Versetzung hilft, auch indem er Fachlehrer, mit denen er befreundet ist, bewegt, ein Auge zuzudrücken, und es gibt das Gegenteil, daß ein an sich guter Schüler, den der Lehrer nicht mag oder den er den Mitschülern nicht länger zumuten möchte, mit allen Tricks »wegselektioniert« wird.

Manche Lehrer machen Schülern Mut, indem sie bloße Lernfortschritte anstelle des objektiven Leistungsstands benoten. Wenn ein Schüler, der bislang im Diktat immer 40 Fehler hatte, unglaublich viel für das nächste Diktat geübt hat und dadurch die Fehlerzahl halbiert, bekommt er von einem mutmachenden Lehrer X eine »3«, während ein anderer Lehrer für 20 Fehler immer noch eine »6« geben würde.

Besonders oft kommen solche Fortschrittsnoten übrigens im Sport-, Musik-, Zeichen- und Werkunterricht vor, auch bei der Benotung von Aufsätzen, bei denen Lehrer einen großen Bewertungsspielraum haben, während Noten für Mathematikarbeiten den höchsten objektiven Gerechtigkeitsstandard erreichen.

Wenn Noten für Fächer mit vier Wochenstunden mit solchen für Fächer mit zwei Wochenstunden verrechenbar sind und man also mit einer »2« in Sport eine »5« in Mathematik ausgleichen kann, wenn eine »3« in Deutsch nicht zu erkennen gibt, ob keine einzige Deutschstunde im Halbjahr ausgefallen ist oder ob etwa 40 Prozent des Deutschunterrichts der Krankheit eines Lehrers zum Opfer fielen, wenn Lehrer auch am Ende des Schuljahres nicht die Namen aller Schüler eines Kurses kennen und Karl-Heinz dann die Sportnote bekommt, die für Hans-Joachim gedacht war, dann geraten Noten zu Lottozahlen, dann sind sie ungerecht, und dann entsteht bei den Schülern der Eindruck, sie und die Versetzungsvermerke seien irgendwie »ausgewürfelt« worden.

75 Prozent aller Schüler sind vor der Zeugnisausgabe nervös, und jeder siebte reagiert sogar mit psychosomatischen Störungen wie Kopfschmerzen, Schlafstörungen, Allergien, Übelkeit oder Durchfall, 65 Prozent aller Schüler halten Noten für ungerecht. Sie nennen Zeugnisse »Giftblätter«, und sie drücken damit aus, daß sie ihnen nicht guttun, daß durch sie mit ihnen etwas geschieht, das sie nicht nachvollziehen und nicht mehr kontrollieren können, daß ihnen ein Stück willkürliche Gewalt angetan wird. Geradezu kontraproduktiv ist es, Sportnoten zu geben; da mittlerweile jeder zweite Schüler in Deutschland übergewichtig ist und deshalb keine guten Sportnoten erhält, lassen sich immer mehr junge Menschen vom Arzt ein Attest zur Befreiung vom Sportunterricht geben; Bewegungsmangel, Übergewicht und Erkrankungen sind die Folge. An einer unbenoteten Bewegungserziehung hingegen nehmen fast alle Schüler mit positiven Auswirkungen für ihre Gesundheit und damit auch für ihr

Lernen teil, wie Schulversuche mit notenfreiem Inline-Skaten ergeben haben.

Lehrer tun gut daran, die Bedeutung von Noten und Zeugnissen nicht überzubewerten und die Fragwürdigkeit und Zufälligkeit von Zensuren und Schullaufbahnentscheidungen in ihre Entscheidungen mit einzubeziehen. Eine Note kann Ungerechtigkeit auf den Punkt bringen, ein Berichtszeugnis dagegen kann engagiert oder schlampig, ausführlich oder mager, treffend oder unangemessen urteilen, aber es relativiert zugleich etwas mehr, als eine nackte Note das vermag. Berichtszeugnisse bzw. Lernentwicklungsberichte – von einem erfahrenen Lehrer – werden daher dem Schüler etwas gerechter als Notenzeugnisse, und mit dieser Einsicht wachsen Berichtszeugnisse ganz, ganz langsam, weil Eltern und Öffentlichkeit mit großem Zeitverzug der Überzeugung mitziehen müssen, von der Klasse 1 nach oben. In Mecklenburg-Vorpommern gibt es nur in der 1. Klasse Berichtszeugnisse, aber in Dänemark bis zur 7. Klasse; in Hamburg gibt es in den ersten beiden Schuljahren Lernentwicklungsberichte, und in den Klassen 3 und 4 entscheiden die Eltern über Text oder Ziffer (in Hamburg auf einem Elternabend, in Niedersachsen auf einer Elternversammlung der ganzen Schule); in Schleswig-Holstein gibt es in den Klassen 1 bis 3 Berichtszeugnisse und in der 4. Klasse Noten; in Bremen haben die ersten beiden Klassen Lernentwicklungsberichte, und in den Klassen 3 und 4 gibt es auf Wunsch der Eltern Noten- oder Berichtszeugnisse, aber nicht gegen den Willen des Klassenlehrers. In den Hamburger Gesamtschulen können Berichtszeugnisse bis zur 8. Klasse gegeben werden, wenn es die Schulkonferenz so will, ansonsten werden dort die Noten mit Texten erläutert. Mit dem neuen Hamburger Schulgesetz ist Notenfreiheit sogar bis zur 6. Klasse vorgesehen, wenn die Schulkonferenz der jeweiligen Schule so darüber befindet.

Zur traditionellen Belehrungsschule passen Noten, zur Lernwerkstatt weniger, weil in ihr das Geschäft des Lernens Sache der Kinder selbst ist. Wenn sie noch klein sind, wollen sie ja lernen und gut sein, und außerhalb der Schule lernen sie freiwillig eine ganze Menge. Waldorfschulen geben seit 70 Jahren keine Noten, und die Kinder lernen dort vergleichbar viel wie in den Schulen mit Noten.

Wenn überhaupt, können Noten nur dann einigermaßen gerecht sein, wenn sie sich auf den konkreten Stoff der Klasse beziehen, und sie müssen Rücksicht auf die vom Lehrer gewählte Methode nehmen. Ein Zentralabitur, wie wir es aus dem Saarland, aus Bayern, Baden-Württemberg, Sachsen und Mecklenburg-Vorpommern oder aus Frankreich kennen, paßt jedenfalls überhaupt nicht zu Noten, weil es nicht die Zufälligkeiten von Lehrerpersönlichkeit, Methodik, Aktualität, Leistungsbandbreite der Lerngruppe, Nachbarschaft und Unterrichtsausfällen widerspiegelt.

Alle Erfahrungen mit notenfreien Schulen belegen, daß in ihnen entlastetes und motiviertes Lernen eher möglich ist, daß in ihnen das zufällige Profil der Lehrerpersönlichkeit relativiert ist, daß der Lehrer nicht mehr in dem Maße wie in der Zensurenschule Schullaufbahnschicksal ist und daß die Kinder dennoch eine ganze Menge lernen. Überdies lassen sich die künftig so bedeutsamen Schlüsselqualifikationen Selbständigkeit, Teamfähigkeit, Erkundungs- und Handlungskompetenz, Konfliktfähigkeit, Kreativität und Fähigkeit zum vernetzenden Denken besser beschreiben als benoten.

Zuletzt noch drei Beispiele aus dem Schulalltag, die zeigen, daß auch kleinere Unstimmigkeiten zwischen Schüler und Lehrerpersönlichkeit unter Umständen massive Folgen für die Schullaufbahn haben können.

In Hamburg hat es den Fall gegeben, daß eine Fachlehrerin für Mathematik einen Schüler der 1. Klasse über ein Jahr hinweg mit dem falschen Vornamen angeredet hat. Anfangs hat sich der Junge dagegen gewehrt, schließlich sind seine Eltern brieflich und über die Schulleitung vorstellig geworden, ohne daß sich etwas geändert hätte. Die Lehrerin hat als Grund für die permanente Namensverwechselung angegeben: »Ich kenne einen Jungen, der sieht genauso aus wie du, und der heißt nun mal Johannes.« Jedesmal, wenn die Lehrerin statt Joachim Johannes sagte, lachten die Mitschüler, am Ende konnte Joachim sich gar nicht mehr auf den Unterricht konzentrieren, weil er die ganze Stunde über immer nur Angst davor hatte, daß er wieder mit Johannes angeredet wird und daß die Mitschüler dann lachen. Nach Ablauf eines Schuljahres wurde bei Joachim eine Rechenschwäche diagnostiziert, die er in den ersten Schulwochen noch keineswegs hatte. So zog ein ganz kleiner Aspekt von Lehrerverhalten schließlich schwere schullaufbahnentscheidende Folgen nach sich.

In einem anderen Fall wuchs ein Junge namens Claus in den ländlichen Vierlanden Hamburgs in einem ausschließlich Plattdeutsch sprechenden Haushalt auf, bekam aber mit der Einschulung eine Klassenlehrerin, die kein einziges plattdeutsches Wort konnte. Dies hat nach Jahren dazu geführt, daß der an sich begabte Junge in der Schule das Sprechen, Lesen und Schreiben mied, seine Leistungsfähigkeit auf Mathematik, Sachkunde sowie späterhin Physik und Technik kompensatorisch verlagerte und schließlich als Legastheniker eingestuft wurde. Er kam dennoch zum Hauptschulabschluß, begann eine Ausbildung zum Landmaschinenmechaniker, und dann erst hat er so richtig Sprechen, Lesen und Schreiben gelernt, und zwar hervorragend. Hätte er die richtige Grundschullehrerin gehabt, wäre er mühelos zum Realschulabschluß gekommen.

In einem dritten Fall lief ein Gesamtschüler namens Thomas bestens mit guten Noten durch die Schule, bis er mit Beginn der 8. Klasse einen neuen Klassenlehrer bekam, der nur eine Kleinigkeit im Vergleich zu seinen Vorgängern änderte: Die Schüler durften bei ihm, der vier Fächer in seiner Klasse unterrichtete, nicht mehr am Ende der Stunde die Hausaufgaben aufschreiben. Weil er zu seinem Kaffee ins Lehrerzimmer wollte, wurden sie von ihm mit dem Klingelzeichen auf den Hof gejagt. Thomas war wirklich intelligent und gymnasialfähig, aber er war stets in allem etwas langsamer als seine Mitschüler, dieses aber durchaus noch im Rahmen des Normalen. Mit dem neuen Lehrer begann jeden Nachmittag zum Nutzen der Telekom eine gewaltige Hin-und-her-Telefonwelle zwischen den Schülern: »Was haben wir in Latein auf?«, »Was haben wir in Englisch auf?« usw. Bei diesem Verfahren fielen zwangsläufig so manche Hausaufgaben unter den Tisch, so daß Thomas gerade in den vier Fächern absackte, die er bei seinem neuen Klassenlehrer hatte. Schließlich rutschte er in zweien dieser Fächer von den Gymnasial- in den Haupt- bzw. Realschulkurs. Angst vor schlechten Noten blockierte mit dem Älterwerden den Wiederaufstieg in die Gymnasialkurse, die ohnehin schon viel weiter fortgeschritten waren, und Thomas der eigentlich Abitur machen wollte, kam nur zum Realschulabschluß.

Angeboren oder gelernt?

Derzeit beginnen pro Jahr knapp 50 000 Menschen in Deutschland ein Lehrerstudium; davon erreichen zwei Drittel das Examen. Nur wiederum etwa 60 Prozent der fertig ausgebildeten Junglehrer schaffen es nach Aussagen des Essener Bildungsforschers Klaus Klemm, oft nach langen Wartezeiten, eine Stelle oder wenigstens eine halbe Stelle im Schuldienst zu bekommen. Schon bald wird die Lehrerarbeitslosigkeit wieder erheblich anwachsen, obwohl demnächst etwa jeder zweite Lehrer in Pension geht und obwohl die Zahl der Schüler um ungefähr eine Million zunehmen wird.

Das Durchschnittsalter der Lehrer wird zur Zeit immer höher (und das vor dem Hintergrund, daß Deutschland bereits weltweit die ältesten Lehrer hat) und mit der wachsenden Zahl schwieriger und gestörter Kinder sowie größerer Klassenfrequenzen werden sie auch immer »ausgebrannter«. Das böse Wort von den »vergreisten Lehrerkollegien« und das von den »Lehrern im Großelternalter« stehen dafür.

Aber in anderen Berufen sieht es nicht unbedingt besser aus. Eine stringente Karriere vom Gymnasium bis zum Ruhestand läßt sich heutzutage nicht mehr planen. Es gibt immer mehr promovierte Taxifahrer, und immer mehr gut examinierte Lehrer machen eine Surfschule auf, werden Trainer im Sportverein oder gründen ein Nachhilfeinstitut. So wie sich die Arbeitswelt heute täglich wandelt, bräuchten wir eigentlich in den Schulen nicht nur ein Fach Arbeitslehre, sondern auch, wie der Hamburger Soziologe Harry Friebel nicht ganz ernst meint, ein Fach Arbeitslosigkeit, in dem Schlüsselqualifikationen wie Selbständigkeit, Flexibilität, Mobilität, die Fähigkeit, ein Leben lang zu lernen, und Weiterbildungsbereitschaft vermittelt werden.

Das Tragische am Lehrerberuf ist, daß er einerseits von der Freude am Umgang mit jungen Menschen leben soll, daß aber andererseits nicht alle guten Lehrer eingestellt werden und daß von denen, die mit Freude in ihrem Beruf starten, viele allzu früh mit dem »Burn-out-Syndrom« wieder aussteigen. So scheiden in Hamburg 90,36 Prozent aller Lehrer vor dem 65. Lebensjahr aus dem Dienst aus, bei der Polizei sind es nur 28,97 Prozent.

Wer wird Lehrer, und wer sollte Lehrer werden? Die Motive sind verschieden: Einige wollen tatsächlich der Kinder wegen Pädagogen werden, andere wegen der Unterrichtsfächer, für die sie sich interessieren, wieder andere wegen der guten Besoldung, der vielen Ferien und der – böse gesagt – »kleinen Morgenstelle«. Manche werden Lehrer, weil sie das Studium interessiert hat oder weil sie über junge Menschen die Gesellschaft schneller verändern wollen, wieder andere, um über den Lehrerberuf Karriere Richtung Schulleitung, Schulaufsicht und Schulgestaltung oder Politik machen zu können. Und dann gibt es auch noch solche, die eigentlich Medizin, Jura oder Betriebswirtschaft studieren wollten, dort aber keinen Studienplatz erhielten.

Mittlerweile gibt es vor dem Lehrerberuf einen Numerus clausus. Aber garantiert ein Abiturdurchschnitt zwischen »0,9« und »1,5« einen besseren Lehrer als Abiturdurchschnittsnoten zwischen »2,9« und »3,5«? Vielleicht ist ja das Gegenteil der Fall.

Denn auch nach dem Lehrerstudium gilt: Wer sein Examen mit der Note »1« abschließt, wird nicht unbedingt ein guter Lehrer, wer es aber mit einer »3« beendet, tut eventuell seinen Schülern später ausgesprochen gut. Was im Lehrerstudium und im Referendariat gelehrt und benotet wird, ist nicht unbedingt das, was ein Lehrer später im Alltag vor Ort benötigt.

Wie sollte man also die richtigen Lehrer finden? Wenn ohnehin nur 60 Prozent der Lehramtskandidaten eingestellt werden, könnte man doch die allerbesten auswählen. Aber nach welchen Kriterien? Mit der Entwicklung einer autonomen Schule, die über Personalhoheit verfügt, ließe sich immerhin erreichen, daß jede Schule genau diejenigen Menschen einstellt, die sie braucht, die am besten zum jeweiligen Schulprogramm bzw. Erziehungsprofil passen. Einstellungskriterien für Lehrerkandidaten könnten dann zum Beispiel sein: Engagementbereitschaft auch gegenüber schwierigen Schülern und deren Eltern, Teamfähigkeit im Kollegium, sozialpädagogische Kompetenz, Psychologie, Kinderärztliches, Spiel- und Bewegungstherapie, Ernährung oder Sucht- und Gewaltprävention. Aber das sind Aspekte, die zur Zeit noch kaum als verbindliche Studienziele in den Lehrerprüfungsordnungen vorkommen, die allenfalls freiwillig im Studium vertieft werden können. Mit der künftigen Personalhoheit der einzelnen Schule müssen nicht nur Lehrer eingestellt werden, es können auch Erzieher, Sozialpädagogen, Schulpsychologen, Schulassistenten, Lehrbeauftragte, ABM-Kräfte oder Eltern sein. Die einzelne Schule kann jedenfalls besser entscheiden als ein entfernt sitzendes Ministerium, und sie vermag es anders zu tun als um eine übergeordnete Gerechtigkeit bemühte Personalräte, die ganz »objektiv« von Fach- und Gesamtnoten, von Geschlechterquoten, von Wartezeiten, von schulformspezifischen Studiengängen, von der Anerkennung von Wehr- und Zivildienstzeiten, von familiären Situationen, von Ausbildungsorten und von »Härtefall«-Bedingungen ausgehen müssen.

Wenn Eltern und Schüler irgendwann als Mitglieder von Schulkonferenzen über die Neueinstellung von Lehrern und Schulleitern mitbefinden dürfen, werden wohl ganz andere Menschen zum Zuge kommen als bislang. Schulen brauchen zwar einen gewissen Konsens in ihrem pädagogischen Personal, aber zugleich muß ein Kollegium auch aus ganz verschiedenartigen Persönlichkeiten zusammengesetzt sein: Was der eine nicht kann, sollte ein anderer können, was der eine überbetont, müßte der andere entlastend oder ausgleichend kompensieren können usw.

1957 erschien Eduard Sprangers berühmtes Büchlein »Der geborene Erzieher«. Es geht darin um die Frage, was ein Lehrer von sich aus für seinen Beruf mitbringen muß und was er erlernen kann. Alles kann er offenbar nicht erlernen. Was eine Lehrerpersönlichkeit ausmacht, ist zu einem Drittel bis zur Hälfte ausbildungsunabhängig, also angeboren oder sozialisationsbedingt. Etwa ein Drittel machen Studium, Referendariat und Lehrerfortbildung aus, wobei der Lehrerfortbildung, wenn sie genutzt wird, der größte Anteil der Ausbildungsdimension zukommt, allein weil sie sich über 20 bis 30 Jahre und auch ganz aktuell auf den konkreten Arbeitsplatz hin ereignen kann, während das Studium ja nur vier, fünf oder sechs Jahre und das Referendariat bloß zwei Jahre dauert und beide in der Regel durch etwas geringere Praxisbezogenheit gekennzeichnet sind. Den Rest der Lehrerpersönlichkeit machen autodidaktische Bemühungen aus, die aus gesamtgesellschaftlichen Einflüssen (z.B. durch Medienkonsum), aus Rückwirkungen von Schüler-, Eltern-, Kollegen- und Schulaufsichtsreaktionen, aus Supervisionen, aus Selbstreflexion und aus der Lektüre von Büchern und Fachzeitschriften resultieren.

Lernen kann man aber, wie man spannend eine Unterrichtsstunde gestaltet, wie man physikalische Zusammenhänge anschaulich plausibel macht, wie man geschickt den Computer in der Grundschule einsetzt, wie man gute Lernentwicklungsberichte schreibt oder wie man sinnvoll problemlösend oder sinnlos eskalierend straft. Die gute Einstellung zu Schülern jedoch, also die von Eduard Spranger beschriebene »pädagogische Liebe«, läßt sich nicht lernen. So etwas bringt man in Studium und Beruf mit oder nicht. Allenfalls schwinden kann die Liebe zum Kind durch Erschöpfung und Resignation, aber auch durch die Routine der »eingefahrenen Geleise«.

Eduard Spranger beginnt sein Büchlein mit dem Hegelschen Satz: »Nichts Großes in der Welt ist ohne Leidenschaft vollbracht worden«; der geborene Erzieher ist für Spranger also ein leidenschaftlicher, ein durch Kinder mitgerissener, von ihnen begeisterter und sie begeisternder Mensch. Für ihn ist der geborene Lehrer ein »berufsbegabtes« Wesen, das die »Neigung« sowohl zum Kind als auch zum Stoff hat und nicht in erster Linie an Pausen, Schulschluß und Ferien denkt oder an die Minimalisierung von Unterrichtsvorbereitung und Aufwand, immer mit der Einschränkung jedoch, daß ein guter Lehrer auch mit seinen Kräften haushalten muß, daß er in Ruhephasen auftanken können muß, daß er also zwei Unterrichtsstunden *nicht* vorbereitet, um dafür in zwei anderen besonders aufwendig vorgehen zu können.

»Es gibt keinen Beruf, zu dem man weniger ›geboren‹ sein könnte, als den des Erziehers«, sagt Spranger. Damit will er sagen, daß der gute Lehrer zwar einerseits viel gelernt, viel Lebenserfahrung haben muß, wenn er denn erfolgreich wirken will, daß er also einen langen Bildungsweg hinter sich haben muß, daß er aber andererseits so sein sollte, »als ob er für das Erziehertum geradezu geboren wäre«. Doch von Geburt an kann eben niemand ein guter Lehrer sein, er kann es erst sehr viel später werden.

Die »pädagogische Liebe« ist für Spranger nichts, was gezielt geschult werden kann, sondern etwas Instinkthaftes; sie ist der »Mutterliebe« verwandt und wird durch das »Kindchenschema« genährt, also durch eine Mischung aus Hilfsbedürftigkeit, Anmut und »großen Kinderaugen«. Es tut dem geborenen Erzieher unendlich leid, wenn er ein bislang wenig gefördertes Kind sieht, das noch so viele Entwicklungschancen hätte; er möchte sich einmischen, er möchte mitleiden und deshalb mit Leidenschaft fördern, nicht um seiner selbst willen, sondern um des Kindes, seiner Zukunft und der Gesellschaft wegen. Herman Nohl nannte diese Eigenschaft »das Wesen des Erziehers«, Martin Buber beschrieb es als »das dialogische Prinzip« zwischen »Ich und Du«, und der Münchener Schulrat Georg Kerschensteiner sprach von der »Seele des Erziehers«, wenn er Sprangers »pädagogische Liebe« meinte.

Ein geborener Lehrer hat einen Drang zur Erziehung und Bildung, er hat aber auch den Drang, das dafür erforderliche Handwerkszeug zu erlernen. Der geborene Erzieher ist für Spranger im Unterschied zum heutigen »pädagogischen Fachmann« der von »der Leidenschaft der geistigen Liebe zum jungen Menschen ergriffene Mensch«, der vor allem auch »an sich selbst ernsthaft gearbeitet« hat und der keine Liebe zurückfordert.

Bezogen auf den Lehrerbedarf, stellt Spranger die erhellende Frage, »ob man zu einer großen Zahl an Individuen gleichzeitig in einem Verhältnis der pädagogischen Liebe stehen« könne. Seine Antwort: »Pädagogische Liebe ist notwendig einer Einzelperson zugewandt«, insofern kann sie zwar ganze Schulklassen betreffen, aber nie als Kollektive, sondern immer nur als Summe von Individuen. Und je größer solche Klassen sind, je mehr Schüler pro Woche ein Lehrer zu unterrichten hat, desto weniger pädagogische Liebe kann der einzelne junge Mensch abbekommen. Aber immerhin gilt: Die Fähigkeit zu erziehen ist proportional zu der Kraft, die ein Lehrer auf seine Selbsterziehung verwendet hat.

Gute Lehrer sind also reife Lehrer, lebenserfahrene Lehrer, solche, die mit sich selbst gut umgehen, die mehr für die Schüler als für sich selbst zu tun bereit sind, die bedingungslos pädagogisch lieben, die auch unter mißlicher werdenden schulischen und gesellschaftlichen Bedingungen noch das Beste aus sich für die Schüler herausholen, die nicht in Routine langsam abkühlen, sondern täglich neu wieder von vorne anzufangen bereit sind.

Vielleicht leiden viele junge Menschen ja heute unter so etwas wie einer »pädagogischen Umweltverschmutzung« durch ein Zuwenig an pädagogischer Liebe bei einem gleichzeitigen Zuviel an gewerkschaftlichen Einstellungen, mit denen Lehrer Wochenstundenverpflichtungs- und Klassenfrequenzerhöhungen durch den Verzicht auf Klassenfahrten, Schulfeste, Hausbesuche und außerunterrichtliche Aktivitäten mit förderbedürftigen Schülern zu kompensieren trachten?

Ein geborener Lehrer jedenfalls ist auch daran zu erkennen, daß er den Schüler nicht nur auf den Kopf und innerhalb des Kopfes auf die linke Hirnhälfte reduziert, sondern daß er sich auch um die Entwicklung der rechten Hirnhälfte mit den sozialen, emotionalen, kreativen, musischen und leibbezogenen Persönlichkeitsanteilen bemüht, sich also auch um die Herzensbildung, um die Sozialerziehung und die politische Bildung der ihm anvertrauten jungen Menschen kümmert, und das gelingt so außerordentlich schlecht, wenn er dabei ständig auf seine Arbeitszeitvorgaben schielt und wenn er selbst ein Fach wie Musik, mit dem vor allem die rechte Hirnhälfte angesprochen werden sollte, über die linke unterrichtet.

Schülern bekommt ein bloß gewerkschaftlich geregeltes Zusammensein mit ihren Lehrern gar nicht gut; Zusammenleben zwischen Lehrern und Schülern bedeutet nämlich viel mehr, als das die vorgegebene Arbeitszeit der Lehrer festschreibt. »Pädagotchis«, wie sie Nordrhein-Westfalen mit einem Aufwand von drei Millionen Mark zur Messung der Arbeitszeit und der Belastungen der Lehrer ausgegeben hat, messen jedenfalls nie das Entscheidende am Lehrerberuf, auf das es gerade auch den Schülern und letztlich ebenso der Gesellschaft ankommt, nämlich die Einstellung zu jungen Menschen, die pädagogische Liebe und die Bereitschaft, sich über verwaltungsmäßig erstellte Berufsbildbeschreibungen hinaus zu engagieren.

Damit wir nicht falsch verstanden werden, müssen noch zwei Gedanken nachgereicht werden:

* Gewerkschaftlich mitgestaltete Arbeitsplatzbeschreibungen und Arbeitszeitregelungen sind als äußerer Rahmen für den Lehrerberuf unentbehrlich, sie müssen aber unbedingt auch erzieherisches Engagement außerhalb des Unterrichts erfassen.
* Alte Lehrer können oft sehr gute Lehrer voller pädagogischer Liebe im Sinne Sprangers sein. Großeltern und Lehrer im Großelternalter sind oft hervorragende Pädagogen, und vielfach sind sie auch deutlich besser als jüngere Erzieher. Aber ein Lehrerkollegium braucht dennoch eine gute Mischung aus jung und alt, ebenso wie aus männlich und weiblich. Junge Lehrer können etwas anderes als alte; Vitalität und Erfahrung ergänzen sich, und drei junge neue Lehrer in einem eingefahrenen alten Kollegium können den Alten Beine machen, sie mit neuen Impulsen versorgen, sie durchaus ein Stück weit in eine wiederentdeckte Jugendlichkeit mitreißen. Und mit einer geschlechtlichen Quotenregelung für Grundschulen könnte man dafür sorgen, daß so mancher Junge, der bisher von Frauen erzogen wurde (Mama, Oma, Schwester, Kindergärtnerin und nacheinander zwei Klassenlehrerinnen), seine Rolle als Mann nicht nur von seinen nicht selten mißlichen Helden auf dem Bildschirm lernen muß, sondern auch mal durch einen männlichen Klassenlehrer – der dann hoffentlich gemeinsam mit einer Klassenlehrerin die Klasse führt – leibhaftig so etwas wie liebevolle Väterlichkeit als Gegengewicht zu den zur Zeit gesamtgesellschaftlich so stark wirkenden brutalen Männlichkeitsidealen (coole, bodygebuildete Machos, die sich martialisch aufführen) erfährt. Väterliche Bezugspersonen sorgen immerhin oft dafür, daß eine angemessene Konfliktbewältigungskompetenz wächst, daß Jungen (und manchmal auch Mädchen) nicht mehr länger aus Hilflosigkeit mit Fäkaliensprache, Imponiergehabe, Zuschlagen, Zerstören, Sucht oder Krankheit ihr Gleichgewicht finden.

Einzelkämpfer oder Teamworker?

Es gibt Lehrerpersönlichkeiten, die besser allein als im Team arbeiten können, vor allem, wenn sie es schon jahrzehntelang gewohnt sind, auf sich gestellt im »Schlachtfeld« Schulklasse zurechtzukommen. Ihre Einzelgänger-Routine kann auch für die Schüler sehr effektiv sein. Lehrer, die schon in ihrer Ausbildung jede Hilfe ablehnten und nun an Schulen wirken, in denen es nicht üblich oder gar peinlich ist, Kollegen um Hilfe oder um Supervision zu bitten, haben sich meist ganz gut mit ihrem Einzelkämpferschicksal arrangiert, ohne sich dabei einsam zu fühlen. Und da der Lehrerberuf über die Jahre hinweg auch Rückwirkungen auf die Lehrerpersönlichkeit zeitigt, können sie schließlich gar nicht mehr im Team arbeiten. Sie haben sich an die Macht gegenüber Schülern und deren Eltern gewöhnt, sie haben sich ein Schul- und Schülerweltbild gebastelt, anfangs um zu überleben, aber schließlich fällt es ihnen auch zu schwer, sich auf Kooperationskompromisse mit anderen Kollegen einzulassen.

Andererseits wissen wir, daß Lehrer sehr teamfähig sein können, wenn sie schon vom 1. Studiensemester an zu zweit Unterrichtsstunden vorbereiten und geben müssen. Und da so etwas immer öfter in Schulen gepflegt wird, da Lehrerstudenten in Seminaren und bei Studienprojekten häufiger Teamarbeit erfahren als früher, werden künftige Lehrergenerationen gewiß auch mit mehr Kooperationskompetenz auffallen, als es noch in der Vergangenheit der Fall war und heute noch ist.

Immer mehr Schulen in Deutschland gehen dazu über, ihren Klassen jeweils zwei Klassenlehrer zuzuordnen. Das ist zwar sehr teuer, wenn stets zwei Pädagogen in jeder Unterrichtsstunde anwesend sind, aber in Sonderschulen oder in Integrationsklassen und auch an so mancher Gesamtschule ist dieses Zwei-Lehrer-Modell schon seit Jahren Selbstverständlichkeit. Andere Schulen praktizieren das etwas billigere 1,5 Modell, bei dem ein volleingestellter Lehrer und eine Teilzeitkraft zu einem Team mit der Verantwortung für die gemeinsame Klassenführung zusammengestellt werden, ohne daß sie gleichzeitig im Unterricht zugegen sind.

Als Mischform gibt es (so wie an der Hamburger Schule Hegholt) den »Klassenlehrertag«, was heißt, daß jede Klasse zwei Klassenlehrer hat, am besten einen Mann und eine Frau, die sich selbst zu einem Team zusammengefunden haben (wenn die Schulleitung so etwas von oben her zusammenverordnet, bricht das Team nicht selten im Streit auseinander), die an vier Wochentagen nicht gleichzeitig im Unterricht anwesend sind, aber an einem Tag pro Woche in sämtlichen Stunden.

Gar keine zusätzlichen Kosten fallen an, wenn zwei Klassen von zwei Klassenlehrern betreut werden, die für beide Klassen in gleicher Weise verantwortlich sind, die möglichst viel Unterricht in diesen beiden Klassen selbst abdecken (in der Grundschule bis zu 100 Prozent, in den Klassen 5 bis 10 75 bis 50 Prozent), die dann aber auch durch einige Fachlehrer ergänzt werden, damit die Schüler auch andere Lehrerpersönlichkeiten und andere Anforderungsprofile erleben. Das Prinzip zwei Klassenlehrer für zwei Klassen kostet keine zusätzliche Mark, und es ermöglicht jedem Schüler, zumindest zu einer Bezugsperson eine stimmige Wellenlänge zu finden, so daß er nicht der zufällig unstimmigen »Chemie« zu nur einer verordneten Bezugsperson schullaufbahnentscheidend ausgeliefert ist, wie es früher oft in der einklassigen Landschule war und wie es noch heute häufig in Grundschulen ist.

Wenn zwei Lehrer gemeinsam für eine Schülergruppe oder für zwei Schülergruppen verantwortlich sind, müssen sie unbedingt teamfähig sein. Ganz kostenneutral ergeben sich dann Supervision und Fortbildung wie von selbst, denn beide Pädagogen müssen ständig miteinander sprechen und telefonieren, und dann ereignet sich das, was Jürgen Reichen so beschreibt: »Wir alle verstehen die Dinge erst dann richtig, wenn wir sie einem anderen erklären.« Zwei gemeinsam verantwortliche Lehrer bilden sich also ständig gegenseitig fort, indem sie dem jeweils anderen erläutern, was sie beobachtet haben, was sie bewegt, worunter sie leiden und welche Auswege sie favorisieren. So, wie Kinder es oft besser haben, wenn sie Vater und Mutter und nicht nur einen Elternteil haben, so haben Schüler es durchweg besser mit zwei für sie zuständigen Klassenlehrern. Denn entweder wollen sie sich grundsätzlich nur einem der beiden mit ihren Nöten anvertrauen, oder sie wenden sich je nach Thema mal an den einen, mal an den anderen, oder sie durchleben wie bei der familiären Sozialisation Phasen, in denen sie mal »Mamakind«, mal »Papakind« sind, in denen sie sich erst mehr an die Klassenlehrerin binden, dann wieder mehr an den Klassenlehrer und schließlich wieder mehr an die Klassenlehrerin. Dieses Modell, das keine Mark mehr kostet, hat sich in vielen Schulen außerordentlich gut bewährt. Optimal sind eine Frau und ein Mann als Team, zur Not – oder manchmal persönlichkeitsabhängig auch günstiger – können es auch zwei Frauen oder zwei Männer sein.

Einzelkämpfer und Teamworker haben auch nebeneinander an einer Schule ihre Berechtigung. Ich kenne in Schleswig-Holstein eine Schule, die es mit ihren jeweils fünf Parallelklassen immer wie folgt macht:

* Die 5a und die 5b werden gemeinsam von Frau Müller und Herrn Meyer geführt, die sich selbst zu einem Team zusammengeschlossen haben.
* Die 5c und die 5d werden von Herrn Groth, Frau Schulze und Frau Eisermann geführt, weil sie schon jahrelang zu dritt kooperieren und weil Frau Eisermann eine Teilzeitlehrerin mit einer nur zwölfstündigen Unterrichtsverpflichtung pro Woche ist. Sie pflegen also das »Team-Kleingruppen-Modell«, wie wir es auch aus der Gesamtschule in Köln-Holweide kennen.
* Die 5e wird dagegen von Herrn Gronau ganz allein geführt, weil ihm das mehr liegt und weil er das seit 30 Jahren so gewohnt ist.

Die unterschiedlichen Lehrerpersönlichkeiten müssen also sehr flexibel und je nach ihren Stärken und Schwächen eingesetzt werden; und eigentlich müßten sie sich selbst einsetzen. Dazu gehört auch, daß manche Lehrer gar keine Klassen leiten wollen, sondern nur Französisch oder Chemie unterrichten, umgekehrt hatten aber Teilzeitkräfte, die sehr gern auch Klassenlehrer sein wollten, bislang keine Chance dazu. Aber mit dem Co-Teaching (zwei Lehrer für jede Klasse) oder mit dem Team-Kleingruppen-Modell (drei bis fünf Lehrer für zwei bis drei Klassen) können auch Lehrkräfte mit einer geringeren Stundenverpflichtung Klassenlehrerfunktionen übernehmen.

Egal, ob nun ein Lehrer seine Stärken am besten als Einzelkämpfer entfalten kann oder erst in der Einbettung in ein Team so richtig auflebt: Schulleiter sollten das respektieren, denn Lehrer sind genauso verschieden wie Schüler. Alle Lehrer einer Schule als Einzelkämpfer in die Klassenzimmer zu schicken überfordert die um Anlehnung bemühten Kollegen, alle Lehrer in Teams einbetten zu wollen überfordert die »einsamen Wölfe«. Schulleiter, die nur das eine oder nur das andere wollen, müssen sich mit Eduard Sprangers »Gesetz von den ungewollten Nebenwirkungen in der Erziehung« auf allzu viele mißliche und daher ganz unnötige Reibungsverluste einer einseitigen ideologischen Ausrichtung gefaßt machen. Wie in der Lehrerbildung sollte man auch in der Schulleitung bemüht sein, die Stärken einzelner Lehrerpersönlichkeiten zu erkennen und zu fördern und Schwächen ein wenig gegensteuernd aufzufangen. Gleichmacherei mit dem Ziel des jederzeit austauschbaren Lehrers bringt hingegen nur Routine und Verdruß, zu frühes Ausgebranntsein, Resignation, Krankheit und Frühpensionierung sowie auf der Schülerseite Schulmüdigkeit. Lehrer müssen eben stets so eingesetzt werden, daß sie auch möglichst lange durchhalten.

Der allein wirkende Lehrer kann ein durchaus guter Lehrer sein, aber der einsame ist ein Problem. Horst Brücks berühmtes Buch »Die Angst des Lehrers vor seinem Schüler«

ist im Grunde eine Abhandlung über die Einsamkeit. Der einsame Lehrer ist eine tragische Figur im Schulleben. Manchmal ist er nur gezwungen, einsam zu sein, weil Teamfähigkeit an dieser Schule nicht üblich ist, weil es als nicht schicklich gilt, in den Pausen im Lehrerzimmer über die Probleme zu reden, die man zur Zeit mit Karl-Heinz hat, weil es statt dessen üblich ist, im Lehrerzimmer nur über Urlaub, Hausbau, günstige Einkaufsmöglichkeiten, Strickmuster und gute Restaurants zu sprechen, oder weil man als »guter« Lehrer nicht zugeben darf, daß man mit Otto und seinen Eltern oder mit der Disziplin in der 8e große Probleme hat. Das Outen von Schwierigkeiten untergräbt an solchen Schulen den eigenen Status, und es belastet die Kollegen, die mit sich selbst genügend Probleme haben, die sie nur überspielten. In Lehrerzimmern, in denen jeder seinen festen Platz hat, in denen man sich nicht einfach irgendwo hinsetzen darf, in denen man immer zwischen Frau Müller und Herrn Schulze über Jahre hinweg seinen Kaffee trinkt, ist eben alles ritualisiert und vieles mit Tabus belegt – eben auch über Schüler, über schwierige Klassen oder über das eigene berufliche Unwohlsein zu sprechen.

Das ist schlimm, aber leider nicht selten, und es hat durchaus mit der Angst vor neuen Herausforderungen zu tun, die zum Abschied vom minimalisierenden Aufwand führen könnten; und wenn dennoch in Lehrerzimmern gejammert oder geschimpft wird, dann ist es über »die da oben«, die sich schon wieder einen neuen Reformimpuls oder einen Erlaß ausgedacht haben, die doch das Althergebrachte, das Vertraute in zunächst ganz ungewohnter Weise verändern könnten. Viele Lehrer klammern sich gern wie Sonderschüler an feste Gewohnheiten; und so haben sie auch massenhaft Angst davor, sie könnten einmal an eine andere Schule versetzt werden oder sie müßten plötzlich ein neues Fach oder in einer anderen Stufe unterrichten als in den vergangenen 20 Jahren.

Junge Lehrer, die neu in ein altes Lehrerkollegium kommen und dort keinen einzigen Altersgenossen treffen, können rasch unter Vereinsamung und Versagensängsten leiden, wenn sie nicht von Anfang an einen Mentor als Ansprechpartner für alle Themen und ohne jedes Tabu haben. Manchmal taugt ja wenigstens ein verständnisvoller Schulleiter, der sich für seine Schule auch neue Impulse von außen erhofft, für derartige Gespräche, aber besser wäre ein vertrauensvoller, offener Kollege.

Idealerweise sollte also bundesweit das Mentorensystem für alle Junglehrer neu institutionalisiert werden, damit sie aus Fehlern lernen und ihre Ängste und vor allem ihre »Einsamkeit« verringert sowie persönlichkeitsentwickelnde Erfolge auf der Seite der jeweiligen Stärken und gegenüber den Schwächen begünstigt werden. Die Anlehnung an einen Mentor hilft gegen die Einsamkeit des Junglehrers. Auch sollten Klassenlehrerseminare einmal pro Woche für die ersten beiden Jahre des Junglehrerdaseins wiederentdeckt werden. Mentoren und Klassenlehrerseminare haben sich früher eigentlich stets bewährt. Darüber hinaus sollte man Junglehrer immer mindestens zu zweit oder zu dritt an die Schulen geben, aber nie allein. Mit einer langfristig gestalteten Einstellungspolitik oder mit dem Prinzip Personalhoheit der autonomeren Schule sollte das möglich sein. Völlig unwürdig ist jedenfalls der zur Zeit um sich greifende Brauch, Bewerbern um eine Lehrerstelle heute mitzuteilen, an welcher Schule sie sich morgen einfinden sollen.

Das beste Mittel gegen die Einsamkeit von Lehrern ist jedoch, sie schon im Studium und erst recht im Referendariat zur Partnerarbeit, zum Co-Teaching und zur Kleingruppen- oder Gruppenarbeit zusammenzuschließen. Das müßte fortan eine Selbstverständlichkeit zur Entwicklung der für Gesellschaft und Schule ständig bedeutsamer werdenden Schüsselqualifikationen Teamfähigkeit und Konfliktfähigkeit sowie der Begünstigung von Partizipations- und Supervisionsstrukturen sein. Denn wie sonst sollen Lehrer, die selbst nicht teamfähig sind, ihren Schülern die Schlüsselqualifikation Teamfähigkeit vermitteln?

Unsere Empfehlung an alle Kultusministerien: Sie sollten

jeden Lehrerstudenten vom ersten oder dritten Semester an studienbegleitend als Co-Klassenlehrer einer Klasse oder im Laufe der Zeit nacheinander zwei Klassen zuordnen. Ein solches Modell würde nichts kosten, es wäre eine optimale Theorie-Praxis-Verknüpfung in der Berufsvorbereitung, es würde die Kooperationsfähigkeit über den Mentor Klassenlehrer schon früh schulen, würde auch die bisherigen Schul- und Sozialpraktika des Studiums entbehrlich machen, und es würde eher Aufschluß darüber geben, ob der eingeschlagene Berufsweg eines Studenten überhaupt sinnvoll ist und ob man mit Kindern und Kollegen klarkommt.

Übrigens würde auch vielen Schülern eine derartige Lösung besser bekommen.

Gebildet, verbildet, fortgebildet? – Unzeitgemäße Lehrerbildung und persönliche Auswege

»Kinder können ausgesprochen klug sein«, sagt Jürgen Reichen. »Erwachsene wissen vieles mehr, sie haben Lebenserfahrung, aber es gibt schon in 2. Klassen Jungen und Mädchen, die ihren Kameraden komplexe Zusammenhänge besser erklären können, als ich das kann«, ergänzt er. Junge Menschen lernen von Gleichaltrigen meist mehr als von Erwachsenen, sie lernen schneller und intensiver, wenn sie selbst lernen, als wenn man sie belehrt, sie lernen leichter, wenn sie durch Handeln lernen und Fehler machen dürfen, und sie lernen zu zweit meist besser als allein oder in allzu großen Gruppen. Die Schule setzt aber Kinder in der Regel entweder allein vor ein Problem (z. B. bei Hausaufgaben und Klassenarbeiten) oder beim Lernen im Klassenverband in zu großen Gruppen.

Aus alldem folgt, daß sich die Schule von einer Belehrungsanstalt in eine Lernwerkstatt verwandeln muß und daß die Lehrer vom Stundengeber zum Lernberater, zum

»Coach« ihrer Schüler, wie Jürgen Reichen formuliert, gewandelt werden müssen. Aus der Distanz vom »Spielfeldrand« her kann er nämlich Lernprozesse besser beobachten und begleiten als beim klassischen Frontalunterricht vor versammelter Mannschaft.

Lernen funktioniert nämlich nicht so gut über Belehren, sondern vor allem als Selbstlernen, wie uns die Hirnforscher aufgrund von Beobachtungen an Kindern, die besonders viel vor dem Bildschirm hocken, belegen: Der im multimedial vernetzten Kinderzimmer mit Fernseher, Videorecorder, Spielkonsole, Gameboy, Musikanlage, Walkman, Diskman, Computer, Handy und Internetanschluß sowie vielen Printmedien aufgewachsene junge Mensch hat bereits andersartige Hirnvernetzungen als Erwachsene, also auch andere als seine Lehrer, die so nicht aufgewachsen sind. Er nimmt Dinge anders wahr, kann Auge und Fingerkuppen beim Umgang mit der Maus an der Spielkonsole reaktionsschneller koordinieren, erfaßt ohne Probleme auch rasend schnell geschnittene Videoclips, kann sich gut auch am Bild allein orientieren, ohne die Sprache so richtig zu verstehen, und dann dem erwachsenen Mitzuschauer gleichzeitig noch erklären, was der an dem Film nicht so richtig mitbekommen hat. Allerdings nimmt ein solcher junger Mensch nicht mehr so gut stehende oder nur schwarzweiße Bilder wahr, weil die von ihnen ausgehenden Reize nicht mehr seine Wahrnehmungsschwellen überwinden, und Papa versteht nicht, wieso sein Sprößling achtlos in den frisch angesäten Rasen tritt. Aber Mama, die Physik studiert hat und die seit einer halben Stunde vergeblich mit der Gebrauchsanweisung in der Hand bemüht ist, ihr neues elektronisches Bügeleisen in Gang zu setzen, ist verblüfft, wenn ihr elfjähriger Sohn nach ein bißchen »trial and error« an dem Gerät, ohne in die Gebrauchsanweisung zu gucken, sagt: »Sieh mal, Mama, so geht das!«

Das moderne Kind wirkt im Alltag oft ungeschickt und wahrnehmungsgestört; es läuft ständig gegen die Tischkante, stößt immer wieder Gläser um, kann nicht ohne weiteres Kräfte, Geschwindigkeiten und Entfernungen einschätzen und sich nicht gut im Raum orientieren, nicht links und rechts unterscheiden, nicht 43 minus 37 rechnen, beim Fahrradfahren nicht Balance halten, nicht mühelos rückwärts gehen, sich nicht geschickt beim Fallen auffangen, es ist übergewichtig und ungelenk, aber es schlägt Papa, der ein erfolgreicher Manager in einem Großkonzern ist, bei jedem Computerspiel und vermag ihm auch Auswege aufzuzeigen, wenn er hilflos vor seinem abgestürzten Laptop hockt.

Mit solchen Kindern haben es auch Lehrer schwer, sie sind nicht mehr in der Lage, sie bis an ihre Leistungsgrenze zu fördern, wie der Präsident der Bundesanstalt für Arbeit, Bernhard Jagoda, beklagt. Lehrer verstehen – auch infolge ihrer oft weit zurückliegenden Ausbildung – zuwenig von kompensatorischer Erziehung, von Sinnesentwicklung, von Hirnforschung und Lernpsychologie, von Bewegungserziehung und Psychomotorik, vom Zusammenhang zwischen Ernährung und Erziehung, von einer anderen, effektiveren Fehlerkultur, die Irrwege eher belohnt als bestraft, von Devianzpädagogik, von Gesundheitserziehung, Gewalt- und Suchtprävention sowie von Computern. Nach einer Studie des Instituts der deutschen Wirtschaft in Köln haben Lehrerstudenten im Vergleich zu unseren Studentengruppen die »schlimmste PC-Blockade«. Darüber hinaus sind sie oft hilflos gegenüber Hyperaktivität, Legasthenie, Dyskalkulie, Fehlhörigkeit und anderen Teilleistungsstörungen sowie gegenüber Früh-, Teil- und Hochbegabungen. Durch ihre Ausbildungsdefizite sind sie überfordert – und zugleich die Mehrheit ihrer Schüler.

Es gibt ja zumindest anderthalb Fächer in den deutschen Schulen, in denen viele Schüler ihren Lehrern überlegen sind. Das halbe Fach ist Sport mit Skateboardfahren, Inline-Skating, Beachball und Basketball; das ganze Fach ist Informatik, und in diesen beiden Fächern lernen junge Menschen ausgesprochen viel, das meiste allerdings außerhalb der Schule. Kein Wunder, daß Lehrer, die von Oberstufenschülern aus dem Gymnasium im Umgang mit Computern fortgebildet wurden (nur 20 Prozent der deutschen Lehrer haben zur Zeit ausreichende Computerkenntnisse für die von der Bundesregierung geförderte Initiative »Schulen ans Netz«), danach äußerten, sie hätten bei ihnen mehr gelernt als in einem Kurs, den sie zuvor bei einem hauptamtlichen Dozenten des Instituts für Lehrerfortbildung hatten.

Bei einer Umfrage des Meinungsforschungsinstituts »Forsa« 1998 in Hamburg antworteten 39 Prozent der Väter und 28 Prozent der Mütter auf die Frage »Würden Sie die Lehrer Ihrer Kinder rausschmeißen, wenn Sie könnten?« mit »Ja«. Von diesen hielten 54 Prozent die Lehrer für »unfähig«, zehn Prozent für »unsympathisch«, neun Prozent für »zu alt«, acht Prozent für »zu lasch«, sieben Prozent für »politisch einseitig« und sieben Prozent für »zu streng«.

Lehrer werden allerorten mit Kritik überhäuft – und sind entsprechend empfindlich geworden. Als jüngst zwei deutsche Blätter einen Wissenschaftler falsch zitierten, »70 Prozent der Lehrer sind schlecht«, gab es sofort gewaltige Proteste; offensichtlich fühlten sich die meisten Lehrer irgendwie als zu dieser Gruppe der 70 Prozent gehörend, kaum einer hat sich selbst damit beruhigt, er könne ja eventuell zu der Gruppe der 30 Prozent guten Lehrer gehören. Würde eine Zeitung berichten, daß 70 Prozent der Architekten schlecht seien, würden sich dagegen fast sämtliche Architekten zu den 30 Prozent guten zählen. Das Selbstbewußtsein der Lehrer ist also denkbar schlecht, es ist wahrscheinlich schlechter, als die Lehrer selbst es sind. Gewiß hängt das damit zusammen, daß Lehrer nicht sehen und nicht messen können, was sie bewirken, während Architekten ja immerhin sehen können, was sie gebaut haben. Lehrer und ihre Arbeit sind nie fertig, sie wissen, daß sie immer noch mehr hätten tun können, wenn der Schultag zu Ende ist, und sie wissen, daß sie alle Probleme nie gleichzeitig angehen können, sondern immer nur nacheinander. Sie brauchen den Mut zur Lücke, müssen Prioritäten setzen und einige Aufgaben unerledigt lassen, um mit ihren Kräften hauszuhalten. Sie sollten ihr Letztes geben, sich aber zugleich für den Einsatz von morgen und von übermorgen schonen. Sie sind mit veränderten Kindern konfrontiert, müssen familiäre Versorgungs- und Förderdefizite ausbaden, müssen höchst unterschiedliche Elternerwartungen erfüllen, sollten gesellschaftlichen Herausforderungen, schulaufsichtlichen Vorgaben und neuerdings auch noch nationalen und internationalen Schulleistungsvergleichsstudien gerecht werden.

Zum Lehrerdasein gehört schon eine immens tragische Dimension. So schrieb mir neulich ein befreundeter Hamburger Lehrer, mit dem ich schon zusammen studiert habe und der 33 Jahre lang höchst engagiert unterrichtet und stets die Veranstaltungen des Instituts für Lehrerfortbildung besucht hat: »Mir macht es nach Jahrzehnten eines vorherrschenden Frontalunterrichts in der Mittelstufe allergrößte Schwierigkeiten, meine Rolle in Richtung Lernwerkstatt total umzukrempeln. Mir ist der Boden unter den Füßen weggesackt, denn seit August muß ich eine 1. Klasse als Klassenlehrer betreuen, was ich erst am vorletzten Schultag vor den Sommerferien erfuhr. Zunächst bepöbelte ich meine Schulleiterin, schlug einen Wechsel der Schule vor, und dann in den Sommerferien dachte ich: Ach, probier es mal! Aber ich kann es natürlich überhaupt nicht, Sechsjährigen Lesen und Schreiben nach der Methode ›Lesen durch Schreiben‹ beizubringen, Singen, Malen und 15 Stunden Sachkunde, ich habe überhaupt keine Ausbildung in diesen Dingen bis auf drei Tage ›Lernwerkstatt‹ gehabt und fühle mich total überfordert. Wie komme ich da bloß raus? Ich habe 24 Schüler, davon sechs Ausländerkinder, zwei Afghanen ohne ein Wort Deutsch. Ratschläge aus dem Kollegium kommen unentwegt, aber ich kann sie nicht umsetzen, weil der Nährboden fehlt. So irrt ziellos in das nervliche Delirium Dein alter Freund ...« Inzwischen ist dieser Mann nach Attest eines Nervenarztes und nach Feststellung der Dienstunfähigkeit durch den Personalärztlichen Dienst Frühpensionär.

Mittlerweile kommen auf die Lehrer immer öfter heftigere Zumutungen zu. Weil sie häufig im Alltag nicht so leistungsfähig sind wie in Hospitationsstunden vor den Augen von

Kollegen, Schulleitern, Hauptseminarleitern und Schulräten, weil ihre Noten der Ersten und Zweiten Lehrerprüfung vielfach nicht mit ihrer späteren Unterrichtsroutine korrespondieren, wird öffentlich diskutiert, ob Lehrer nicht eher Angestellte als Beamte sein und – wie in den USA üblich – Zeitverträge erhalten sollten, ob sie sich nicht die Benotung durch Schüler gefallen lassen müßten und ob sich ihre Besoldung nicht nach ihrem Engagement richten sollte.

In Österreich hat jetzt die Union Höherer Schüler gefordert, jeden Lehrer einmal im Jahr durch den Landesschulinspektor, durch die Eltern und durch die Schüler zu benoten und danach sein Gehalt jeweils für ein Jahr festzulegen. Die Kriterien sollten sein:

* Anpassung des Unterrichts an Schülerwünsche,
* Vorbereitung und Gestaltung des Unterrichts,
* Zusammenarbeit mit Schülern und Eltern.

Selbstverständlich hat die Lehrergewerkschaft sofort dagegen argumentiert, dieser Vorschlag sei nicht umsetzbar, weil zu personalintensiv, zu teuer und auch zu ungerecht, denn immerhin müßten Lehrer gelegentlich von ihren Schülern auch Unbequemes verlangen, und so manch ein Schüler, der heute über seinen Lehrer klagt, sei ihm 20 Jahre später dankbar für das zugemutete Profil an Herausforderungen und die Grenzen, die ihm ein Lehrer gesetzt habe.

Schulische Innovationen können Schüler und Eltern in der Regel nicht beurteilen, bevor sie sich in der Praxis bewährt haben. Das gilt für neue Methoden des Lesen- und Schreibenlernens ebenso wie für eine andere Fehlerkultur, für offene Unterrichtsformen, für Lernentwicklungsberichte statt Notenzeugnissen und für den Einsatz des Computers als Lerninstrument schon bei Erstkläßlern. So gibt es immer noch Eltern, die skeptisch reagieren, wenn sie hören, welche Erfolge die Hamburger Grundschule Grützmühlenweg im Umgang mit Computer und Internet zu verzeichnen hat; überprüfen Sie doch einmal an sich selbst, wie Sie zu folgendem Bericht stehen!

Noel und Patrick schauen gebannt auf den Bildschirm des Computers. Kaum ist das Suchwort »Deutsche Geschichte« in die Suchmaske der Suchmaschine im Internet eingegeben, erscheint eine Reihe von »Links« auf dem Bildschirm. Die Zehnjährigen sind Schüler der vierten Klasse in der Grundschule Grützmühlenweg in Hamburg. Seit die Schulleiterin Christa Löser im Rahmen der Initiative »Schulen ans Netz«, die vom Bundesministerium für Bildung und Forschung und der Deutschen Telekom unterstützt wird, im letzten Jahr einen »surffähigen« Computer für ihre Schüler zur Verfügung gestellt bekam, erklärt sie nun schon im zweiten Jahr Viertkläßlern die Orientierung im weltweiten Netz. »Ich mußte mir das Wissen auch erst einmal aneignen. Glücklicherweise arbeitet mein Mann bei der Computerfirma IBM, so daß er mir schnell auf die Sprünge helfen konnte. Zwar bietet das Institut für Lehrerfortbildung in Hamburg Seminare für Lehrer an, aber schneller und wirkungsvoller ist Eigeninitiative«, sagt sie. So entstand im letzten Jahr das erste elektronische Grundschulmagazin. Die Schülerzeitung »Kids News« war die erste Online-Aktion der Schule. Nun arbeitet sie mit zehn Schülern an einer neuen Schülerzeitung, die auch im Internet veröffentlicht werden soll. »Wie komme ich jetzt wieder zurück?« fragt Noel, der vor lauter Klicken auf die Verknüpfungen die Links, die Homepage, die Startseite aus den Augen verloren hat. »Wo muß ich da draufdrücken?« »Du mußt auf den Pfeil da oben links klikken«, hilft Vincent seinem Klassenkollegen. Der Zehnjährige hat seine ersten Schritte im Internet bereits hinter sich, seit ihm sein Onkel beibrachte, wie »das mit dem Surfen« geht. »Am liebsten schaue ich mir Weltraumseiten an, etwas über den Mars, die Weltraumstation Mir oder die Nasa«, sagt er selbstbewußt. Auch elektronische Post, E-Mails, hat Vincent schon verschickt. Doch das Plaudern im Netz, das »Chatten«, ist selbst für ihn noch Neuland. »Ich hoffe auf das Schneeballprinzip«, sagt Christa Löser: »Einer erklärt dem anderen, wie es geht, und der gibt es dann wiederum weiter.« Schon seit einigen Jahren arbeitet Christa Löser mit

Lernprogrammen. Auf den fünf Computern im Computerraum laufen Programme, die Kindern »spielerisch« Mathematik oder Deutsch beibringen. Riesige Zahlen erscheinen auf dem Bildschirm, Zahlenmengen werden als Elefanten dargestellt. Sind alle Aufgaben gelöst, gibt es eine Belohnung wie einen kurzen Comic oder den Start einer Rakete auf dem Bildschirm.

Ist so etwas bezahlbar? Viele Schulen in Deutschland sind stolz darauf, daß sie einen Computerraum haben, aber der Weisheit letzter Schluß ist so etwas nicht. Computer müssen in jedem Klassenraum stehen, damit sie auch jederzeit spontan und im Rahmen der offenen Unterrichtsphasen genutzt werden können. Nach einer Modellrechnung der Kultusministerien muß jede deutsche Schule in Zukunft mit jährlich etwa 7500 Mark an Zugangskosten für das Internet und an Telefongebühren rechnen, das wären etwa 100 Millionen Mark jährlich für alle deutschen Schulen zusammen, es sei denn, die Telekom versteht den Umgang mit Computern und Internet in Schulen als Investition in ihre eigene Zukunft (wer heute für den Umgang mit dem Internet geschult wird, wird künftig lukrativer Kunde) und verzichtet auf Telefongebühren.

Hamburg hat für 1999 immerhin 6,4 Millionen Mark für die Anschaffung von Hard- und Software für seine Schulen vorgesehen; bis 2003 sollen alle 7200 Klassen- und Fachräume wenigstens eine »Medienecke« mit Computer und Internetanschluß haben. Aber mit den Computern ist es nicht getan; die Lehrer müssen sie auch sinnvoll einsetzen können. In den vergangenen Jahren haben sich bereits 6000 der 14000 Hamburger Lehrer im Landesmedienzentrum in Sachen Computereinsatz schlau gemacht, und an manchen Schulen lassen sich die Lehrer auch von ihren Schülern fortbilden. Das ist eine wunderbare Lösung, die dem amerikanischen Prinzip »teachers as learners« und dem des gemeinsamen »learning by doing« entspricht. Lehrer sind nämlich nicht nur dann gut, wenn sie die Fächer, die sie unterrichten, an der Universität studiert haben, sie sind sehr viel besser, wenn sie sich in die Lernschwierigkeiten von Schülern hineinversetzen können, weil sie selbst auch nicht viel weiter oder gar noch nicht einmal so weit sind. Die Stärke von bisherigen Lehrern, also der Wissens- und Wissenschaftsvorsprung im Rahmen eines »wissenschaftsorientierten Unterrichts«, wie ihn der Deutsche Bildungsrat mit seinem »Strukturplan« 1970 bis heute über unsere Schulen stülpte, kann künftig auch durch eine gute Lernsoftware ersetzt werden. Die neue Stärke von Lehrern muß künftig darin liegen, als Lernberater Kindern beim Selbstlernen zu helfen und die optimalen Lernbedingungen von Schülern durch Wissen über die Zusammenhänge von Lernen und Hirnphysiologie, Ernährung, Bewegung, Spiel, Entlastung, Gewalt- und Suchtprävention, Elternarbeit sowie Einzel-, Partner- und Gruppenarbeit, aber auch durch Wissen über sinnvolle Größen und Dosierungen von Bezügen, Reizen und Gegengewichten schaffen zu können. Allerdings sollten sie auch die Qualität von Lernsoftware beurteilen können und den Computer durch Bücher, ausgestopfte Tiere, durch Vorlesen und Erzählen, durch Schülerexperimente und den Gang aus der Schule heraus ergänzen; sie müssen Schüler zum Zuhören erziehen, und sie sollten vor allem in der Lage sein, junge Menschen kritikfähig zu machen gegenüber Internet-, Bildschirm- und Medieneinflüssen. Lehrer müssen also demnächst auch Medienpädagogen sein, aber Sachsen ist bislang das einzige Bundesland, das Medienerziehung als Unterrichtsfach eingeführt hat, wenn auch viel zu spät, nämlich erst in der 9. Klasse beginnend. Die USA sind da mit ihrem Fach »media literacy« schon wesentlich weiter, wie auch mit der Computerausstattung ihrer Schulen. Präsident Clinton hat für das Jahr 2000 versprochen, daß dann jedem Schüler für sein Lernen auch ein Computer zur Verfügung steht.

Was bedeutet für die Lehrerbildung die »Lehre von den sinnvollen Größen« und die Forderung »Gegengewichte setzen können«? Schüler ertragen nicht alles; sie ertragen es nur gelegentlich, allein lernen zu müssen, und sie ertragen nicht gut das Lernen in viel zu großen Gruppen. Lehrer sollten also für Abwechslung zwischen Handeln und Zuhören, zwischen der Einzelarbeit, der Partnerarbeit, der Kleingruppenarbeit und dem Lernen im Klassenverband sorgen, wobei die Partnerarbeit eigentlich die effektivste Form ist, aber nicht bei jedem Schüler und nicht zu jeder Zeit und nicht bei jedem Thema. Manche lernen eben allein besser, manche besser zu zweit. Die Lehre von den sinnvollen Größen verbietet aber eigentlich auch Lernverbände bzw. Klassen mit mehr als 18 Schülern, sie verbietet, daß Schüler nur einen Klassenlehrer haben (zwei sind besser), sie erfordert, daß mindestens 50 Prozent des Unterrichts einer Klasse vom Klassenlehrer gegeben werden müssen, sie verbietet ein übertriebenes Fachlehrer- und Kurssystem und übergroße Schulen.

Das »Gesetz der Gegengewichte« erfordert zum Beispiel, daß Lehrer, die Kinder vor Computer setzen, auch Bewegungserziehung, Spiel und Muße anbieten, daß Kinder, die allein am Bildschirm lernen, auch das Zuhören in Gesprächskreisen und durch langes Erzählen und Vorlesen lernen müssen und daß schulische Anforderungsprofile durch die enge Zusammenarbeit mit den Eltern flankiert werden sollten. Und wenn Kinder das gesamte Wochenende nur Cola, Chips, Schokoriegel, Pommes frites und Pizzas sowie eine Unzahl von Fernsehsendungen konsumiert haben, sollten Lehrer wissen, wie sie mit einem gesunden Schulfrühstück am Montagmorgen die Lernvoraussetzungen wiederherstellen können und wie sie im »Stuhlkreis« mißliche und unverarbeitete Bildschirmeinflüsse im Gespräch kompensieren können. Der moderne Lehrer muß eben auch ein Agent gegen das »Montagssyndrom« und gegen den »Neun-Uhr-fünf-Effekt« des müden Zappelphilipps sein können, damit Kinder wieder mehr lernen können.

Lernen können Lehrer dabei viel von Kindergärtnerinnen, die längst neue, aber höchst erfolgreiche Wege zur entwicklungs- und lernfördernden »Reparatur« von zivilisations- und familiengeschädigten Kindern beschreiten. Mit »Sinnespfaden«, mit »Kriechfaden«, mit »Bewegungs-«,

»Sport-«, »Wald-«, »Watt-« und »Strandkindergärten« sorgen sie für eine ausgeglichene körperliche, sinnliche und intellektuelle Entwicklung, fördern die Wahrnehmungsstärke und die Körperbeherrschung und damit indirekt auch Sprachentwicklung, räumliches Vorstellungsvermögen, die Körperbelastung, das Erfassen von Größen, Geschwindigkeiten oder Entfernungen. All das sind wichtige Voraussetzungen für die Lernfähigkeit des Kindes.

Im schwäbischen Altingen haben die Lehrer der Grund- und Hauptschule die Bedeutung des gegengewichtigen Lernens erkannt, weshalb dort Schüler gelegentlich ermuntert werden, mit den Händen gegen die Wand zu klatschen, im Chor wie ein Sturm zu zischen, wie Wildschweine zu grunzen oder per Schmatzen das Geräusch nachzuahmen, das beim Waten durch einen Sumpf entsteht. Lustbetont und sinnesfroh ist das, es spricht die rechte Hirnpartie der Kinder an, und es entlastet besser als eine herkömmliche Hofpause. »Aktive Pause« in einer »Bewegten Schule« mit Sitzbällen und Stühlen, mit Spielgeräten auf dem Hof, mit flexiblen Unterrichtsphasen ohne 45-Minuten-Takte, mit Rollenspielen und kleinen Theaterstücken, mit Zugucken, wie Küken im Brutkasten aus dem Ei schlüpfen, mit Barfußlaufen, mit Kochen im Unterricht, mit Lernen, wie man auf einen Baum klettert, und mit einem leibhaftigen Indianer im Klassenzimmer, wenn über die Besiedlung Amerikas durch Europäer gesprochen wird.

Schule als Sinneserfahrungsraum, als Abenteuerlernplatz und als Ort des umfassenden Zusammenlebens zwischen Lehrern und Schülern kommt der Art und Weise nahe, wie auch wir Erwachsenen am besten zu Hause arbeiten oder lernen: mit leiser Musik, gemütlichem Sessel, zwischen Pflanzen, Tieren, Teppichen und Kissen, mit individueller Pausengestaltung, kleinen Zwischenmahlzeiten, einem Schwätzchen oder einem Nickerchen, dann wieder intensiv arbeiten oder lernen. Lernhöhepunkte der Altinger Schule sind die Aufführung von Sketchen in der Fußgängerzone, eine Performance im Kaufhaus, einen Tag auf Müllwagen mitfahren und Interviews mit Politikern machen; das alles fördert Selbstbewußtsein, Selbständigkeit, also Lebenstüchtigkeit. In solchen Schulen kommt Gewalt kaum vor, und Lehrer klagen nicht über Überstunden, denn sie wissen, was sie außerhalb des Unterrichts an Arbeit investieren, um ihren Schülern Freude zu machen, bekommen sie im Unterricht entlastend und auch zu ihrer Freude zurück. Das vor allem hilft gegen Ausgebranntwerden, gegen Resignation, gegen Krankheit und Vorruhestand. Was den Schülern Spaß bringt, bringt auch den Lehrern Spaß und Energie. Wer klagt dann noch über die Zeit für einen abendlichen Hausbesuch bei Karl-Heinz und seinen schwierigen Eltern? »Auch wenn uns dieses intensive Schulleben manchmal an den Rand getrieben hat«, sagt die Lehrerin Gisela Wegner von der Abenteuerschule in Altingen, »zurückzugehen, das habe ich mir nie mehr vorstellen können.«

Mit der Schule ist es wie mit dem Anlegen von Wegen: Meistens sind Schulen so, wie es Gartenbauämter machen, wenn sie aus Steinplatten Wege bauen; sie geben Wege vor und ärgern sich dann, daß Menschen nicht im Dreieck gehen, sondern quer über den Rasen. Der Leiter der Altinger Schule, Ulrich Scheufele, schlägt für Gartenbauämter wie für Schulgestalter ein ganz anderes Verfahren vor, nämlich eines, das er an seiner Schule erfolgreich erprobt hat: »Wir warten ab, wo die Schüler laufen, und dort legen wir dann die Wege an.«

Vielleicht sollte man es mit der Lehrerbildung ähnlich machen: Bisher haben wir zuerst ein Konzept und eine Prüfungsordnung erstellt, und dann passen wir die jungen Menschen, die Lehrer werden wollen, dort hinein. Wäre es nicht besser, erst den Studenten, den Referendar und den Junglehrer anzuschauen und dann seine Stärken zu entwickeln und seine Schwächen zu minimieren? Das Ideal des jederzeit austauschbaren Lehrers, der als »Spagat-« oder »Wanderlehrer« einmal hier und dann da wirken kann, der vertretbar, versetzbar und danach wegbeförderbar ist, ist jedenfalls ein schreckliches, ein von Verwaltungs- und Verfügungsdenken her bestimmtes Ideal, das viel zuwenig mit Lebensvielfalt, Lebensnähe, Persönlichkeit von Schüler und Lehrer sowie mit Individualität von Menschen zu tun hat. Wir brauchen eine Schule, in der sowohl Schüler als auch Lehrer Wesen aus Fleisch und Blut sein dürfen, und eine Lehrerbildung, die genau das begünstigt.

Eigenwillig oder eingepaßt?

In der Schule eines Obrigkeitsstaates wie Preußen mußten Lehrer stets eingepaßt arbeiten, auch wenn es unter ihnen reichlich höchst skurrile Persönlichkeiten gab, wie wir sie aus Heinrich Spoerls »Feuerzangenbowle« kennen. Die früheren Lehrerbildungsanstalten vermittelten das Ideal des ins System eingepaßten Lehrers, der in Abständen Besuch eines benotenden und Berichte für die Personalakte schreibenden Schulrats bekam. Die Unterrichtsstunde mußte als Kunstwerk mit Einstieg, Spannungskurve und Ausklang gestaltet werden, die Methode war vorgegeben, die Jackettknöpfe mußten geschlossen sein, und der Binder hatte korrekt zu sitzen, das »Lehrerecho« war verpönt (die Antworten der Schüler durften nicht vom Lehrer wiederholt werden), und über allem schwebten die Herbartschen »Formalstufen« mit ihrem Zucht- und Ordnungsanspruch. Wenn der Lehrer das Klassenzimmer betrat, mußten die Schüler aufstehen, und auf seine Begrüßung »Guten Morgen, Kinder« hin hatten sie im Chor freudig zu antworten: »Guten Morgen, Herr Lehrer.« Alles war ritualisiert, und wehe, ein Lehrer neigte zur Eigenwilligkeit, zum bewußten Ausleben seiner Persönlichkeitsstärken so wie der wunderbare Lehrer in dem Film »Der Club der toten Dichter«! Die Schüler waren uniformiert gekleidet, saßen aufgereiht nach ihren Noten, durften »aufrücken«, wenn sie besser wurden, oder mußten eben »sitzen bleiben« – daher das heutige Wort »Sitzenbleiber« für Schulversager. Lehrer waren so rigoros in ihre Institution eingepaßt, daß sensible und kreative Menschen wie Friedrich Schiller oder Hermann Hesse daran zerbrachen.

Passend zum damaligen starren, unbeweglichen Schulsystem wurden Schüler vor allem zur sitzenden und zur zuhörend-rezeptiven Lebensweise erzogen. »Hände falten, Schnabel halten, gerade sitzen, Ohren spitzen« war noch 1949 das Motto, mit dem Lehrkräfte Schulanfänger disziplinierten. Das wichtigste in der Klasse war die Sitzordnung, und so ist die Geschichte der Schule insbesondere auch eine Kulturgeschichte des Sitzens auf Bänken und Stühlen und an Pulten mit Tintenfaß und Haken für Schiefertafeln und Turnbeutel. »Den ganzen Tag sitzen und abends nicht mehr stehen können« war ein anderes Motto dieser Schule. Schulbänke gibt es seit dem 14. Jahrhundert, zuvor ließen sich Lehrer und Schüler auf im Klassenraum ausgelegtem Stroh nieder. Bereits 1744 hat sich der französische Mediziner Ernst Andry in einer Abhandlung über »die Kunst, bei den Kindern die Ungestaltheit des Leibes zu verhüten« mit den fatalen Folgen des falschen Sitzens auseinandergesetzt. Doch erst Ende des 20. Jahrhunderts finden Sitzbälle und verstellbare bewegliche Stühle und Tischplatten Eingang in die deutschen Schulen. Und heute formuliert Rudolf von der Lippe: »Freiheitliche Vorstellungen und Schulprogramme müssen sich auch in neuen Haltungs-, Sitz- und Bewegungsfreiheiten niederschlagen.« Nun wissen wir endlich, warum Amerikaner sich schon länger bei ernsthaften Gesprächen in Sofas flegeln und dabei ihre Füße auf den Tisch legen. Aber die alte, Schüler und Lehrer einpassende Schule ist noch nicht überwunden, so wenn sich im Mitteilungsblatt der Hamburger Behörde für Schule, Jugend und Berufsbildung aus dem Februar 1997 auf Seite 10 eine »Anleitung zur Größenverteilung des Gestühls in Klassenräumen sowie Reparatur von Stahlrohrstühlen« findet, in der geregelt ist: »Für die richtige Größenbemessung von Stuhl und Tisch ist eine Sitzhaltung des Schülers maßgebend, bei der

* beide Füße vollflächig auf dem Boden stehen müssen,
* Ober- und Unterschenkel einen Winkel von ca. 90° bilden,

* der sitzende Schüler die ganze Fläche zwischen Sitzfläche und Rückenlehne nutzt,
* die entspannt herabhängenden Oberarme mit den auf der Tischplatte aufgelegten Unterarmen einen Winkel von ca. 90° bilden.«

Wer das liest, fühlt sich wie im Kabarett. Aber es gibt heute noch einen anderen Einpassungsdruck für Lehrer, und der geht von Kollegen aus, die befürchten, irgend jemand könne »die Preise so verderben«, daß auch sie in Zugzwang kommen, etwas in Richtung Innovation zu verändern. So werden eigenwillige, einfallsreiche Lehrer eingeschüchtert mit Hinweisen auf die Pausenverordnung, die Aufsichtspflicht, Unfallverhütungsvorschriften und Versicherungsschutz, auf mögliche Elternbeschwerden, auf Bestimmungen des Gesundheits-, Bau- oder Bezirksamtes, auf uralte Konferenzbeschlüsse oder schlichtweg mit der Bemerkung, so etwas sei »an dieser Schule nicht üblich«. Gerade Lehrer, die ihren Schülern besonders gut bekommen, haben häufig erhebliche Schwierigkeiten mit dem Lehrerkollegium. Die in Routine erstarrten, aber für Schüler langweiligen oder problematischen Kollegen hingegen finden in der Regel eine gute Einbindung und Solidarität. Lehrer neigen dann auch dazu, Erziehungswissenschaftlern, die innovative Veränderungen fordern, zu unterstellen, sie seien praxisfern, würden also den Schulalltag nicht oder nicht mehr kennen.

Heutzutage braucht man zwar einen Konsens im Lehrerkollegium, was pädagogische Werte, Ziele und das Schulprofil anbelangt, aber gleichzeitig muß jeder Lehrer das verwirklichen können, was ihm besonders liegt, zum Nutzen seiner Schüler. Zu jedem Lehrer paßt ein etwas anderes Lernberaterprofil, jeder kann mit etwas anderem gut mitreißen; der eine kann es mit seinem Humor, der andere mit seiner Erzählkunst, der dritte mit seinem musischen Talent, der vierte mit Sport und Bewegung, der fünfte allein durch seine Körpergröße. Der eine ist ein Meister der Flexibilität, der andere ein Meister der festen Gewohnheiten, der eine reißt seine Schüler mit seinen biologischen Neigungen mit, der andere mit seinen mineralogischen Interessen, der dritte mit seinem Geschick in Sachen Rollenspiel und Theater, alles das ist legitim. Der eine kann besonders aufregende außerunterrichtliche Aktionen bis hin zur Wochenend-Fahrradtour mit Schlafsack, Kochgeschirr und Klampfe auf einen Bauernhof organisieren, der andere ist ein begnadeter Computerfreak, und der dritte ist sehr erfolgreich im Einbeziehen von Eltern in sein Erziehungs- und Bildungskonzept.

Es gibt Lehrer, zu denen es paßt, daß sie sich von ihren Schülern duzen lassen, andere kommen bestens damit an, daß sie stets Anzüge, Hemden und Krawatten nach der neuesten Mode tragen, während ihre Kollegen damit lächerlich wirken würden. Manche Lehrer können ohne Hilfsmittel ein wahres Feuerwerk von Unterrichtsideen gestalten, andere bleiben, trotz reichen Material- und Hilfsmittelangebots, immer nur farblos und öde, und ihre Schüler lernen fast nichts, außer wie man Schiffeversenken spielt und Comics unter dem Tisch liest sowie abguckt, ohne daß der Lehrer es bemerkt.

Es sind meist die eigenwilligen Lehrer, die von ihren Schülern geliebt werden, weil sie sich mit den Gegebenheiten arrangieren, ohne zu jammern, also auch mit den Folgen von dramatischen Sparmaßnahmen, die Schulen zur Zeit immer härter treffen. Sie arbeiten nach dem Motto: »Die Nische wird zwar enger und ungemütlicher, aber ich habe ja noch gar nicht alle Möglichkeiten ausgenutzt, die sich dennoch anbieten.« Sie treffen angesichts der stetig schlechter werdenden Ernährungslage ihrer Schüler ein Abkommen mit ihrem Bäcker und ihrem Gemüsehändler, um abends die nicht verkaufte Ware für den nächsten Schulmorgen kostenlos abholen zu können, sie überreden den Schularzt, ihre gesamte Klasse in das Erholungsheim Vogelkoje auf Sylt zu verschicken, weil die Eltern einen solchen Aufenthalt nicht finanzieren könnten, und wenn die Schulbücher veraltet oder wertlos sind, dann helfen sie sich mit Fotokopien. Gegensteuern statt klagen heißt ihre Devise; sie wollen auch unter ungünstigen Bedingungen noch das Beste für ihre Schüler herausholen, und wenn drei Schüler ihrer Klasse kein Bettzeug für einen Aufenthalt im Schullandheim besitzen, dann stellen sie das aus ihrem eigenen Wäscheschrank zur Verfügung.

Anders könnte Schule in Deutschland nicht mehr funktionieren, wenn von 1991 bis 1996 der staatliche Aufwand für Schulbücher um 40 Prozent gekürzt wurde, wenn Baden-Württemberg zwar noch 80 Mark pro Schüler und Jahr für Bücher aufwendet, Bayern aber nur noch 26 Mark und Bremen gar nur noch 22 Mark, wie das Frankfurter Institut für Bildungsmedien ermittelt hat.

Die eigenwilligen Lehrer sind zwar heute und die nächste Zukunft hinein die allerbesten, sie fallen aber auch leichter auf den Bauch als die eingepaßten. Nur wer wagt, gewinnt. Innovationen sind ohne Wagnis nicht möglich; alle großen Schulreformen und alle berühmten Erzieherpersönlichkeiten der Geschichte der Pädagogik zeichneten sich durch Wagemut aus.

Eigentlich dürfen Lehrer wegen der Implosionsgefahr keinen alten Fernseher in ihren Klassenraum stellen, eigentlich dürfen sie wegen der Reinigungsbestimmungen keinen Teppich in ihrer Klasse haben, eigentlich dürfen sie wegen gesundheitspolizeilicher Bestimmungen keine Getränke in ihren Klassen haben, eigentlich dürfen sie wegen der Gefahr, als Sexualstraftäter mißverstanden zu werden, keinen Körperkontakt zu ihren Schülern pflegen und kleinen Schülern auf einer Klassenfahrt keinen Gutenachtkuß geben, eigentlich dürfen sie wegen der Hausordnung der Jugendherberge keine Nachtwanderung machen, und eigentlich dürfen sie ihrem Sorgenkind Karl-Heinz nicht während der später zu benotenden Klassenarbeit helfen; eigentlich dürfen sie auch nicht ganz allein mit Lisa-Marie in der Pause im Klassenraum sprechen und Karl-Heinz während der Unterrichtsstunde in die Stadtbücherei schicken, eigentlich dürfen sie den ausgerasteten, stämmigen Joachim auch nicht an die Wand drücken oder für 20 Sekunden auf den Boden, und wenn sie selbst keine Schwimmlehrerausbildung oder keinen Rettungsschwimmerschein haben, dürfen sie an einem heißen Sommertag aus Anlaß eines Wandertages ihre Schüler auch nicht in einem See baden lassen, aber manchmal »paßt es« eben.

Alles, was Lehrer tun oder lassen, muß irgendwie zu ihrer Persönlichkeit, zu den Schülern, zur Gesellschaft und zur Zukunft der ihnen anvertrauten Schüler passen. Sie können nur dann gut sein, wenn sie sich bei dem, was sie tun, auch wohl fühlen, und das zwingt sie unter Umständen zur Eigenwilligkeit. Letztlich profitieren davon aber die Schüler – und manchmal auf überraschende Weise die Lehrer selbst.

Sie sind unbequem, aber gut, und deshalb loben die Schulleiter sie weg. Sie möchten sich und ihre Kollegen von der starken Lehrerpersönlichkeit entlasten und empfehlen sie daher einer anderen Schule als Schulleiter, dem Ministerium als Referenten oder dem Studienseminar oder dem Institut für Lehrerfortbildung als Dozenten. Dann sind diese Lehrer zwar weg von den geliebten Schülern, aber fortan einflußreicher und besser besoldet.

Flammend oder ausgebrannt?

Der Bildungsdirektor des Kantons Zürich, Ernst Buschor, hat einmal behauptet, Lehrerkollegien wie auch Schulklassen kämen ihm vor wie aus »Spitzensportlern und Invaliden zusammengesetzte Teams«.

Es gibt tatsächlich Lehrer, die sich für ihre Schüler aufopfern, die sich mehr, als die Arbeitszeitregelungen vorsehen, um Materialien kümmern und für Höhepunkte ihres Klassenlebens engagieren, die praktisch rund um die Uhr für ihre Schüler da sind, denen immer wieder etwas Neues einfällt. Ihre Klassenzimmer ähneln Wohnzimmern mit Tieren, Pflanzen, Teppichen und Arbeitsblattsammlungen, mit Schülerschränken, einer Zeitleiste rings um die vier Wände, mit

Schülerfotos, mit Getränken und Speisen, mit Klassenchronik und Gruppenarbeit oder Gesprächskreis begünstigenden Sitzordnungen; sie arbeiten mit den Eltern ihrer Schüler zusammen, binden sie teilweise in den Unterricht oder in die Klassenfahrten ein, machen bei ihnen Hausbesuche, telefonieren mit ihnen, und sie gehen mit ihren Schülern immer wieder in Betriebe, in Museen, auf Wanderung in Wald und Moor; sie analysieren den Wasserzustand eines benachbarten Sees oder Flusses, sie unternehmen Wochenendausflüge per Fahrrad, Zelt und Schlafsack auf das Land oder in den Ferien in eine norwegische Hütte. Selbstverständlich haben sie auch eine Klassenzeitung, oft sind sie Vertrauenslehrer des Schülerrates, und sie gehen auch hin und wieder mit ihren Schülern ins Kino, ins Theater oder auf den Jahrmarkt oder laden sie zum Kaffeetrinken zu sich nach Hause ein, um mit ihnen ein Projekt zu planen.

Sie investieren gewaltig in ihren Beruf und in ihre Schüler, kommen auf eine 80-Stunden-Woche, sind aber nicht unbedingt ausgebrannt. Was sie ihren Schülern geben, bekommen sie in Form von Gegenliebe und Entlastung auch wieder zurück, und Jammern ist ihnen fremd, denn sie haben Spaß am Umgang mit jungen Menschen auch unter widrigen Bedingungen. Solche »flammenden« Lehrer verzehren sich, ohne »auszubrennen«, selbst wenn sie oft in schwierigen Stadtteilen oder Nachbarschaften tätig sind. Vielfach findet man sie in Grund-, Haupt-, Sonder- und Gesamtschulen, manchmal aber auch in anderen Schulformen.

Am Hamburger Gymnasium Billstedt etwa unterrichtet ein solcher Lehrer namens Axel Motullo. Nach dem Motto »Wer eine gute Idee hat, soll machen, nicht lamentieren« hat er einen ehemaligen amerikanischen Basketballprofi für sein Projekt »BEcool« gewonnen, in dem je eine Stunde Basketball- und Englischunterricht sich abwechseln. Frei nach John F. Kennedys Spruch »Frage nicht, was die Schule für dich tun kann, frage, was du für die Schule tun kannst!« hat Motullo schon immer Unübliches versucht. So hatte er schon als Schüler die erste Schülerdemo in Niebüll in Nordfriesland organisiert, war der erste USA-Austauschschüler seiner Stadt, war einer der Aktivisten der Studentenbewegung in den 60er Jahren und wurde dann aber 1997 in Hamburg von einer Schule an eine andere versetzt. Die Bergedorfer Zeitung titelte damals: »Unbequemer Lehrer versetzt«.

Wenn die nordrhein-westfälische Schulministerin Gabriele Behler (SPD) im August 1998 in ihrer Eigenschaft als Präsidentin der Kultusministerkonferenz fordert, »besonders fleißigen Lehrern mehr Geld zu zahlen« und sie eventuell mit Entlastungsstunden zu belohnen, dann ist das ein sehr blauäugiger, ziemlich realitätsferner Vorschlag, weil gerade außergewöhnlich engagierte Lehrer in der Regel auf Argwohn, Neid und Ablehnung in ihrem Kollegium treffen. Man will sie eher loswerden als belohnen, und im übrigen läßt sich so etwas wie Fleiß nie und nimmer messen oder im Streitfall vor einem Verwaltungsgericht belegen. Eine fleißabhängige Besoldung würde zu erheblichen Reibereien und Streitereien in den Lehrerkollegien führen, die damit fortan für ihre Schülerschaft pädagogisch noch ineffektiver wären, als sie es zur Zeit schon sind. Ausgleichen kann unterschiedliches Engagement der Lehrer nur ein guter Schulleiter, indem er so etwas unterderhand, also still und heimlich mit seiner Qualifikation zu geschickter Menschenführung regelt. Sobald Leistungsunterschiede von Lehrern aber öffentlich werden, wachsen die internen Konflikte nach allen Erfahrungen erst richtig an.

Von unglaublicher Ignoranz zeugen die Überlegungen in einigen Kultusministerien, Lehrer je nach ihren Unterrichtsfächern mit einer anderen Wochenstundenverpflichtung zu versehen. Vor Jahren wurde ein derartiger Plan in Bremen schon verworfen, weil der Streit darüber, ob Deutschlehrer weniger unterrichten sollen als Chemielehrer und diese weniger als Sportlehrer, die ja nur selten den Aufwand von Korrekturen haben, sich zu einem unberechenbaren Sprengsatz für die Bildungspolitik der Hansestadt zu entwickeln drohte. Denn da fast alle Lehrer einer Schule eine andersartige Fächerkombination haben, hätte folglich fast jeder eine andere

Wochenstundenverpflichtung gehabt als der nächste, also der Französisch- und Englisch-Lehrer eine andere als der Mathe- und Physik-Lehrer, der aber wieder eine andere als der Mathe- und Politik-Lehrer und der wieder eine andere als der Politik- und Sport-Lehrer usw. Obwohl nun die Bremer Politiker nach dieser heftigen Diskussion von ihrer Idee kuriert waren, begann dieselbe Diskussion zwei Jahre später erneut in Nordrhein-Westfalen und nun auch in Hamburg.

Junge Lehrer wissen ja aus ihrer eigenen Schülererfahrung von Anfang an, was an Belastungen auf sie zukommt, wenn sie sich für eine bestimmte Fächerkombination entscheiden. Das muß man dann nicht mehr im nachhinein mit Arbeitszeitmessungen und unterschiedlichen Entlohnungen nachkorrigieren. Die Unruhe und der Reibungsverlust, die dadurch entstehen, sind jedenfalls erheblich größer als der Nutzen der auf diese Weise erhofften Stelleneinsparungen. Schule wird nicht leistungsstärker, indem sie zusätzlich bürokratisiert wird, und ein erhöhter Druck auf die Lehrer bricht ihnen allenfalls das für ihre Arbeit so nötige Selbstbewußtsein. Es tut dem Sportlehrer, der die Geräte schon in der Pause vor der Stunde aufbauen und in der Pause nach der Stunde wieder abbauen muß, der mit einem großen Geräuschpegel und ständig Luft verlierenden Volleybällen klarkommen muß, der ganze Schulklassen über verkehrsreiche Straßen in die Umkleidekabinen von Schwimmhallen begleiten muß, keineswegs gut, wenn man ihm von Amts wegen bescheinigt, daß er eine minderwertigere Arbeit in einem abgewerteten Fach verrichtet als etwa der Mathematiklehrer, der einen Satz Hefte bei klassischer Musik und mit einer Pfeife im Mund von seinem Ledersessel aus an seinem Schreibtisch korrigiert.

Auch der zusätzliche Druck auf Lehrer durch bundesweit geplante Vergleichsarbeiten wird nur Ängste steigern, aber nicht den Unterricht verbessern. Mehr Streß für Pädagogen ist kein guter Motor für höhere Schulleistungen. Wie soll ein Lehrer den Druck zur Lernleistungsoptimierung kanalisieren, wenn er in einer 6. Klasse 32 Schüler mit einem hohen

Anteil an Kindern mit besonderem Förderbedarf sowie von Ausländern und Aussiedlern und zudem mehrere verhaltensauffällige, ständig störende Kinder sitzen hat, seinem Kollegen in der Nachbarschule aber das Glück einer ziemlich homogenen Klasse ohne Ausländer, Aussiedler und andere Schüler mit nachträglichem Förderbedarf beschert hat?

Demnächst wird für 30 Länder der Erde eine »Pisa«-Studie zum Leseverständnis der Schüler erstellt. Dann werden diese Länder wieder in eine Rangreihung gebracht, die erneut zu einem Aufschrei in der Presse führen wird. Die Kultusminister lassen sich sicher wieder von einem solchen Aufschrei beeindrucken und zu einer unangemessenen Hektik verleiten, statt die Vergleichbarkeit von deutschen Schulen und Schulen im Ausland zu prüfen. So lassen Nordrhein-Westfalen und Hamburg Abiturklausuren in merkwürdigen »Rückrufaktionen« zum zweiten Mal vergleichen und bewerten.

Wenn man schon bundesweite Schülerleistungsvergleiche plant, mit denen ja auch immer Lehrer, Schulen und Regionen gemessen werden, dann müßte man vorher die Lehrer anders ausbilden und einsetzen, dann müßten ihre erzieherischen Kompensationsbemühungen genauso auf ihre Arbeitszeit verrechnet werden wie ihre wissenschaftsorientiert unterrichtenden. Zeitgemäß wäre ohnehin, alle Lehrer von Klasse 0 bis 13 gleich zu bezahlen und mit einer einheitlichen Wochenstundenverpflichtung auszustatten. Denn es ist überhaupt nicht mehr einzusehen, daß sozialpädagogische Zuwendung zu einem Schüler und seinen Eltern aus zerrütteten Familienverhältnissen eine geringere Leistung sein soll als die vom zeitlichen Aufwand her genauso aufwendige, aber nicht so anstrengende Korrektur einer Lateinarbeit. Uns ärgert seit langem, daß Gymnasiallehrer mit dem Argument ihres höheren Korrekturaufwands für Klassenarbeiten und für Abiturklassen gegen die Angleichung an die Wochenstundenverpflichtung von Hauptschullehrern wettern, die dienstags im November in der 6. Stunde im Englischunterricht einer 8. Hauptschulklasse mit dem Rücken an der Wand stehend ums Überleben bis zum Klingelzeichen kämpfen.

Die schleswig-holsteinische Ministerpräsidentin Heide Simonis hat einmal den vielzitierten Satz formuliert: »Es ist schon rätselhaft, mit welcher geradezu masochistischen Lust Lehrer sich mit 50 Jahren als ausgebrannt und vergreist bezeichnen, während unsereins – noch etwas älter – täglich vor dem Spiegel stehend bemüht ist, jugendlich auszusehen.« Und Gerhard Schröder hat diesem Spruch noch die Krone aufgesetzt mit seinem Ausspruch: »Ihr wißt doch, was für faule Säcke das sind.«

Den Lehrern schaden solche populistischen Sprüche, ihr öffentliches Ansehen ist schlecht, neben ihrer unglaublich großen Belastung in mörderischen 45-Minuten-Takten mit verhaltensgestörten Schülern müssen sie auch noch gegen das Vorurteil kämpfen, sie könnten ja schon um 14 Uhr im Garten ihren Mittagsschlaf halten. Nachbarn, die so etwas sehen, sehen aber nicht, daß diese Lehrer abends bis Mitternacht fünf Unterrichtsstunden für den nächsten Tag vorbereiten, zwei Klassenarbeitsstapel korrigieren und zwischendurch noch mit zwei Müttern über den Leistungsschwund und über den Drogenkonsum ihrer Söhne telefonieren, während sie mit dem anderen Ohr gleichzeitig noch zu erfassen suchen, was in den »Tagesthemen« berichtet wird, damit sie auch aktuelle Bezüge in ihrem Unterricht herstellen können.

Lehrer werden heute in allzu großen Schulen mit einem unpersönlichen Fachlehrer- und Kurssystem, mit Vertretungsstunden und Konferenzen, mit Betriebspraktika, Klassenfahrten, Wandertagen, Tagen der offenen Tür, Elternabenden, Schul- und Sportfesten, Basaren und Elternstammtischen plus der aufwendigen Erstellung von Lernentwicklungsberichten und mit einer Überzahl von schwierigen Schülern oft so eingesetzt, daß sie nicht bis zu ihrer eigentlich vorgesehenen Pensionierung mit 65 Jahren durchhalten können. Sie sind mit ihrer oft weit zurückliegenden Ausbildung und dem Mangel an aktualisierender Lehrerfortbildung so allein gelassen, daß sie massenhaft zunächst jammern, dann Versetzungsanträge stellen, dann Opfer des »Burn-out-Syndroms« werden, dann krank werden und schließlich in den Vorruhestand fliehen. In Hamburg scheiden mehr als 90 Prozent aller Lehrer vor dem Erreichen des 65. Lebensjahres mit Genehmigung des Personalärztlichen Dienstes aus dem aktiven Berufsleben aus, 54 Prozent sogar vor Erreichen des 62. Lebensjahres, während Hochschullehrer nur zu 37,78 Prozent vor dem 65. Lebensjahr ausscheiden und Polizisten nur zu 28,19 Prozent. 22 von insgesamt 1084 pensionierten Lehrern waren sogar unter 40 Jahre alt. Den Staat kostet das Millionen. Die Versorgungslasten, die allein Hamburg für vorzeitig pensionierte Lehrer trägt, betragen jährlich 186,6 Millionen Mark, das sind 15,9 Prozent sämtlicher Versorgungsausgaben des Stadtstaates.

Wenn Lehrer in ihrem Beruf zufrieden sind, halten sie auch länger durch. Deshalb müssen Schulen auch betriebs- und volkswirtschaftlich anders gestaltet werden. Gegen die Millionen von Mark für Frühpensionierungen müßte man aufrechnen, was kleinere Klassen kosten oder die Umsetzung des Prinzips »zwei Klassenlehrer« pro Klasse, eine sinnvollere Lehreraus- und -fortbildung, die Ausstattung aller Klassen- und Fachräume mit Computern, die Umwandlung des Stundengebers zum Lernberater und der Ausbau seiner lernpsychologischen, sozialpädagogischen, ernährungskundlichen, kinderärztlichen, bewegungs- sowie spielpädagogischen und seiner sucht- und gewaltpräventiven Kompetenzen und eine Verringerung der unterrichtlichen Verpflichtungen bei gleichzeitigem Ausbau der für Erzieherisches und für Elternarbeit zur Verfügung stehenden Zeiten, und letztendlich muß man dann auch noch die Ausgaben für Jugendstrafvollzug, für durch Schüler angerichtete Schäden an Menschen und Sachen sowie für spätere Arbeitslosigkeit mit berücksichtigen. Viele wenden ein, eine derart andere Schule sei für das Ressort Kultusministerium zu teuer; sie ist jedoch gesamtgesellschaftlich gesehen und über alle Länder- und Bundesetats hinweg allemal billiger, als man auf den ersten Blick vermuten könnte.

Noch nie ist so etwas für ganz Deutschland und für die nächsten 50 Jahre durchgerechnet worden. Die Schule ist jedoch große Investitionen wert, weil die sich langfristig kostensparend rechnen; zum Glück erkennen das immer mehr Bürger, keineswegs jedoch genügend Politiker, die nur in Legislaturperioden, also äußerst kurzfristig denken und planen. Für die jetzigen Schüler und Lehrer ist das mehr als bedauerlich, und Eltern, die ja auch Wähler sind, wird dieser Skandal hoffentlich bald bewußt.

Ideologen und Funktionäre im Schulbetrieb

Wenn wir von schulischer Autonomie sprechen, meinen wir nicht nur die aktuelle Diskussion um Profilbildung, Personalhoheit, Budgetierung, Regionalisierung, Schulmanagement, Sponsoring sowie Partizipation von Eltern und Schülern. Erzieherische Autonomie bedeutet auch, daß der »pädagogische Bezug« zwischen Lehrer und Schüler im Sinne Herman Nohls stets so gestaltet werden muß, daß der Lehrer Ansprüche von außen mit hoher Verantwortung zu prüfen und zu filtern hat. Er muß aufpassen, daß Parteien, Verbände, Firmen, Kirchen und Sekten nicht die Institution Schule mißbrauchen, um ihre ideologischen Ziele über junge Menschen in der Gesellschaft besser umzusetzen.

Dieser hohe Anspruch ist im Alltag jedoch nur schwer aufrechtzuerhalten, da auch die Lehrer selbst immer für bestimmte weltanschauliche Positionen stehen und da sie – bewußt oder unbewußt – bemüht sind, über junge Menschen ein Stück weit beizutragen, daß sich Gesellschaft in eine ganz bestimmte Richtung wandelt. Wer in alle Lebensbereiche der Kinder hineinregieren will, wer sie weltanschaulich prägen will und ihnen damit die Autonomie der freien Entscheidung raubt, ist autoritär bis totalitär.

Es gibt Lehrer, die ihren Beruf allein der Kinder wegen ergreifen; sie sind am ehesten gegen ideologische Zumutungen von außen gefeit. Und wer nur der Fächer wegen Lehrer wird, ist auch nicht unbedingt Funktionär einer bestimmten Partei- oder Verbandsgruppierung. Aber es gibt auch Lehrer, die als Verbands- oder Parteimitglied Karriere machen wollen, die genau wissen, daß sie als Mitglied von CDU, CSU, SPD oder als GEW-, VBE-, DL- oder Realschullehrerverband-Angehöriger leichter Schulleiter oder Schulrat werden können, insbesondere wenn sie in Bundesländern tätig sind, die schon lange keinen Regierungswechsel mehr erlebt haben und in denen Parteienfilz und Seilschaftenmentalität bei Beförderungen obsiegen. Dazu muß man sich über Jahre hinweg in der Partei oder im Verband hochdienen, so daß nicht genügend Zeit für die Zuwendung zu einzelnen Schülern bleibt. Nicht selten weiß ein solcher Pädagoge bis zum Ende des Schuljahres nicht alle Namen der Schüler, die er unterrichtet, er ist oft abwesend und muß den außerunterrichtlichen Aufwand gegenüber seinen Schülern und ihren Eltern vernachlässigen. Aber er beherrscht die aktuelle bildungspolitische Diskussion, er ist über die behördlichen bzw. ministeriellen Richtlinien und Erlasse bestens informiert, er kennt sich in Hierarchien, in Macht- und Einflußkonstellationen aus, in überregionalen Aspekten, an Nachbarschulen und in Personalstrukturen, er kennt im Beziehungsgewimmel »Gott und die Welt«, ist Mitglied in einem Personalrat, Vorsitzender eines gewerkschaftlichen Gremiums und im schulpolitischen Ausschuß seiner Partei, manchmal auch angesehener oder einflußreicher Kommunalpolitiker. Im Sinne einer gesellschaftlichen Arbeitsteilung braucht man auch derartige Lehrer. Aber warum werden am Ende überwiegend solche Menschen Schulleiter, Schulgestalter und Schulaufsichtsbeamte, die dann – schon aus Dank für den Aufstieg – bleiben müssen?

Lehrer brauchen Gewerkschaften, und Schulen brauchen Gremien und Parteien, die sich für sie einsetzen. In denjenigen Bundesländern, Kreisen und Gemeinden, in denen es unlängst einen Wechsel der regierenden Parteien gegeben hat, oder in solchen mit großen Koalitionen funktioniert das System des gegenseitigen Austarierens von Macht- und Einflußkonstellationen auch recht gut, man denke nur an das Beispiel Schleswig-Holstein. Aber in Ländern wie Bayern, Hamburg und Bremen, in denen die regierende Partei über Jahrzehnte fast zur Staatspartei geworden ist, sind ideologische (und das heißt ja offensichtlich: ideologisch-einseitige) Strukturen von ganz oben bis ganz unten vielfach so geworden, daß sich böse Begriffe wie »Filz« und »Seilschaft« allerorten bestätigen; denn sie beeinträchtigen »pädagogische Autonomie« in der Tat erheblich, und zwar gerade auch dadurch, daß legitime, aber andersartige Positionen aktiv ausgegrenzt werden. In solchen Fällen wäre der Wechsel selbst wichtiger als die Frage, welche Regierungspartei es am besten in Sachen Schule machen würde. Denn so groß sind die Unterschiede zwischen CDU/CSU und SPD in bezug auf Schüler, Lehrer und Schulsysteme mittlerweile gar nicht mehr:

* Die großen Parteien sind sich in gravierenden Sparmaßnahmen ziemlich einig, und während die SPD vor 30 Jahren noch die Partei war, die vor allem Chancengleichheit und Bildung auf ihre Fahnen geschrieben hatte, fallen heute SPD-regierte Bundesländer wie Niedersachsen durch besonders rigorose Sparkonzepte für Schulen auf.
* Sechsjährige Grundschulen gibt es sowohl in Berlin (CDU/SPD-regiert) als auch in Brandenburg (SPD) und Hamburg (SPD/GAL).
* Gesamtschulen gibt es heute nicht nur in SPD-regierten Ländern, sondern auch in CDU-regierten.
* Bayern (CSU) und Baden-Württemberg (CDU) haben ähnlich leistungsfähige Schulsysteme wie Schleswig-Holstein (SPD) und das Saarland (SPD).
* Über Arbeitszeitkonten denken sowohl Baden-Württemberg (CDU) als auch Hamburg (SPD) nach.
* Lernentwicklungsberichte für Erstkläßler statt der früheren Notenzeugnisse sind mittlerweile in allen 16 Bundesländern verwirklicht.

Worin sich die 16 deutschen Schulsysteme unterscheiden, ist zur Zeit weniger parteipolitisch bedingt als vielmehr von den Visionen ihrer Kultusminister und von regionalen Besonderheiten abhängig. So gibt es in Bayern den Kruzifixerlaß, in Nordrhein-Westfalen die jahrgangsübergreifenden Klassen und in Schleswig-Holstein die ein- bis dreijährige Eingangsphase anstelle der bisherigen Klassenstufen 1 und 2; Hamburg hat eine Profil-Oberstufe an der Max-Brauer-Gesamtschule, Brandenburg kennt keine Hauptschulen, aber in Berlin und Nordrhein-Westfalen reichen sie bis zur 10. Klasse, während andere Bundesländer sie wie Bayern mit Klasse 9 beenden. In Brandenburg hat man unter dem Protest vieler anderer Kultusminister das Fach Religion in einen Lernbereich »Lebensgestaltung, Ethik, Religion« integriert, in Bayern wird Religion benotet, in Hamburg nicht, und was in Hessen Förderstufe heißt, heißt in Niedersachsen Orientierungsstufe, in Hamburg Beobachtungsstufe und in Berlin und Brandenburg sechsjährige Grundschule. Daß das SPD-regierte Niedersachsen eine schulformunabhängige Orientierungsstufe hat, das SPD-regierte Schleswig-Holstein aber drei schulformabhängige Orientierungsstufen, sei nur am Rande vermerkt.

Lehrer stehen bei all diesen Beispielen immer für die eine oder für die andere Position, sie empfehlen den Eltern der Hamburger Viertkläßler entweder gezielt die benachbarte Gesamtschule, weil sie Gesamtschulanhänger sind, oder das benachbarte Gymnasium bzw. die benachbarte Haupt- und Realschule, weil sie Gesamtschulgegner sind. Und wenn eine ganz bestimmte ideologische Position von einem sympathisch und seriös wirkenden Lehrer nur vehement genug vertreten wird, dann stimmen ihm Eltern reihenweise zu. Plädiert eine Hamburger Grundschullehrerin einer 3. Klasse auf dem ersten Elternabend leidenschaftlich für Notenzeugnisse, dann entscheidet sich erfahrungsgemäß auch die Mehrheit der Eltern dafür, spricht sie ebenso leidenschaftlich für Lernentwicklungsberichte, spiegelt die Abstimmung auch dieses Plädoyer wider. Und wenn Eltern schon so leicht zu beeinflussen sind, sind es Schüler noch viel mehr.

Ideologische Positionen sind dann gefährlich, wenn sie abseits von der Balance dem Kind Gewalt antun. Das Kind zu einer bestimmten Religion hin zu erziehen ist an sich schon bedenklich und verletzt im Grunde die pädagogische Autonomie, aber wenn es zu einer der beiden großen Volkskirchen in Deutschland hin erzogen wird, bleibt es immerhin in der Mitte der Bandbreite des Normalen, des Tradierten, der Geschichte und des weltanschaulich Vorherrschenden, es vermag also konform mit dem Konsens an Werten, Normen und Gesetzen lebenstüchtig zu werden und durchaus viel Kraft aus seiner religiösen Bindung zu schöpfen, die ihm Halt gibt und Nutzen bringt. Kinder jedoch in Richtung Scientologen oder in eine Sekte zu führen, sie kommunistisch, rechtsradikal oder ausländerfeindlich zu beeinflussen beeinträchtigt ihr späteres Lebensglück erheblich, weil sie sich dann nur mit einem Vielfachen an Kräfteaufwand und oft mit seelischen Schäden behaupten und durchsetzen können.

Den guten Lehrer zeichnet der gesunde Menschenverstand der Mitte aus, der den Kindern ermöglicht, selbst für sie angemessene Werteentscheidungen zu treffen. Abseits der Mitte liegende Werte in den Kopf und in das Herz des Kindes einzutrichtern oder durch Manipulation zu begünstigen erfüllt dagegen den Tatbestand der ideologischen Beeinflussung, die unserem Grundgesetz, das Meinungs- und Wertevielfalt erlaubt, widerspricht. Lehrer haben die Aufgabe, dem Kind zu helfen, sich entscheiden, behaupten und durchsetzen zu können, und das auf angemessene Weise. Sie müssen zu einem Thema immer alle denkbaren Pro- und Contra-Argumentationen, die es in unserer Gesellschaft und anderswo gibt, Revue passieren lassen, veranschaulichen (eventuell durch Rollenspiele) und in Diskussionen vertiefen, damit der Schüler zu einer eigenen Position durch eigenständiges Bilanzieren fähig wird, und zwar so, daß die Bilanz späterhin auch noch flexibel durch neue Erfahrungen korrigierbar bleibt. Die Neutralität des Lehrers ist dabei ein Gebot der pädagogischen Autonomie, auch wenn er am Ende seine persönliche Position offenbaren darf und obwohl die Schüler ohnehin zwischen den Zeilen seine Position schon längst erkannt haben. Schließlich sind Lehrer keine Schauspieler, sondern lebendige Menschen mit persönlichen ideologischen und nicht immer verbergbaren Weltbildern.

Bei aller Neutralität der pädagogischen Autonomie, die der Lehrer grundsätzlich repräsentieren muß, ist es natürlich selbstverständlich, daß auch er stets gleichzeitig entschieden für die Werte der Mitte, für die Spielregeln unseres Zusammenlebens kämpft, also für das Grundgesetz, für die Menschenrechte und vielleicht auch für die Zehn Gebote, für Toleranz, Altruismus und Weltoffenheit und gegen Vorurteile, Diskriminierung und jede Art von Einseitigkeit sowie ideologischer Verblendung.

Antiautoritäre und autoritäre Positionen verletzen die Grundbedürfnisse von jungen Menschen in unserem demokratischen Gesellschaftssystem. Sie vernachlässigen die Sehnsucht nach einem stimmigen Weltbildaufbau, nach Orientierung über Grenzerfahrungen, nach Herausforderung der Kräfte, aber auch nach Selbständigkeit, Kreativität und Freiheit. In unsere Zeit paßt erzieherisch weder Antiautoritäres, mit dem das Kind Einsamkeit als Selbständigkeit verstehen lernen soll, noch Autoritäres, sondern nur Autorität. Das Antiautoritäre läßt das Kind allein, das Autoritäre verhindert seine Mündigkeit. Wir brauchen für unsere Erziehung und unsere Führung daher stets die Zustimmung des jungen Menschen, entweder sofort oder auf Dauer, und die gewinnen wir nicht durch Totalitäres und nicht durch ideologische Beeinflussung, es sei denn, diese ideologische Beeinflussung ist eine der Mitte, jenseits von Extremen bzw. Einseitigkeiten.

Die jungen Menschen in den neuen Bundesländern haben mit dem Zusammenbruch des alten totalitären Wertesystems der DDR zunächst ihre Weltbildorientierung verloren, die anfangs durch unerfüllbare Träume und unrealistische Hoffnungen ersetzt wurde, die dann nach einer Phase der

Enttäuschungen in ein Vakuum einmündeten, das Eltern, Kindergärtnerinnen und Lehrer aufgrund ihrer früheren Sozialisation nicht sofort in Richtung Demokratisierung, Humanisierung und Hilfe zu angemessenen selbständigen Werteentscheidungen füllen konnten. Die Folge ist heute ein auseinanderklaffendes Weltbild mit Sehnsucht nach Disziplin, Ordnung, Pünktlichkeit und äußerem Halt einerseits (diese Werte sind bei Umfragen in Ostdeutschland stärker vertreten als in Westdeutschland) und mit Überspielen des Unvermögens zu angemessenen Konfliktlösungen und zu innerem Halt durch Aggressionen und Schuldzuweisungen an Feindbilder (»Wessis«, Ausländer) andererseits. Aber wie soll eine Zustimmung zu demokratischen Führungsstilen, eine Erziehung zu selbständig durch Überzeugung getroffenen Werteentscheidungen der Mitte erfolgen, wenn sie nicht einmal nach 50 Jahren Grundgesetz in den alten Bundesländern hinreichend gelingt?

Pädagogische Autonomie ist ein schwieriger Seiltanz, der mit verunsicherten Lehrern, mit orientierungslosen Schülern und mit einseitigen ideologischen Vorgaben nur schwerlich zu gelingen vermag, denn eine autoritäre oder gar totalitäre Erziehung, eine ideologische Ausrichtung von Lehrern und Schülern ist allemal leichter umzusetzen als der demokratische Weg der Mitte, der Selbständigkeit und Sozialkompetenz, den Mut zur Entscheidung und zu Toleranz, Konsequenz und Kreativität, Weltbildsicherheit und Konfliktfähigkeit zugleich zustande bringen soll. Mündigkeit auf der Grundlage unserer Verfassung zu erreichen ist jedenfalls die unvergleichbar größere und schwierigere pädagogische Aufgabe als ideologische Prägung. Wir sollten also gerade solche Lehrer, die ihre Schüler für die demokratische Dienstleistungs-, Wissens- und Produktionsgesellschaft des nächsten Jahrhunderts rüsten wollen, mit Schulleiter- und Schulratsstellen belohnen, als erfolgreiche Anwälte einer pädagogischen Autonomie, ohne daß sie einer Partei oder einem Verband angehören, es sei denn der »Partei« der Schüler.

Kinder wollen lernen – aber nicht alles

Der Berliner Schüler Benjamin Kiesewetter wurde bundesweit bekannt, weil er vor einem Verwaltungsgericht dagegen klagte, zwangsweise mit Chemie beschult zu werden. Seine Argumentation: »Ich will später bestimmt kein Chemiker werden, sondern Journalist... Chemieunterricht stellt für mich eine Lernbehinderung dar, weil er Platz in meinem Gehirn beansprucht, den ich gern mit anderen Dingen belegen würde... Zwangslernen ist immer negativ, weil so Denkblockaden entstehen, die bis zu Depressionen und Drogenkonsum gehen, was an unseren Schulen ja inzwischen alltäglich ist.« Er hat 20 Lehrer seiner Schule nach der Summenformel der Alkane gefragt, also nach einem Unterrichtsgegenstand, mit dem er sich auseinandersetzen mußte. Das Ergebnis war, daß nur ein einziger Lehrer sie wußte.

Wenn man Schüler ohne ihre Zustimmung mit Unterrichtsstoff zwangsweise belehrt, muß man sich auf außerordentlich schlechte Resultate gefaßt machen. Sie verstehen ihn kaum, und wenn doch, vergessen sie ihn rasch wieder. Die Kinderrechtsgruppe K.R.Ä.T.Z.Ä (»Kinderrächtszänker«), die den Antipädagogen um Hubertus von Schoenebeck nahesteht, verficht deshalb das Motto : »Niemand darf zum Lernen gezwungen werden.«

Kinder lernen besser, wenn sie selbst lernen, als wenn man sie belehrt, sie lernen besser durch Handeln, wenn sie zu zweit – oder etwas ungünstiger in Kleingruppen – Probleme zu lösen haben, sie lernen besser, wenn sie anderen etwas erklären dürfen, wenn sie beim Lernen ungestraft Fehler machen dürfen, sie lernen von Mitschülern besser als von Lehrern, und sie lernen mittlerweile ohnehin außerhalb der Schule mehr als innerhalb der Schule.

Während man bislang glaubte, daß junge Menschen sich freuen, wenn Unterricht ausfällt und sie nichts lernen müssen, sieht es heute schon ganz anders aus. Wie der Berliner

Jurist Gerhard Huhn, Anwalt des klagenden Benjamin Kiesewetter, sagen immer mehr Schüler: »In der Schule mußten wir Dinge lernen, die wir gar nicht lernen wollten, statt dessen wurde uns aber wichtige Zeit für das Lernen von Stoffen geraubt, die wir unbedingt verstehen wollten, so daß wir abends, an Wochenenden und in den Ferien dasjenige lernen mußten, das wir unbedingt wissen wollten«. Was die Schule an Stoff vermittelt, ist also offenbar etwas anderes, als junge Menschen, als das Leben, als die Zukunft, als die Gesellschaft erwarten. Die schulischen Lernziele geraten dabei zu einem zufällig wirkenden Ausschnitt von Welt mit dem Charakter des Willkürlichen, weil anderes, das mittlerweile gleichgewichtig oder bedeutsamer geworden ist, ausgeklammert wird.

Chemische Grundkenntnisse über Säuren, Laugen, Salze, organische und anorganische Stoffe sind bestimmt wichtig, und das bestreitet auch Benjamin Kiesewetter nicht, aber späterhin monatelang mit Oxidationszahlen und Redoxgleichungen rechnen zu müssen ist für die Mehrheit der Schüler, die nicht Chemie studieren werden, weniger bedeutsam als Informatik oder Medienerziehung, was an vielen deutschen Schulen noch gar nicht vorkommt. Überschlagen- bzw. Schätzenkönnen, also zu wissen, wieviel ungefähr aus einer Rechenaufgabe herauskommt, ist vielleicht inzwischen wichtiger als die zweite Stelle hinter dem Komma, die einem ja auch der Taschenrechner liefert.

Den Einwand kennen wir: Höhere Mathematik und chemische Berechnungen helfen, das logische Denken zu entwickeln, sie begünstigen transferierendes Denken, sie haben exemplarische Funktionen. Richtig; aber ganz andere, bislang in der Schule noch nicht vorkommende Ziele schulen und bilden auch, sind teilweise sogar wichtiger für die Zukunft junger Menschen und unserer Gesellschaft. Medienkompetenz ist bedeutsamer als Oxidationszahlenberechnungen, Selbständigkeit ist wichtiger als die Beherrschung des Sinussatzes, Konflikfähigkeit ausschlaggebender, als alle Hauptstädte Afrikas hersagen zu können, Erkundungskompetenz hat einen höheren Stellenwert, als zu wissen, wieviel Geruchszellen ein Wolf in seiner Nase hat, und Teamfähigkeit und Kreativität machen lebenstüchtiger als der Ablativus absolutus.

In Zusammenhängen denken und werten zu können ist heute bedeutsamer, als über Detailwissen zu verfügen. Wir sprechen daher ja auch von der Notwendigkeit der neuen Schlüsselqualifikation »vernetzendes Denken«. Informationen schnell beschaffen zu können ist mittlerweile wichtiger, als Informationen zu haben, auch wenn ein Fundament an Wissen für jeden Schüler unabdingbar ist. Wir müssen also eine sinnvolle Aufteilung zwischen Fundament und Additum, zwischen Grundwissen und Erkundungskompetenz finden; das erfordert den »Mut zur Lücke«, die Entrümpelung der Lehrpläne einerseits und den Aufbau von Kernkompetenzen andererseits, mit denen der Zustand beherrschbar wird, daß das Wissen, das unserer Gesellschaft zur Verfügung steht, sich alle fünf bis sieben Jahre verdoppelt.

In Morsum auf Sylt gibt es eine Grundschule mit jahrgangsübergreifender Organisation, ohne Stundentakte nach dem Prinzip der Lernwerkstatt, wie wir sie von Maria Montessori und Celestin Freinet kennen. Mit ihrem Ausstattungsreichtum erinnert sie an Freie Schulen und an das Prinzip des Offenen Unterrichts. Dort lernen die Kinder selbst; sie werden dabei zwar nicht unbedingt fleißiger, aber durchaus motivierter und selbständiger, und was sie einmal auf diese Weise gelernt haben, behalten sie auch sehr viel länger im Kopf.

Daß Schule heute oft mit dem Widerspruch zwischen ihren alten Leitgedanken und den modernen Herausforderungen fertig werden muß, erkennt man am besten bei Klassenarbeiten. Abgucken war bislang verpönt; wenn ein Schüler erwischt wurde, wurde ihm das Heft weggenommen, und er bekam eine »6«. Teamfähigkeit wird aber ein hoher künftiger Wert, und daß Schüler zu zweit besser lernen als allein, wissen wir auch schon lange. Müßte also das Abgucken nicht eigentlich begünstigt und belohnt werden?

Wir bestrafen die Fehler der Schüler mit schlechten Noten, obwohl sie über Fehlermachen mehr und besser lernen als über Pauken. Schummeln ist ein negativ besetztes Wort für Kooperation, für Selbständigkeit, für das Sich-irgendwie-selbst-helfen-Können, also eigentlich für Lebenstüchtigkeit, vorausgesetzt, es ereignet sich nicht auf Kosten anderer. Die Duisburger Psychologin Eva-Maria Pagels ist nach einer Befragung von 176 Lehrern und 1500 Gymnasiasten jedenfalls zu dem Schluß gekommen: »Schummeln ist an deutschen Schulen ein heimliches Lernziel; das Notensystem bringt es mit sich, daß man sich lieber eine ›2‹ ermogelt, als eine ehrlich erworbene ›4‹ in Kauf zu nehmen.«

In der Lernwerkstatt ist Schummeln sogar erwünscht. Der Lehrer freut sich, wenn sich die Schüler Lösungswege oder Informationen von anderen Schülern beschaffen, wenn sie im Lexikon, im Sachbuch oder im Computer nachschauen, und er ermutigt die Jungen und Mädchen zum Nachschlagen, zum Nachschauen, zum Abgucken, weil das Abgeguckte dann später auch als Gelerntes zur Verfügung steht, also wieder abgerufen werden kann. Das Erlauben von Fehlern, das »Lob des Fehlers«, wie Reinhard Kahl in Anlehnung an Jürgen Reichen sagt, entspricht dem Lernen per Versuch und Irrtum, per »trial and error«.

Beim bisherigen schulischen Lernen ist viel zuwenig berücksichtigt worden, wie ein Kind lernt, was sich dabei im Gehirn ereignet, welche Stoffwechselprozesse dabei ablaufen, wie sich die erwünschten Neuronenverknüpfungen, die Synapsen, die zu Gedächtnisleistungen führen, ereignen. Die Hirnforscher um Ernst Pöppel fassen das so zusammen: »Bis vor kurzem wußten wir noch nicht, was sich beim Lernen im Kopf des Menschen ereignet; seitdem wir das aber wissen, müssen wir feststellen, daß Schulen fast die teuersten Einrichtungen unserer Gesellschaft sind, daß dabei jedoch viel zuwenig herauskommt.«

Das menschliche Gehirn hat bis zu 100 Milliarden Neuronen, die durch Billionen von Schaltstellen bzw. Synapsen miteinander verbunden sind. Seine Leistungsfähigkeit wird eigentlich von niemandem ausgeschöpft. Kinder könnten ein Vielfaches von dem lernen, was sie lernen, und theoretisch könnte man, wenn man von Anfang an nur die richtige Methode finden würde, auch jeden Hauptschüler zum Abitur und ins Studium führen. Bei Schulversagern ist also das Gehirn nie in der eigentlich möglichen Weise herausgefordert worden.

Was Schule vor allem ausbilden will, ist die linke Hirnhälfte, in der das Logische, das Rationale, das quantitative Denken, das Raumvorstellungsvermögen liegen; die rechte Hirnhälfte aber mit den musischen, kreativen, sozialen, kommunikativen und emotionalen Anteilen wird sträflich vernachlässigt. Schule versucht, selbst so ein Fach wie Musik, das in die rechte Hirnhälfte gehört, über die linke zu unterrichten. Mädchen können mit ihrer breiten Brückenbildung zwischen linker und rechter Hirnhälfte diese Einseitigkeit ganz gut kompensieren, also in sich einen Ausgleich finden, wenn sie nur linkshirnig angesprochen werden; sie sind deshalb auch erfolgreicher auf dem Weg zum Abitur; Jungen mit ihrer schwachen Brückenbildung zwischen links und rechts sind jedoch vielfach beim Lernen benachteiligt, wenn ihre körperliche, ihre emotionale, ihre soziale und ihre musische Grundversorgung nicht stimmen. Sie können nicht so gut wie Mädchen einen Ausgleich finden und leiten daher im Falle von Frustrationen ihre Lernstörungen nach außen ab, also beispielsweise in Form von Aggressionen. Gut begabte Jungen scheitern oft an ihrem Verhalten, weil die Bilanz ihres Lernverhaltens nicht stimmig ist; sie finden sich deshalb in erhöhten Prozentsätzen unter Sonderschülern, Hauptschülern, Rückläufern, Sitzenbleibern und Jugendlichen ohne Schulabschluß bzw. ohne Ausbildungsvertrag.

Würde man die Schulung der linken Hirnhälfte von Anfang an durch eine gezielte Entwicklung auch der rechten Hirnhälfte begleiten und das Lernen überhaupt mit dem ganzen Körper einschließlich »Herz und Hand«, wie Pestalozzi bereits forderte, verbinden, dann könnten erstens die Jungen wieder mit den Mädchen gleichziehen, und zweitens würden alle Kinder – also auch die Mädchen – mehr und besser lernen.

Streß beeinträchtigt das Lernen, und dazu gehört auch sozialer Streß. Wenn die Lernvoraussetzungen des Kindes nicht stimmen (Krankheit, Fehlernährung, Mangel an Bewegung, Spiel, Muße und Musischem, Angst vor Fehlermachen, zu hoher Erwartungsdruck, geringer Selbstwert, zu seltene Erfolgserlebnisse, Angst vor Lehrern und Mitschülern), steigt die Ausschüttung des Botenstoffs Vasopressin im Gehirn, während die Konzentration von Serotonin abnimmt; in der Folge fehlt es an Entspannung, an Vertrauen, an Mut, also an innerer Balance, und die Neigung, ängstlich und aggressiv zu werden, nimmt zu. Kein Wunder also, daß Streß, Angst und fehlender Ausgleich durch Bewegung keine guten Lernbegleiter sind.

Viele Lehrer haben diesen Zusammenhang erkannt; sie wissen, wie wichtig eine Entlastungs- bzw. Kuschelecke mit Matratzen, Sinnespfade, Bewegungs-, Spiel- und musische Phasen sind. Sie haben daher ihre Klassenzimmer ganz anders ausgestattet, die Sitzordnung verändert, Stundentakte durch flexible Lernphasen ersetzt, das Belehren zum Selbstlernen gewandelt, die Noten durch Berichte abgelöst, die Schüler zu zweit oder als Kleingruppen zu Lerngemeinschaften zusammengeführt, das Fehlermachendürfen (z. B. über das Computerlernen) gefördert und sich selbst eine ganz neue Rolle gegeben: Sie haben sich vom belehrenden, wissenschaftsorientiert vorgehenden, frontal und lehrerzentriert wirkenden Stundengeber zum Lernberater ihrer Schüler gemausert, zum »Coach«. Dieser Lernberater hat es nunmehr durchweg immer nur mit einem Schüler zur Zeit zu tun, während die anderen »ihr Geschäft betreiben, nämlich das Geschäft des Lernens«. Er spricht mit Karl-Heinz, weil er trotz der Hilfe von Mitschülern immer noch nicht verstanden hat, wie man dividiert, weil er zu Hause mit den sich stets streitenden Eltern Probleme hat oder weil er von seinem neuen Goldhamster erzählen will.

Allerdings ist der Lernberater keine »heilige Kuh«. Auf

seinen dosierten Einsatz kommt es an: Der Lehrer ist zwei Stunden täglich Lernberater, eine Stunde erzählt er den Kindern etwas oder liest ihnen etwas vor, damit sie auch das Zuhören lernen, und neben der Einzel- und Partnerarbeit in der Lernwerkstatt gibt es auch den alle Schüler umfassenden Gesprächskreis, den »Stuhlkreis«, wo sie loswerden können, was sie noch unverarbeitet bewegt. Es gibt Rollenspiele und anschließende Diskussionen im Plenum zum Aufbau von Konfliktfähigkeit nach Gewaltvorfällen in der Schule, aber es gibt auch eine lehrerzentriert, frontal vorgehende Stunde, in der der Lehrer eine neue Rechenart einführt, weil gerade der Wechsel von verschiedenen Vorgehens- und Lernweisen die Kinder stark macht.

Für die Phasen, in denen der Lehrer Lernberater in der Lernwerkstatt ist und in denen die Schüler vor allem Selbstlerner sind, muß der Lehrer eine Menge vorbereiten, während des Unterrichts selbst ist er aber nicht so stark belastet wie bei frontalen, lehrerzentrierten Vorgehensweisen, so daß sich Belastungen über den Tag hinweg für ihn anders verteilen. Jürgen Reichen, der seine Methode in Basel entwickelt hat und nun in Hamburg unterrichtet, bringt das andersartige Belastungsprofil des Lernberaters, der nur noch gelegentlich belehrt, auf folgende Formel: »Ich bin heute 58 Jahre alt. Müßte ich noch als belehrender Stundengeber vor ganzen Klassen lehrerzentriert unterrichten, wäre ich längst frühpensioniert. Da ich aber in der Lernwerkstatt immer nur mit einem Schüler zur Zeit zu tun habe, kann ich locker bis zum 65. Lebensjahr durchhalten.«

Hinter dieser Aussage verbirgt sich auch eine bedeutende betriebs- und volkswirtschaftliche Dimension von Schule, denn Schule ist vor allem deshalb für unsere Gesellschaft so teuer, weil die Lehrer nicht so eingesetzt werden, wie das ihren Fähigkeiten entspricht.

Der Freund der Schüler

Wenn Georg Kerschensteiner von der »Seele des Erziehers«, Herman Nohl vom »Wesen des Erziehers« im »pädagogischen Bezug«, Martin Buber vom »begnadeten Erzieher« im »dialogischen Prinzip« von »Ich und Du«, Eduard Spranger von der »pädagogischen Liebe« des »geborenen Erziehers«, schon zuvor die alten Griechen vom »pädagogischen Eros« und Johann Heinrich Wichern vom »charismatischen Erzieher« sprechen, dann ist nicht nur das Funktionale des »pädagogischen Takts« von Johann Friedrich Herbart und das der »pädagogischen Meisterschaft« von Anton S. Makarenko gemeint. Spranger fordert vom Lehrer mehr als nur einen guten Stundengeber, der die Herbartschen Formalstufen und die lernmethodischen Tricks beherrscht; es muß da auch so etwas wie Interesse am Kind, gepaart mit Leidenschaft und Begeisterung, sein, denn, so Spranger: »Nichts Großes in der Welt ist ohne Begeisterung geschehen.« Deshalb spricht er auch von der »pädagogischen Liebe« zum Kind als einer der Grundvoraussetzungen guter Erzieher, und die meint wie schon der »pädagogische Eros« bei Sokrates und Plato etwas anderes als bloß »Liebe« oder bloß »Eros«; die pädagogische Liebe schließt eher an den Anspruch von Novalis an, der das Kind als »sichtbar gewordene Liebe« der Eltern beschreibt, das zum Fortsetzen dieser Liebe in seine Zukunft herausfordert.

Lehrer müssen Kinder liebhaben können, sie sollten den Schüler um seiner selbst willen mögen, und zwar weit über Lehrplan und Unterrichtsstoff hinaus. Die pädagogische Liebe ist nicht nur eine verzeihende Liebe, sondern – um mit Spranger zu sprechen – auch eine »zürnende Liebe«. Spranger spricht vom »Feuer«, das der geborene Erzieher als Motivation vom Kind her haben muß, wenn er erfolgreich sein will. Allerdings darf seine pädagogische Liebe nicht bloß flammend, glühend oder quellend sein, sie muß auch mit Reflexion und mit Schmerzen verbunden sein, sie muß

Grenzen setzen, loslassen und durch und durch uneigennützig sein. Sie muß sich sogar auf Kinder richten, die der Lehrer eigentlich gar nicht mag. Gute Lehrer behandeln daher ihnen nicht ganz so sympathische Schüler oft besser und gerechter als ihnen sehr angenehme.

Lehrer sind ja vom System her verpflichtet, ein Stück des Lebens junger Menschen mit diesen zusammenzuleben, genauso wie die Schüler. Gegenseitige Sympathie ist also nicht selbstverständlich; aber von einem Lehrer kann man erwarten, daß er ganz grundsätzlich für Kinder oder Jugendliche Sympathien empfindet, daß er gern mit jungen Menschen nicht nur arbeitet, sondern auch zusammenlebt. Ohne diese Freude am Zusammensein müssen Wandertage, Klassenfahrten und Schulfeste für ihn zur Qual werden – und letztlich auch jede Unterrichtsstunde. Die Qual der Schüler ist aber bei einer solchen Einstellung keineswegs geringer. Nur wenn Lehrer gern in der Nähe junger Menschen sind, wenn sie sich von ihnen und ihren Problemen angesprochen fühlen, sind sie auch bereit, sich in der Schule und außerhalb des Unterrichts für sie zu engagieren, sich umfassend zu kümmern. Die Bereitschaft, sich auf allen Ebenen mit den ihnen anvertrauten jungen Menschen zu beschäftigen – und dazu gehören auch deren Biographie, Familie, Nachbarschaft und Zukunft – und nicht nur die Entwicklung der linken Hirnhälfte zu fördern, wie es oft für Hochschullehrer spezifisch ist, ist das, was einen guten Lehrer ausmacht.

Schüler wollen keine bloßen Unterrichtsfunktionäre haben; sie wollen zwar manchmal Distanz zu ihren Lehrern, insbesondere wenn sie zu Hause reichlich Geborgenheit und Liebe genießen oder wenn sie einen bestimmten Lehrer überhaupt nicht mögen, immer aber wollen sie ganze Menschen als Lehrer und gelegentlich auch als Bezugspersonen haben, zumal wenn ihnen so etwas außerhalb der Schule kaum und nicht einmal von den eigenen Eltern ausreichend geboten wird.

Selbst wenn der Lehrer kein Freund im üblichen Sinne für den Schüler sein möchte, so sollte er doch wenigstens freundschaftlich mit ihm umgehen. Wenn er seine Rolle nicht als die eines Freundes versteht, könnte er zumindest wie ein Freund sein, denn genau das öffnet den Schüler und schafft Vertrauen. Erst wenn der Lehrer bereit ist, den Schüler in seiner Geschichte und in seiner familiären Einbettung zu sehen, wenn er sich auch von seiner Bindehautentzündung, von der Sorge um sein Kaninchen, von seiner übermäßigen Zuckersucht und von seinem Liebeskummer angesprochen fühlt, kann er auch ein guter Klassenlehrer sein.

Dazu ein Beispiel, das mir einmal ein Schulleiter erzählte: Er bekam eine neue junge Lehrerin zugewiesen, die ihm gleich am ersten Tag unterbreitete, sie möchte eigentlich nur Französisch unterrichten, und Klassenlehrerin wollte sie auf keinen Fall sein. Innerlich packte der Schulleiter diese Kollegin sogleich in die Schublade mit der Aufschrift »Jobbende Stundengeber«. Aber dann gab er ihr eine 7. Klasse, und sie mußte darin nicht nur Französisch, sondern auch Englisch und Deutsch geben, was sie durchaus konnte. Elf Wochenstunden sind eine Menge Zeit des allwöchentlichen Zusammenlebens mit einer Klasse. In elf Wochenstunden gewöhnt man sich an die Schüler, man nimmt schließlich nicht nur ihre Englisch-, Deutsch- und Französischleistungen wahr, sondern auch ihre Gesichter, ihre Mimik und Gestik, ihre Bewegungen, ihre Pulloverfarben und den Klang ihrer Stimmen. Schließlich beobachtete der Schulleiter die Kollegin dabei, wie sie bei Karl-Heinz einen Hausbesuch machte; sie war von seiner Persönlichkeit berührt und angesprochen worden, sie konnte sich auf Dauer nicht länger seinen Augen und Nöten entziehen.

Ein häufiges Zusammensein von Lehrer und Schüler fördert freundschaftliches Zusammenleben, aber auch das gegenseitige Kennenlernen. Gute Schulleiter haben daher – insbesondere in Problemgebieten und großen Schulen – längst erkannt, daß sie pädagogische Erfolge erheblich steigern können, wenn sie die Lehrer dazu bewegen oder zwingen, neben ihren Fächern in ihren eigenen Klassen wenigstens noch zwei weitere Fächer zu unterrichten, die sie sich aus dem Kanon von zehn bis 18 Fächern selbst auswählen dürfen. Der Nachteil, der dadurch entsteht, daß sie diese beiden zusätzlichen Fächer nicht studiert haben, ist jedenfalls geringer zu veranschlagen als der Vorteil, der durch das höhere Maß an Zusammenleben, Konsequenz und erzieherischer Fortschrittskontrolle entsteht, zumal bei jungen Menschen mit schwierigem familiärem Hintergrund.

Gelegentlich hört man, daß doch der notengebende Lehrer ebensowenig Freund des Schülers sein könne wie der Angler Freund des Fisches. Mit Eduard Sprangers Begriff von der »zürnenden Liebe« und mit den Erfahrungen, die Lehrer haben, die sich als Freunde der Schüler empfinden und von den Schülern als Freunde angesehen werden, ist aber durchaus eine Überwindung dieses scheinbaren Widerspruchs möglich: Schüler wissen ganz genau, daß sie einerseits ein freundschaftliches Verhältnis zum Lehrer haben können, daß er andererseits aber auch verpflichtet ist, ihnen Zensuren zu geben, so wie Kinder wissen, daß es der grundsätzlichen Liebe zwischen ihnen und ihren Eltern überhaupt keinen Abbruch tut, wenn Mama oder Papa einmal schimpfen.

Ähnlich sieht es aus, wenn Lehrer sich von ihren Schülern duzen lassen: Respekt und Autorität sind auch auf der Du-Basis möglich. Wenn die Autorität nur auf dem Sie allein beruht, ist sie ohnehin zu dürftig. Ebenso muß der Einsatz von Körperkontakt der Autorität des Lehrers keinen Abbruch tun: Trösten, Mutmachen durch eine Hand auf der Schulter, In-den-Arm-Nehmen oder Drücken, um einem innerlich haltlosen Schüler wenigstens von außen Halt zu geben und um ihm zu zeigen, daß er es wert ist, so viel Kraft für ihn aufzuwenden, oder auch das lockere und lustige Durch-das-Haar-Fahren mit der Hand, das Einseifen bei einer Schneeballschlacht oder das Rangeln eines Lehrers mit seinen Schülern am Strand setzen eigentlich nur die Akzeptanz, das Zustimmen der jeweiligen jungen Menschen voraus oder einfach das vage Gefühl, daß es ihnen gut tut oder Kraft gibt.

Umgekehrt darf sich ein Lehrer körperlich nie aufdrängen. Er muß sich sofort zurückhalten, wenn er spürt, daß der Schüler so etwas nicht will, es sei denn, er will es übergangsweise nur deshalb nicht, weil er es nicht gewohnt ist und weil er nie hat lernen können, mit den feinen Nuancen von Körperkontakt angemessen umzugehen und darauf sinnvoll zu reagieren.

Schule als Reparaturbetrieb der Gesellschaft: Lehrer als Sozialpädagogen

Qua Definition ist Schule eine die Erziehung der Familie erweiternde und ergänzende Bildungseinrichtung mit den von Helmut Fend beschriebenen drei Funktionen Qualifikation, Selektion und Reproduktion. Sie stand bis heute stets für die Bildung junger Menschen, während der Familie die im Artikel 6 des Grundgesetzes ihr garantierte Erziehung oblag. Hermann Gieseke ist auch heute noch der Meinung, daß Schule sich auf ihre drei herkömmlichen Funktionen zu beschränken habe, weil sie ansonsten nicht mehr Schule sei, und daß sie keineswegs zu so etwas wie einem »Reparaturbetrieb der Gesellschaft« geraten dürfe. Im Moment können die meisten Lehrer gar nicht leisten, was Schule immer öfter an »Reparatur« von außen zugemutet wird, und Meister der Schulpädagogik wie Hartmut von Hentig versuchen sogar, mit dem bösen Wort »Sozialpädagogisierung der Schule« abzuwehren, daß sich ihre Funktionen deutlich vermehren.

Andererseits ist die Schule zur Zeit und wahrscheinlich auch in der Zukunft die einzige Institution der deutschen Gesellschaft, die sämtliche Kinder bewußt erzieherisch erreichen kann, denn die Familie schafft es immer häufiger nicht mehr, ihrem Erziehungsgebot hinlänglich nachzukommen.

Nach einer Studie gelten 600000 deutsche Kinder als aggressiv (Jungen doppelt so häufig wie Mädchen) und noch mehr als autoaggressiv (krank oder süchtig), 40 Prozent davon werden als gefühlslebengestört, hyperaktiv, ängstlich, depressiv oder kontaktarm beschrieben. Immer mehr Kinder leiden unter Teilleistungsstörungen bzw. partiellen Ausfällen, sie wachsen immer öfter mit einem Mangel an Hauptbezugspersonen (in bezug auf Mütterliches, Väterliches, Großmütterliches, Großväterliches, Freundschaftliches und Geschwisterliches) auf. Präventionslehrer stellen fest, daß sie kaum noch ein Kind ohne zumindest ansatzweise vorhandene neurogene Störungen finden können, und Erzieher beklagen, daß die »Ozonschicht« um die Seele von Kindern so wie die um die Erde immer dünner wird. Das bedeutet, daß immer mehr junge Menschen ihre Balance zwischen Überforderung und entlastender Zuwendung nicht mehr finden, daß sie bezogen auf fast alles, was ihre Grundbedürfnisse ausmacht, entweder mit einem Zuviel (z. B. Zucker und Bildschirmeinflüsse) oder einem Zuwenig (z. B. Bewegung und liebevolle Väterlichkeit) aufwachsen.

Immer mehr Kinder kommen schon mit Sozial- und Entwicklungsschäden in die 1. Klassen der Schulen. Leistungs- und Verhaltensbandbreiten haben sich enorm erweitert, so daß vor Grundschullehrern immer mehr in ihren Reifeprozessen zurückgebliebene Kinder neben Früh- und Hochbegabten sitzen, die schon außerordentlich viel können. Frontal und lehrerkonzentriert geht bei Erstkläßlern in vielen Regionen also gar nichts mehr. Hier hat sich Schule bereits mit dem Aspekt veränderter Kindheit deutlich gewandelt, und deshalb haben viele deutsche Grundschulen ihre herkömmlichen Funktionen längst um weitere ergänzt, während sie die klassische Funktion der Selektion zugleich zurückgefahren haben, indem sie auf Sitzenbleibenlassen und Notengebung verzichten oder indem sie, wie in Schleswig-Holstein, das Prinzip »Einschulung ohne Auslese« für alle Sechsjährigen mit einer ein- bis dreijährigen »Eingangsphase« verknüpft haben, die die bisherigen Klassenstufen 1 und 2 ersetzt. Einige Bundesländer haben erkannt, daß die klassischen Schulfunktionen Qualifikation und Reproduktion gestärkt werden müssen, daß also eine optimale Leistungsentwicklung, Sozialerziehung und politische Bildung mitsamt den Aspekten Werteerziehung bzw. sittliche oder religiöse Erziehung nur zu erreichen ist, wenn die Schule neue Funktionen übernimmt: Integration, leibliche Versorgung (Schulfrühstück, Pädagogischer Mittagstisch, Bewegungserziehung, Psychomotorik, Aktive Pause, Bewegte Schule und Entlastung durch »Kuschelecken«), Prävention (gegenüber Gewalt, Sucht, Krankheit und Devianzen), Medienerziehung, Familienersatz, Bewahren der kindlichen Entwicklungsstufen (gegen Verfrühungsprozesse) und Aufbau von kritischer Distanz gegenüber Trends und Sogwirkungen der Jugendkultszene.

Wie soll die Schule auch auf der Eingrenzung auf die drei klassischen Funktionen beharren können, wenn Jugendforscher feststellen, daß Jugendliche mittlerweile von den beiden Lebenswelten Medien und Gleichaltrige zusammen mehr beeinflußt werden als von den Lebenswelten Familie und Schule zusammen? Viele Eltern, Lehrer und Politiker kennen ja nicht einmal sämtliche kleinen Lebenswelten als Nischen und Einflußzonen der Jugendszene über Skins, Hools, Skater, Graffiti-Sprayer, Rapper und Stadtteilbanden hinaus, sie bemerken oft nicht einmal, daß ihre eigenen Kinder oder Schüler Drogen konsumieren und was sie so alles auf Partys, Jams und Feten sowie in Techno-Discos treiben. Wie sollen sie dann wissen, welche konkreten Einflüsse im Umfeld ihrer Kinder die Red-Skins, Gangsta-Rappers, Stadtindianer, Ravers, Ökos, Grunge-Punks, Fachos, Grufties, Hacker und auch die Stinos (die Stinknormalen) oder die postfeministischen Girlies haben? Wer das Buch »Patchwork-Jugend« von Wilfried Ferchhoff gelesen hat, weiß, daß es nicht nur blauäugig, sondern auch verantwortungslos wäre, Jugendliche nur mit den drei herkömmlichen Funktionen von Schule zu konfrontieren, während viele von ihnen außerhalb der Schule mit keiner weiteren bewußt erziehenden Institution konfrontiert werden – es sei denn, sie haben das Glück, von einem Sportverein, der kirchlichen Jugendarbeit, den Pfadfindern, einer Jugendfeuerwehr oder einem Spielmannszug erreicht zu werden.

Ohne ein Mehr an Sozialpädagogik, zu dem im weitesten Sinn auch die kompensatorische Erziehung der Vorschule, die schulische Hausaufgabenhilfe, eine umfassendere Klassenlehrerpädagogik, Spielpädagogik, die Integration von Behinderten und eine intensive Elternarbeit gehören, würde Schule auf Dauer noch ungerechter werden, als sie es ohnehin schon ist. Denn schon jetzt benachteiligt sie zum Beispiel Kinder mit einem erhöhten Förderbedarf, die sie permanent überfordert, und solche mit einem IQ über 130, die als Hochbegabte unterfordert werden, sich langweilen, verhaltensauffällig werden und schließlich sitzenbleiben, und ebenso Schüler, deren Eltern keinen Nachhilfeunterricht bezahlen können. Auch die Jungen sind benachteiligt, sie kommen seltener (46 Prozent) zum Abitur als Mädchen (54 Prozent), sie erreichen schlechtere Durchschnittsnoten im Abiturzeugnis, sie bleiben öfter sitzen (3,2 Prozent) als Mädchen (2,3 Prozent), sie landen häufiger in der Hauptschule, in der Förderschule und in der Schule für Verhaltensgestörte, und wenn die Eltern sich scheiden lassen, scheitern Jungen häufiger in der Schule als Mädchen. Nebenbei bemerkt: Eine Studie der Yale University aus dem Jahre 1998 behauptet, daß Kinder, die überwiegend von ihren Vätern erzogen werden, einen höheren IQ und ein besseres Sozialverhalten aufweisen als Kinder, die nur oder überwiegend von ihren Müttern erzogen werden. Ähnliches gilt aber auch für Kinder von berufstätigen Frauen im Vergleich zu Kindern, die bei Müttern aufwachsen, die »nur« Hausfrau sind. Erklärt wird das damit, daß Hausmänner und berufstätige Mütter in Sachen Erziehung motivierter und aktiver seien.

Daß Bildungseinrichtungen zur Zeit den Mädchen und Frauen besser bekommen als den Jungen und Männern, belegt eine weitere Statistik aus den USA: Das Volkszählungsbüro in Washington hat ermittelt, daß 88,9 Prozent der Amerikanerinnen zwischen 25 und 29 Jahren einen High-School-Abschluß haben, während das nur für 85,8 Prozent der Männer gilt; und während 29,3 Prozent der Frauen ein College abschließen, schaffen das nur 26,3 Prozent der Männer.

In eine ganz andere Richtung wird jedoch gerade in Deutschland argumentiert. Bei uns wird die Benachteiligung der Mädchen beim gemeinsamen Lernen mit Jungen diskutiert, zumindest was die Fächer Sport, Informatik, Physik und Chemie anbelangt. Die Koedukation in diesen Fächern würde die Mädchen »zu Miezen« und die Jungen »zu Machos« erziehen, formuliert »Der Spiegel«; und mit der Annahme, daß Mädchen in diesen Fächern besser lernen, wenn sie unter sich bleiben, sind einige Bundesländer wie Nordrhein-Westfalen, Schleswig-Holstein und Niedersachsen dazu übergegangen, unter Beibehaltung der Koedukation in anderen Fächern für Sport, Informatik, Physik und Chemie sowie teilweise auch für Mathematik eine »partiell aufgelöste Koedukation« zu empfehlen, die die nordrhein-westfälische Schulministerin Gabriele Behler »reflexive Koedukation« nennt.

Zwar weiß man von dem einzigen Münchener Mädchengymnasium, daß dort mehr Mädchen zum Chemiestudium gelangen, als das bei koedukativen Gymnasien der Fall ist; aber der vor Jahren noch zutreffende Vorwurf, Jungen hätten zu Hause häufiger einen Computer als Mädchen und würden daher im schulischen Informatikunterricht die Mädchen »unterbuttern«, mutlos machen und somit ihre Bereitschaft dämpfen, sich überhaupt noch zu melden, so daß sie in Gegenwart der Jungen ihre Computerfähigkeiten nicht angemessen entwickeln könnten, ist mittlerweile überholt: Die Mädchen haben in der häuslichen Computerausstattung mit den Jungen gleichgezogen, und während die Jungen mehr am Computer spielen, arbeiten die Mädchen mehr mit ihm, so daß sie hinsichtlich funktionaler Fertigkeiten auch hier schon die Jungen überholt haben. Ministerin Behler ist also mit ihrem Konzept, zumindest was Computerkurse anbelangt, nicht ganz auf der Höhe der Zeit. Im übrigen ist es ja wohl so: Wenn Jungen und Mädchen in bestimmten Fächern deutliche Leistungsunterschiede geschlechtsspezifischer Art zeigen, stellt das nicht die Koedukation an sich in Frage, sondern es ist vielmehr ein Beleg dafür, daß die Lehrer die integrative Aufgabe, Jungen und Mädchen in gleicher Weise zu fördern, noch nicht optimal bewältigt haben.

Der Stuttgarter Psychiater, Neurologe und Hirnforscher Reinhard Lempp beklagt, daß die Schule mit ihrer Selektionsfunktion eine »auf Rivalität und Konkurrenz ausgerichtete« Institution sei, die Kinder wegen ihrer sozialerzieherischen Defizite daran hindere, erwachsen zu werden. »Die Familie hat sich verändert«, und darauf würde die Schule sich immer noch nicht einstellen. Nur knapp ein Drittel der heutigen Schüler habe noch ausreichende Erfolgserlebnisse und somit genügend Selbstbewußtsein, behauptet er; die anderen seien zunehmend ungewollt rücksichtslos, kontaktgestört, objektfixiert, sprachgestört und hätten Angst vor Veränderungen, so daß sie langfristig unsere Demokratie dadurch bedrohen würden, daß sie bereit werden, mit ihrem Verlangen nach Geborgenheit und Sicherheit – also nach äußerem Halt, weil der innere fehlt – in die Arme von »ideologischen Fundamentalisten« oder Diktatoren zu flüchten. Weil der Staat zuviel regele, weil »Solidarität inzwischen weitgehend abstrakt organisiert« und deshalb »anonymisiert« sei und weil Schulen nach wie vor soziale Fähigkeiten nicht bewerten würden, präge sich die »Ich-Bezogenheit« in unserer Gesellschaft immer mehr aus. Lempp spricht von der Gefahr, daß wir zunehmend eine »autistische Gesellschaft« werden, wenn die Schule nicht ein Mehr an sozialpädagogischen Funktionen übernimmt. Ganz konkret fordert er daher mehr Ganztagsschulen für familienbeeinträchtigte Kinder, aber auch mehr jahrgangsübergreifende Klassen, in denen ältere Schüler den jüngeren helfen und die dadurch genau die Persönlichkeitsmerkmale fördern, an denen es in unserer Gesellschaft zunehmend mangelt.

Was Lempp mit der »Anonymisierung von Solidarität« und mit einem Anwachsen von »autismusähnlicher Ich-Bezogenheit« und »ungewollter Rücksichtslosigkeit« meint, beschreiben andere als den Weg von der Konsens- zur Konfliktgesellschaft. Zunehmende Konflikte und zunehmende Ich-Bezogenheit ergeben eine üble Mischung, die wir mit den Begriffen »Wegschaugesellschaft« oder auch »Gewaltspirale« zu erfassen suchen. Wenn Gewalt und Konflikte zunehmen und zugleich immer mehr Menschen nicht wissen, wie man sich angemessen wehrt, behauptet und durchsetzt, dann gerät Konfliktfähigkeit zur wichtigsten Schlüsselqualifikation überhaupt. Schule ist ja mittlerweile selbst ein Ort massiver Gewalt geworden; und deshalb müssen Opfer lernen, sich im Falle von Gewalt selbst helfen zu können, müssen Zuschauer zu »Konfliktlotsen« werden, die sich problemlösend einmischen, müssen Täter per »Täter-Opfer-Ausgleich« nachdenklich oder gar reuig werden, müssen Täter über das von Michael Heilemann und Jens Weidner in der Jugendanstalt Hameln entwickelte »Coolness-« bzw. »Anti-Aggressivitäts-Training« Argumentieren statt Zuschlagen lernen und über Verträge bei ihrer Ehre gepackt werden, müssen über das Prinzip »Werteerziehung über Dilemmata« per Rollenspiel und Gesprächskreis eine Fülle von Verhaltensalternativen für kritische Situationen zur Verfügung gestellt und eintrainiert werden und müssen Lehrer per Höflichkeitserziehung vorbildliches Sozialverhalten vorleben. Schule garantiert dann nicht nur ein großes Stück Erziehung für den Weiterbestand unserer Gesellschaft, sie gewinnt damit auch wichtige Zeit für erfolgreiches Lernen zurück. Mit mehr Konfliktfähigkeit wird gleichzeitig der schulische Lernbetrieb weniger gestört, so daß die Formel gilt: Lehrer, die in jeder 45-Minuten-Einheit fünf Minuten für den Ausbau der Konfliktfähigkeit abzweigen, bringen in den restlichen 40 Minuten mehr Lernen herkömmlicher Art zustande, als hätten sie nichts von den 45 Minuten abgezweigt. Insofern beeinträchtigen sozialpädagogische Investitionen das Bildungsgeschäft von Schule weniger, als sie es befördern, vorausgesetzt, man hat auch die dafür aus- und fortgebildeten Lehrer. Aber genau daran mangelt es zur Zeit vor allem.

Die Erzbischöfliche Schulstiftung Freiburg hat übrigens

mit ihrem Unterrichtsfach »Compassion – Menschsein für andere« einen Weg gefunden, mit dem die Schüler der 11. und 12. Klassen von mehr als 20 Schulen aktiv so etwas wie »Mitmenschlichkeit« lernen. Sie werden – so, wie es schon Padre Silva in seiner Kinderrepublik Bemposta in Spanien mit seinem Konzeptionselement des »Großen Abenteuers« gemacht hat – zwei bis drei Wochen voll in den Arbeitsprozeß eines Krankenhauses, einer Behindertenwerkstatt oder eines Altenheimes eingegliedert, nach intensiver Vorbereitung und mit eingehender anschließender Auswertung. Getreu der Einschätzung von Reinhard Lempp, daß unsere Gesellschaft immer ichbezogener wird, hielten die Schüler anfangs nicht viel von dem Projekt, aber stets sind sie danach ganz deutlich dafür eingenommen. Manche bleiben sogar anschließend der Behindertenwerkstatt oder dem Altersheim treu, weil Bindungen zu ganz konkreten Menschen gewachsen sind. Und ein Schüler schrieb sogar in seinem Bericht über die Erfahrungen mit dem Projekt: »Ich würde mir wünschen, daß unser Lehrer auch mal so ein Praktikum macht.«

Neurogene Störungen bei Schülern: Wenn die Hardware defekt ist

Die neunjährige Tanja kann auf einer Bordsteinkante ganz sicher balancieren. Spricht man sie dabei von hinten an und fragt etwa, wann denn Papa von der Arbeit nach Hause komme, antwortet sie – weiter balancierend – klar und ohne Zögern und zeigt auch unter der dreifachen Aufgabe, zu balancieren, die Frage zu verstehen und darauf zu antworten, keine Bewegungsunsicherheiten. Die gleichaltrige Melanie dagegen hat sichtbar keine besondere Lust, das Balancieren auf der Bordsteinkante überhaupt zu versuchen, läßt sich schließlich aber doch dazu überreden. Sie balanciert genauso sicher wie Tanja, aber in ihrem Gesicht ist deutlich die Anstrengung zu sehen, die das Balancieren ihr bereitet. Die von hinten gestellte Frage, wann denn Papa von der Arbeit nach Hause komme, wird auch von Melanie verstanden, aber sie muß das Balancieren unterbrechen und bleibt stehen, um die Frage beantworten zu können; beides zugleich, balancieren und antworten, kann sie nicht. Und dann ist da noch Karl-Heinz, ebenfalls neun Jahre alt; der hat gar keine Lust, auf der Bordsteinkante zu balancieren, läßt sich auch nicht sanft überreden und ist nur durch sehr viel deutlicheren Druck dazu zu bringen, es überhaupt zu versuchen. Seine Bewegungsunsicherheiten sind offensichtlich; er rudert mit den Armen, und als ihm von hinten ebenfalls die Frage gestellt wird, wann denn Papa von der Arbeit komme, gleitet ein Fuß ab, er unterbricht sein Balancieren, dreht sich um und schreit wütend: »Das weiß ich doch nicht.«

Der psychologisch ungeschulte Erwachsene macht sich so seine Gedanken und kommt dabei zu Ergebnissen, die auch heute noch nicht aus der Mode sind; er vermutet, daß in der Erziehung der beim Balancieren unsicheren Kinder Melanie und Karl-Heinz womöglich schwerwiegende Fehler gemacht worden sind. Wie anders sollte es zu verstehen sein, daß eine so einfache Aufgabe wie das Balancieren auf einer fünfzehn Zentimeter hohen Bordsteinkante so unterschiedlich gut gelöst wird. Möglicherweise wächst nur Tanja unter angstfreien Bedingungen auf, und Melanie und Karl-Heinz sind durch unterdrückende Erziehungsweisen so ängstlich geworden, daß sie bei der an sich einfachen Aufgabe in Schwierigkeiten geraten. Bei Karl-Heinz ist zudem ein gestörtes Verhältnis zum Vater zu vermuten, wie sonst wäre es erklärbar, daß die Frage nach der Rückkunft des Vaters ihn so wütend macht.

Alles falsch! Das Zauberwort, mit dem man Melanies und Karl-Heinz' Probleme erklären kann, heißt MCD.

MCD ist eine aus der Kinderneurologie stammende Abkürzung und meint »Minimale cerebrale Dysfunktion«, was soviel heißt wie »Kleine Fehlleistung des Gehirns«. Der Begriff MCD kam vor rund dreißig Jahren zuerst in der Sonderpädagogik und dann auch in der Allgemeinen Pädagogik in Mode. Die Neurologieforschung hatte damals Erkenntnisse der Kindesentwicklung gebracht, die auch heute noch von großem Nutzen für die Schulpädagogik sind. Man erkannte, daß es Kinder gibt, die aus körperlichen und nicht aus seelischen Gründen bestimmte Leistungen, die für andere Kinder kein Problem darstellen, gar nicht oder nur mit viel größeren Anstrengungen erbringen können.

Hier war der Begriff MCD äußerst hilfreich; weil mit ihm solche Unsicherheiten wie bei Melanie und Karl-Heinz durch eine mehr oder minder deutliche Fehlfunktion des Gleichgewichtssinnes erklärt werden konnten. Entweder ist das Gleichgewichtsorgan im Innenohr selbst nicht in Ordnung, oder die Leitung der aus diesem Organ kommenden Signale zu dem betreffenden Teil des Gehirns ist gestört (Fehlhörigkeit nennt man das), oder die Verarbeitung der zwar richtig ankommenden Reize im Gehirn ist gestört; oder es liegt eine unheilvolle Mischung aus allem vor. Die mit dem Begriff MCD unterstellten Ursachen für die Schwierigkeiten beim Balancieren sind also körperlicher Natur; sie haben nichts damit zu tun, daß Mama zuweilen viel zu streng ist und Papa häufig nicht da ist, weil sein Beruf es erfordert, wochen- oder monatelang nicht zu Hause zu sein, oder weil Karl-Heinz mit seinem kleinen Bruder ein Zimmer teilen muß. MCD ist eine neurologisch bedingte Ursache für eine Vielzahl von Schwierigkeiten, die jeder Lehrer kennt.

In der Ausdrucksweise der modernen Computertechnik könnte man sagen: Durch MCD bedingte Schwierigkeiten sind Hardware- (also körperlich) und keine Softwareprobleme (also seelisch bedingt). Diese Erkenntnis war ein großer Fortschritt, nicht nur in der Kinderneurologie, sondern auch in der Pädagogik. Denn Schwierigkeiten, die mit einer nicht hinreichend arbeitenden Hardware erklärbar sind, kann man weder dem Kind selbst noch den Eltern oder den Lebensumständen anlasten und auch nicht den Lehrern, die

Kinder mit solchen neurogenen Problemen in der Klasse haben. Welche Tragödien sich in der Schule abspielen können, wenn eine körperlich bedingte Schwierigkeit irrtümlich als seelisch bedingt gedeutet wird, sei an einer ausgedachten kleinen Geschichte erläutert; wohlgemerkt, die Geschichte ist ausgedacht und wird so in der Wirklichkeit nicht vorkommen, gleichwohl kann sie das Gemeinte recht gut erhellen:

Die Lehrerin einer zweiten Klasse beschließt, mit der ganzen Klasse zum Erdbeerenpflücken zu gehen. Der Ausflug ist gut vorbereitet; die Lehrerin hat am Tage vorher eine Erdbeerpflanze aus dem eigenen Garten in einem Blumentopf mitgebracht und den Schülern gezeigt, wie Erdbeeren richtig gepflückt werden müssen. Da wird nicht einfach die ganze Pflanze aus dem Boden herausgerissen, sondern man pflückt die reifen Früchte, indem man sie vorsichtig zwischen den grünen Blättern sucht. Besonderen Wert hat sie darauf gelegt, den Unterschied zwischen den reifen Früchten, die rundum rot sind, den unreifen, die noch ganz grün sind, und den halbreifen, die noch eine grüne Seite haben, zu verdeutlichen. Nur die ganz reifen Früchte sollen gepflückt werden.

Am nächsten Tag geht es los, und wir sind dabei und schauen dem Treiben zu. Wir wissen freilich etwas, das weder der betreffende Schüler noch seine Lehrerin weiß: Sebastian hat eine neurogen bedingte Störung, er ist farbenblind und kann Rot und Grün kaum unterscheiden. Folglich kann er die Erdbeeren nicht an ihrer Farbe erkennen, sondern nur an der Form. Er wird also beim Pflücken mehr Zeit brauchen als seine Mitschüler; außerdem kann er die reifen Beeren nicht von den unreifen unterscheiden. Die Lehrerin, die herumgeht, um zu sehen, ob das Pflücken ordnungsgemäß vonstatten geht, kommt auch zu Sebastian, und was sie da sieht, gefällt ihr gar nicht. Nicht nur, daß in Sebastians Körbchen viel weniger Erdbeeren liegen als bei den anderen, da sind auch halbreife und sogar ganz unreife darunter. Sie interveniert pädagogisch – wie man das heute gern nennt –

und ermahnt Sebastian, sich mehr Mühe zu geben (»Wir wollen schließlich nicht ewig auf dich warten«) und darauf zu achten, nur die ganz reifen Erdbeeren zu pflücken (»Hast du denn gestern gar nicht aufgepaßt?«). Als sie nach einiger Zeit erneut bei Sebastian ist, hat sich nichts verbessert, im Gegenteil. Zwar sind ein paar Erdbeeren mehr im Körbchen als vorhin, aber es sind weitere halb- und unreife hinzugekommen. Nun wird sie ungemütlich und ermahnt Sebastian sehr viel deutlicher als beim ersten Mal, sich an ihre Anweisungen zu halten; sie unterstellt ihm, daß er alles mit Absicht gemacht habe, um sie zu ärgern, und gibt ihm am Ende der Stunde die Note »6«.

Erdbeerenpflücken ist kein Schulfach und kommt – wenn überhaupt – vielleicht ein einziges Mal während der gesamten Schulzeit vor; und eine ausgeprägte Farbenblindheit sollte auch schon vor der Einschulung erkannt sein: Die kleine Geschichte ist ja auch nur ausgedacht. Nehmen wir an, Erdbeerenpflücken wäre ein reguläres Schulfach mit vier Wochenstunden: dann wäre Sebastian längst in einem Erdbeerpflück-Förderprogramm, bekäme Nachhilfe, und eine Erziehungsberatungsstelle wäre eingeschaltet. Weil aber keine der ergriffenen Maßnahmen eine Besserung bewirkt hat, sind alle ratlos; Sebastian selbst auch, er ist inzwischen bockig und will mit dem Pflücken von Erdbeeren nichts mehr zu tun haben; obwohl ihm alle klarzumachen versuchen, wie wichtig es gerade in der heutigen Zeit ist, sicher und schnell die Grundlagen des Pflückens von Erdbeeren zu beherrschen. Wüßte Sebastian um seine Farbenblindheit, könnte er seine Lehrerin darauf hinweisen und sagen: »Gnädige Frau, ich bin farbenblind und kann Rot und Grün nur sehr schwer unterscheiden.« Ihre Antwort wäre vielleicht von der Art: »Das wußte ich ja gar nicht. Was machen wir denn da? Paß mal auf, wir pflücken für dich mit, und du fängst schon mal an, das Laub dahinten zusammenzuharken. Das müssen wir nämlich noch machen, und dann sind wir nachher schneller fertig!« oder so ähnlich; jedenfalls würde sie wohl nicht sagen: »Das interessiert mich nicht, für dich gibt's hier keine Extrawurst.« Sobald die Lehrerin um Sebastians Farbenblindheit weiß, ändert sich ihre pädagogische Einstellung zu Sebastians Schwierigkeit. Es ist eben ganz unsinnig, von einem Menschen etwas zu verlangen – schon gar nicht über Jahre hinweg –, wenn man weiß, daß er es einfach nicht kann.

Farbenblindheit bzw. Rot-Grün-Blindheit von Schülern erschwert den pädagogischen Schulalltag kaum; aber da gibt es andere neurogen bedingte Schwächen, die in der Schule viel größere Auswirkungen haben. Wer ein Diktat schreiben soll und mit den zu schreibenden Wörtern – aufgrund neurogener Schwierigkeiten – keine oder nur ganz undeutliche Wortbilder verbindet, wird sich nur mühsam an die richtige Schreibung herantasten und braucht deshalb viel mehr Zeit als jene Schüler, die sich ganz leicht daran erinnern können, wie das Wort geschrieben aussieht. Weil solche Schwierigkeiten mit der Orthographie häufig mit ähnlichen Schwierigkeiten beim Lesen verbunden sind, hat sich dafür die Bezeichnung »Lese- und Rechtschreibschwäche« (»Legasthenie«, eigentlich »Leg- und Graphasthenie«) durchgesetzt.

Schüler mit Legasthenie brauchen deshalb eine besondere pädagogische Förderung, sie belasten den Schulalltag aber viel weniger als jene, die aus neurogenen Gründen größte Schwierigkeiten haben, dem Unterricht aufmerksam zu folgen. »Karl-Heinz ist immer noch sehr unkonzentriert, er muß lernen, sich nicht ständig ablenken zu lassen«, steht so oder ähnlich schon seit Jahren in seinem Zeugnis. Die neurologische Erklärung für eine solche Ablenkbarkeit sieht etwa so aus: Die Sinne des Menschen sind – wie auch bei den Tieren – jederzeit bereit, Reize aufzunehmen. Das ist nötig, damit wir Gefahren schnell wahrnehmen und darauf angemessen reagieren können; unsere Sinne sind offen, d.h., es erreichen uns wichtige und unwichtige Reize, und eine Leistung unseres Nervensystems besteht darin, die unwichtigen Reize nur im Hintergrund wahrzunehmen, damit die Aufmerksamkeit nicht ständig von einem unwichtigen zum anderen unwichtigen Reiz springt. Blitzschnell werden die hereinkommenden Reize nach ihrer Wichtigkeit sortiert, und auf diese Weise können wir »bei der Sache bleiben« (konzentriert sein), auch wenn viele Sinnesreize uns gleichzeitig erreichen.

Nun gibt es Umstände im Leben eines jeden Menschen, in denen dies weniger gut gelingt als sonst: Wir sind gesundheitlich angeschlagen, müssen ein schwieriges Telefonat führen, es klingelt an der Haustür, und die Kinder toben, so daß man sein eigenes Wort nicht mehr versteht. Da kann es dann sein, daß auch der Mensch ohne neurogen bedingte Konzentrationsschwäche Schwierigkeiten hat, seine Aufmerksamkeit auf eine Sache zu lenken. Nun stellen wir uns aber einmal vor, ein schulpflichtiges Kind wäre mit dem – neurogen bedingten – Manko auf die Welt gekommen, sich nur unter ganz ruhigen Bedingungen auf eine Sache konzentrieren zu können, und auch nur dann, wenn es davon gefesselt ist. Was bedeutet das für den Schulbesuch? Allein die Anwesenheit der anderen Schüler ist eine immerwährende Ablenkung; auch beim Schreiben einer Klassenarbeit ist immer eine gewisse Bewegungsunruhe da, und zusätzlich gibt es noch viele Anlässe zur Ablenkung: Von draußen ist eine Polizeisirene zu hören (»Was da wohl los ist?«); dem Nachbarn bricht der Bleistift ab; hinten kramt jemand in seiner Schultasche und so weiter. Jedes noch so kleine Ereignis ist Grund zur Ablenkung. Wer keine Schwierigkeiten hat, sich zu konzentrieren, der nimmt diese Reize zwar auch wahr, aber er ist ihnen nicht ausgeliefert. Ganz anders ist es bei Karl-Heinz mit seiner Aufmerksamkeitsschwäche: Er ist jedem Reiz ausgeliefert, seine Aufmerksamkeit springt sozusagen von Reiz zu Reiz. Damit bringt er nicht nur seine Lehrer zur Verzweiflung, auch die Eltern stöhnen darunter, wie anstrengend der Alltag mit ihm sein kann. Nun ist es aber nicht so, daß Karl-Heinz sich gar nicht konzentrieren könnte; wenn er Ruhe hat und ihn die Sache, mit der er sich beschäftigt, fesselt, kann er stundenlang ganz gesammelt spielen, denn eigentlich ist er mit einem Intelligenzquotienten von über 130 »hoch begabt«; und als der Lehrer einmal ganz lebendig von seinen Urlaubserlebnissen mit Kängurus in Australien erzählt, hört Karl-Heinz mit offenem Mund zu und vergißt alles um sich herum.

Er kann sich also doch konzentrieren, und so hat man leicht den Eindruck: »Er kann, aber er will nicht«, wo es richtig heißen müßte: »Er kann, aber nur unter ausgesuchtesten Bedingungen«, und die sind im Schulalltag fast nie gegeben. Solche Schüler sind eigentlich gar nicht schulreif, belasten den ganzen Schulbetrieb und bräuchten Lernbedingungen, die gegenwärtig keine Schule bieten kann. Später, wenn die Schulzeit vorüber ist, gehen diese Menschen Bedingungen, wie sie in Schulen herrschen, aus dem Wege und suchen sich Berufe, in denen sie nicht mit so vielen Reizen kämpfen müssen.

Die Wissenschaft der Medizin schreitet voran, und als der Begriff MCD allmählich auch von den Lehrern benutzt wurde und viele ganz lässig von »Minimaler cerebraler Dysfunktion« sprechen konnten, war schon der nächste Begriff da: HKS, das »Hyperkinetische Syndrom« (eigentlich müßte es »Hyperkinese-Syndrom« heißen), also ein Krankheitsbild, dessen Symptom ein übermäßiges Bewegungsbedürfnis ist. Der Begriff MCD zielte auf eine Erklärung der beobachteten Schwierigkeiten durch eine Fehlfunktion des Gehirns ab. Dies war nicht haltbar, weil alle Versuche, durch Computertomographie und dergleichen diese Fehler im Gehirn selbst nachzuweisen, mißlangen. Das übermäßige Bewegungsbedürfnis schien aber allen Kindern mit solchen Schwierigkeiten eigen zu sein, und es ist auch leicht zu diagnostizieren; deshalb war nun der Begriff MCD »out« und jener des HKS »in«. Kaum hatten die Lehrer sich auch diesen Begriff angeeignet, da war schon der nächste da: ADS, und das steht für »Aufmerksamkeitsdefizitsyndrom«. Neuere Forschungen hatten ergeben, daß alle Kinder mit neurogenen Schwierigkeiten eines gemeinsam haben: Sie können ihre Aufmerksamkeit nicht bewußt auf eine Sache lenken, sondern »torkeln« von Reiz zu Reiz; sie sind unkonzentriert.

Zwar haben viele dieser Kinder auch einen übermäßigen Bewegungsdrang, aber es gibt Kinder, die sehr unkonzentriert sind, ohne ständig auf dem Stuhl herumrutschen zu müssen. Einstweilen ist der Begriff ADS der letzte, aber wir können davon ausgehen, daß es nicht der letzte bleiben wird. Viele Pädagogen haben deshalb Zweifel daran, ob all diese Begriffe in der Pädagogik überhaupt sinnvoll sind und nicht eher von den eigentlichen Aufgaben ablenken. Wenn Begriffe, die in der Medizin sinnvoll sind, immer mehr zur Grundlage pädagogischen Handelns werden, verliert die Pädagogik ihre Eigenständigkeit und wird zu einem Anhängsel der Medizin. In der Pädagogik wird deshalb der Begriff der »Teilleistungsstörung«, der aus anderer Sicht neurogen bedingte Schwächen und Schwierigkeiten beschreibt, mit weniger Vorbehalten benutzt.

Die Forschungsergebnisse der Kinderneurologie sind nicht nur für die Erklärung einzelner Teilleistungsstörungen wichtig; noch aus einem anderen Grund, der das Menschenbild in viel allgemeinerer Weise betrifft, sind diese Forschungen für die Schule wichtig: Als die allgemeine Schulpflicht in Deutschland eingeführt wurde, haben aufmerksame Lehrer schnell erkannt, daß es Schüler gibt, die mit dem Angebot der Regelschule nicht gut zurechtkommen; solche Lehrer hatten gleichsam einen sonderpädagogischen Blick. Im Laufe der Jahrzehnte entwickelten sich dann die verschiedenen Sonderschulen, um auch jenen Schülern, die mit dem Angebot der Regelschulen aus den unterschiedlichsten Gründen überfordert waren, gerecht werden zu können. In den letzten beiden Jahrzehnten wurde allerdings an der Berechtigung der Sonderschulen wieder gezweifelt. Die Integrationsbewegung hatte in ihrer ersten großen Begeisterung das erklärte Ziel, alle Sonderschulen abzuschaffen, weil man in ihnen einen bedenklichen Widerspruch zum Postulat von der Gleichheit aller Menschen sah. Alle schulpflichtigen Kinder, die im Einzugsbereich einer Schule wohnten, sollten – unabhängig von etwaigen Behinderungen – dort gemeinsam unterrichtet werden können; und eine gesonderte

Unterrichtung wurde – egal aus welchen Gründen – abgelehnt.

Andererseits wurde in der Pädagogik immer deutlicher, wie verschieden die Schüler sind und wie schwer es ist, den individuellen Ansprüchen eines jeden gerecht zu werden. Spricht man mit Lehrern und fragt sie nach den Schwierigkeiten ihres Berufs, dann wird immer darauf hingewiesen, daß die Klassen zu groß sind und es folglich unmöglich sei, jedem einzelnen gerecht zu werden. Gern wird dann erwidert, die Klassen seien früher noch größer gewesen, und da sei es auch gegangen; aber dabei wird vergessen, daß unsere Vorstellungen von den Aufgaben der Schulen sich seitdem drastisch geändert haben. Wir setzen nicht mehr auf Gehorsam, sondern auf Eigenverantwortlichkeit, Kreativität und Gruppenfähigkeit. In der Pädagogik wird immer deutlicher, daß jeder Mensch eine unverwechselbare Einzigartigkeit ist, ein Unikat, eine Unteilbarkeit (In-Dividualität), und insofern eine nur auf ihn zugeschnittene Form der Pädagogik braucht, und so gewinnt der alte Gedanke der Sonderpädagogik »Jeder Schüler braucht eine Sonderschule für sich allein« wieder an Bedeutung.

Die Erkenntnisfortschritte der Kinderneurologie sind für den einzelnen Lehrer von größter Bedeutung, weil er durch sie auf solche körperlich bedingte Schwächen bei seinen Schülern hingewiesen wird, die in der Pädagogik immer noch irrtümlich als seelisch oder sozial bedingt angesehen werden. Der Lehrer erleichtert sich die Arbeit, wenn er um derartige neurogene Schwächen weiß; er sucht nämlich dann die Ursachen für Konzentrationsschwächen, für Legasthenie, Zappeligkeit und so weiter nicht mehr im Elternhaus (»Papa ist zu streng und kümmert sich zuwenig«) oder in der Unwilligkeit des Kindes (»Du gibst dir ja nicht einmal Mühe«). Er erkennt, daß da weder eine Schuld der Eltern noch eine des Schülers vorliegt. Dies entlastet alle Beteiligten, und der Lehrer wird seine Einstellung zu dem Schüler und zu seinen Stärken und Schwächen und den daraus resultierenden Schwierigkeiten so ändern, daß er hilfreicher kompensieren oder gar therapieren kann.

Hört man Fachleuten zu, die etwas von neurogen bedingten Störungen verstehen, kann der Eindruck entstehen, man müsse erst einmal Kinderneurologie und Hirnphysiologie studieren, bevor man es wagen darf, Schülern das Abc beizubringen. Das ist sicher unnötig und ganz und gar übertrieben; aber wir Lehrer tun gut daran, die Erkenntnisse der Kinderneurologie nicht unbeachtet zu lassen. Wer etwa die Darstellung von Kindern mit neurogen bedingten Störungen bei Lislott Ruf-Bächtiger in ihrem Buch »Das psychoorganische Syndrom« liest, wird erstaunt bemerken, daß er die da beschriebenen Schüler alle kennt, womöglich aber deren Schwierigkeiten bislang ganz anders gesehen hat.

Vor Jahren hatte eine Tagung in Hamburg zum Thema Integration das Motto: »Nehmt die Kinder (wahr), wie sie sind«. Darüber nachzudenken lohnt sich auf jeden Fall.

Zum Umgang mit Autodestruktion

Ein Lehrer verteilt Arbeitsblätter, die er sorgsam zu Hause am heimischen Computer gestaltet und in der Schule vervielfältigt hat. Die meisten Schüler fangen sofort an, das Arbeitsblatt zu bearbeiten, einige drucksen herum, einige maulen, fangen dann aber doch an, nachdem der Lehrer sie ermahnt hat. Zwei Schülern freilich ist damit nicht beizukommen, der eine hat die Arme auf dem Tisch verschränkt und seinen Kopf darauf gelegt, als wollte er ein Nickerchen halten, aber er weint. Der andere Schüler hat nach einem kurzen Blick auf das Arbeitsblatt daraus eine Kugel geknüllt, die er mit offensichtlicher Lust durch den Klassenraum wirft. Der weinende Schüler ist für die meisten Lehrer das geringere Problem, hier ist womöglich Trost angesagt, den man als Lehrer leicht bieten kann. Schwieriger ist es, eine angemessene Reaktion auf den Papierkugelwerfer zu finden, denn der droht die ganze Veranstaltung zu kippen, was schon daran zu erkennen ist, daß nun auch ein anderer Schüler, dem Beispiel des Papierkugelwerfers folgend, sein Arbeitsblatt zerknüllt hat. Die Augen der Schüler richten sich auf den Lehrer, um zu sehen, was nun geschehen wird. Ein alltägliches Ereignis, das in vielfältigen Varianten überall in den Schulen vorkommt.

Und was macht man nun als Lehrer? Diese berechtigte Frage soll vorerst unbeantwortet bleiben, weil ein besseres Verständnis des Geschehens zu Handlungsmöglichkeiten führt, die sich auf den ersten Blick nicht anbieten. Die Überschrift des Kapitels legt ja schon den Gedanken nahe, daß da Autodestruktion im Spiele ist, und tatsächlich ist selbstzerstörerisches Verhalten nicht nur in der Schule, sondern allenthalben im Leben eine starke Kraft, die das Zusammenleben der Menschen – gleich unter welchen Bedingungen, ob in der Ehe, im Beruf, unter Geschwistern oder in der Schule – außerordentlich erschweren und belasten kann, bis hin zum Auseinanderbrechen von Gemeinschaften, bis hin zu Zwisten und Kriegen.

Offenbar kommt selbstzerstörerisches Verhalten bei unseren tierischen Verwandten entweder gar nicht oder in viel geringerem Maße vor, jedenfalls wissen die Biologen davon kaum etwas zu berichten. Beim Menschen hingegen ist es gang und gäbe; jeder von uns kennt selbstzerstörerische Gefühle und Gedanken, der eine mehr, der andere weniger. Viele Menschen verwenden viel Kraft darauf, sich selbst fertigzumachen, sich ihren eigenen Unwert vorzuhalten, sich zu beschimpfen, sich zu schämen und abzulehnen. Manch einer kann sich und die Welt so wenig ertragen, daß er immer wieder daran denkt, sich umzubringen, um die furchtbaren selbstquälerischen Gedanken endlich loszuwerden; und manch einer bringt sich tatsächlich um.

Wie kommt es, daß wir Menschen, anders als die Tiere, uns soviel Schlechtes antun können, bis hin zum Selbstmord? Sind Tiere etwa und Pflanzen leidensfähiger als der

Mensch? Es hängt wohl mit unserem sehr weit entwickelten Bewußtsein zusammen, daß wir so schwer unter uns selbst leiden können. Unser höheres Bewußtsein haben wir den Tieren voraus; wenn wir einen Stein fallen sehen, können wir uns über den Sinn und die Ursache des Fallens viele Gedanken machen und dabei sehr weitreichend schlußfolgern, etwa uns eine Kraft ausdenken, die den Stein fallen läßt. Aber sogar uns nahe verwandte Tiere sind dazu nicht fähig; das Fallen eines Steines berührt sie wenig, sie gehen schnell zur Tagesordnung über und suchen nach dem nächsten eßbaren Halm. Durch unser Vermögen, die Welt zu betrachten, begegnen wir auch uns selbst; wir denken über uns nach, bewerten uns und führen ein lebenslanges Selbstgespräch. Das freilich bleibt im verborgenen, niemand kann mithören, wie einer mit sich selbst spricht, wie er sich selbst bewertet, wie er sich achtet oder verachtet.

Auch kleinen Kindern ist die Vorstellung, etwas oder jemanden zu mögen, gern zu haben – oder auch nicht –, durchaus geläufig. Würden wir Kinder fragen: »Wer mag dich, wer hat dich gern?«, wären die Antworten darauf – wie zu erwarten – sehr verschieden; und die gegensätzlichsten wären etwa: »Och, eigentlich alle« oder »Niemand«. Gehen wir einmal davon aus, die Antworten wären nicht durch irgendein aktuelles angenehmes oder schmerzliches Erlebnis bedingt – der eigene Geburtstag, das Schimpfen von Papa zu Hause beim Frühstücken –, sondern wäre als Lebensgrundgefühl schon seit längerer Zeit, eigentlich schon immer da. Was würde das für das Leben dieses Menschen bedeuten? Hören wir auf unsere Frage »Wer hat dich gern?« die Antwort: »Och, eigentlich alle«, sehen wir den Menschen, seine Gegenwart und seine Zukunft in einem sonnigen Licht; hören wir dagegen auf die gleiche Frage ein entschiedenes »Niemand«, macht sich Unsicherheit breit; da haben wir womöglich schnell irgendeinen – wirkungslosen – Trost auf den Lippen, weil wir die Kälte, die in dem »Niemand mag mich« fühlbar wird, kaum ertragen können. Beide Kinder gehen zur Schule und sollen sich dort für die Geheimnisse der Groß- und Kleinschreibung oder die Einzelheiten der norddeutschen Tiefebene begeistern. Wem fällt das leichter? Die Antwort ist eindeutig.

Martin Luther übersetzt so schön: »Wes das Herz voll ist, des geht der Mund über.« Wovon das Herz desjenigen Schülers voll ist, der da meint »Mich mögen eigentlich alle«, kann man sich leicht denken: Es ist angefüllt mit Lachen, Zuversicht, Selbstvertrauen und fröhlicher Gelassenheit; jedenfalls viel eher als das Herz jenes Schülers, der meint »Mich mag niemand«; sein Herz ist voller Tränen, Verzweiflung, Traurigkeit und Hoffnungslosigkeit, voller Wut und Ärger.

»Wer mag dich, wer hat dich gern?«, das ist eine Frage, die das Verhältnis zu anderen meint. Viel wichtiger, geradezu von existentieller Bedeutung, ist aber die andere Frage, die auf das Verhältnis zu sich selbst zielt: »Wie steht es denn mit dir, magst du dich?« Verständlicherweise beantworten Kinder, die im sicheren Gefühl leben, daß man sie mag, auch diese zweite Frage für sich mit einem entschiedenen »Ja, ich mag mich«, und jene, die mit der Vorstellung leben, niemand habe sie gern, ebenso entschieden mit einem entrüsteten »Nein, ich mag mich nicht«. Wer sein Verhältnis zu sich selbst so beschreibt, wird in einer Weise mit sich selbst umgehen, wie es der Begriff Autodestruktion richtig bezeichnet, wenn auch das ganze Ausmaß der Verzweiflung aus diesem Fremdwort kaum herauszulesen ist.

Nun wird deutlich, warum man – gerade auch als Lehrer – nicht nur darauf schauen muß, wie die Schüler mit der Welt und untereinander umgehen, sondern auch darauf, wie sie ihr Verhältnis zu sich selbst gestalten. Wenn mein Verhältnis zu mir selbst das Muster für mein Verhältnis zur Welt ist, kommt alles darauf an, mich selbst kennen und lieben zu lernen, mich zu achten und für mich zu sorgen, und zwar in guten wie in schlechten Zeiten, damit ich in der gleichen Weise auch nach außen wirksam werden kann. Anders gesagt: Wenn ich lerne, mit mir selbst wie mit einem guten Freund umzugehen, wenn ich mir sogar selbst mein bester Freund sein kann, habe ich ein besseres Los gezogen, als wenn ich in mir selbst meinen ärgsten Feind erkenne, der bekämpft werden muß.

Da drängt sich natürlich die Frage auf, wieso sich denn nicht alle Menschen mögen, wenn es sich doch offensichtlich sehr viel angenehmer auf diese Weise lebt als umgekehrt. Eine mögliche Antwort ist sicher: Wie man in den Wald hineinruft, so tönt es heraus. Wer lange genug einem Kind von seinen Mängeln und Fehlern predigt, wer keine Gelegenheit ausläßt, das Kind zu demütigen, und wer es wegen jedes Mißgeschicks auslacht, ihm seine Verachtung zeigt und Annäherungsversuche des Kindes mit Abweisung beantwortet, hat gute Chancen, eine Seele voller Selbstverachtung und Zerstörungslust heranwachsen zu lassen.

Aber ein selbstzerstörerisches Verhalten entsteht nicht nur auf diese Weise. Menschen sind sehr unterschiedlich, und manch einer geht sehr schlecht mit sich um, obwohl die Einflüsse seiner Umwelt dies nicht nahelegen. Ob man nun zur Erklärung die Vorstellung verschiedener Temperamente heranzieht, die Vererbung bemüht oder gar die Konstellationen der Planeten verantwortlich macht, ist weniger wichtig, als ein Gespür dafür zu entwickeln, *wie* Menschen mit sich selbst umgehen.

In der Schule heißt das, ein wachsames Auge dafür zu haben, wo Autodestruktion sichtbar wird, nicht vor allem deshalb, weil Sich-selbst-Zerstören dem einzelnen schadet, sondern weil selbstzerstörerisches Handeln in einer Schulklasse ein schlimmes Gift ist, dem leicht alle guten Vorsätze des Lehrers und sogar das Ziel des Unterrichts geopfert werden müssen, damit nicht alles drunter und drüber geht. Dabei sind es nicht die eher seltenen großen Anklagen und Wutausbrüche gegen sich selbst, die gefährlich sind, sondern die vielen kleinen Verletzungen, die man sich – auch aus ganz geringfügigem Anlaß – zufügen kann. Die Schule fordert viel: Die Schüler einer Klasse sollen im Klassenraum über Jahre hinweg gemeinsam lernen; jedem Schüler wird dabei immer und immer wieder vorgeführt, wer viel, wer weniger und wer sehr wenig kann. Da sollen viele es ein ganzes Schülerleben aushalten, zu den schlecht zensierten zu gehören, ohne – ein schädliches – Selbstmißtrauen zu entwickeln. Wenn sich in einem Schüler mangelnde Begabung für ein Unterrichtsfach mit hohen Ansprüchen an sich selbst unheilvoll mischt, folgt autodestruktives Verhalten fast zwangsläufig; und deshalb ist es klug, sich als Lehrer nicht nur darauf einzustellen, einen kunstgerechten Unterricht zu geben, sondern von Anfang an darauf zu achten, daß selbstzerstörerisches Verhalten wenigstens nicht die Oberhand gewinnt. Das ist eine Gratwanderung: Einerseits fordert der Unterrichtsplan, daß etwas gelernt wird, wobei zwangsläufig die Unterschiede in den Möglichkeiten der Schüler sichtbar werden müssen, andererseits sollen gerade diese Unterschiede nicht zu Verzweiflung und Selbstzerstörung bei jenen führen, die mit ihren Leistungen nicht zufrieden sind.

Es gilt also, eine Stimmung im Klassenraum zu erzeugen, die solchen Anfechtungen ein geradezu unerschütterliches Selbstvertrauen entgegensetzt. Da reichen aufmunternde Floskeln wie »Nimm's nicht so schwer!« oder »Fang wenigstens an und mach, soviel du kannst!« nicht weit, da kommt es darauf an, ein grundsätzliches Einverständnis mit der Eigentümlichkeit eines jeden Schülers zu zeigen, wie es im besten Falle im Verhältnis von Eltern zu ihren Kindern gelebt wird. Franz Kafka hat das Gemeinte folgendermaßen in Worte gefaßt: »Jeder Mensch ist eigentümlich und kraft seiner Eigentümlichkeit berufen zu wirken, er muß aber an seiner Eigentümlichkeit Geschmack finden.«

»Jeder Mensch ist eigentümlich« – da fallen jedem sofort einige Zeitgenossen ein, die tatsächlich sehr eigentümlich sind, auch Schüler gehören dazu. Und »kraft seiner Eigentümlichkeit berufen zu wirken« heißt doch wohl: Es soll nicht – auch nicht in der Schule – darauf hinauslaufen, ihm die Eigentümlichkeiten abzugewöhnen, damit er ein nützliches Mitglied der Gesellschaft werde, sondern gerade darauf, seine Eigentümlichkeiten zu fördern, weil er nur durch sie berufen ist, in der Welt zu wirken. Kafka nennt auch die Voraussetzung, die dazu nötig ist: »Er muß aber an seiner

Eigentümlichkeit Geschmack finden.« Heißt das nicht, daß wir Lehrer unseren Schülern immer wieder sagen müssen: »So, wie ihr seid, seid ihr richtig, ihr seid meine lieben Schüler, jeder einzelne von euch, und wenn ich das einmal vergesse, dann erinnert mich bitte daran – und nun laßt uns anfangen!«

Es kann da keine verbindlichen Formeln geben, jeder muß seine eigenen, ihm angemessenen Worte finden, so etwas auszudrücken. Nehmen wir einmal an, ein Lehrer hätte sich die im Kafka-Zitat beschriebene Auffassung zu eigen gemacht und in ihm gemäße Worte gekleidet, dann ist schon viel gewonnen: Die Schüler können darauf vertrauen, grundsätzlich gemocht zu werden, ohne daß daran irgendwelche Bedingungen geknüpft sind. Eine solche Haltung des Lehrers gegenüber seinen Schülern ist die Voraussetzung dafür, die Schüler schließlich daran zu gewöhnen, auch sich selbst mit einer ähnlichen Haltung zu begegnen, indem sie lernen, zu sich selbst zu sagen: »Mein lieber Karl-Heinz, ich mag dich, so, wie du bist.« Wie schlimm für die Mitmenschen selbstzerstörerisches Verhalten sein kann, das hat Friedrich Nietzsche so beschrieben: »Wer sich selbst haßt, den haben wir zu fürchten, denn wir werden die Opfer seines Grolls und seiner Rache sein. Sehen wir also zu, wie wir ihn zur Liebe zu sich selber verführen.«

Man glaube nur ja nicht, daß solche Verführung zum liebevolleren Umgang mit sich selbst gefährlich sei, weil dann die Schüler zu übermütig werden und am Ende niemand mehr Lust hat, auch nur irgend etwas zu lernen, weil er aufgrund des »Ich mag mich, so, wie ich bin« allen Antrieb zum Lernen, ja zu jeder Veränderung seiner selbst verlieren müsse und nur noch Selbstgefälligkeit an den Tag lege. Die freundschaftliche Gesinnung zu sich selbst ist nicht nur für die Zuneigung zu anderen die beste Voraussetzung; sie macht das Herz und den Geist erst frei für Veränderungen, sei es nun für Veränderungen im eigenen Selbst oder im Wissen und Können (Wissen und Können zu vermehren ist ja noch immer das erklärte Hauptziel der Schule). Ob nun in einer

Klasse solche zustimmende Moral zu sich selbst die Form »Wir wollen freundschaftlich zueinander sein« annimmt oder eine andere, ist weniger wichtig; jeder Lehrer muß hier seiner eigenen Eigentümlichkeit folgen. Ein gelungenes Beispiel hat uns der Kollege Vicco Meyer berichtet: Als er im Unterricht eine Dampfmaschine an die Tafel zeichnete und sein Tun mit den Worten »Das ist Mist« begleitete, weil die Zeichnung nicht seinen Vorstellungen entsprach, fielen ihm die Schüler ins Wort mit dem Hinweis: »Sie sagen immer, wir sollen nett zu uns sein, und Sie sind es nicht mal zu sich selbst.« Die Vorbildwirkung, die von den Schülern angemahnt wurde, hat noch einen Aspekt, auf den Augustinus hingewiesen hat. Wenn man vor der Aufgabe steht, jemandem andere Menschen anzuvertrauen – in unserer Zeit hieße das: einem Arzt Patienten, einem Chef Mitarbeiter, einem Lehrer Schüler und so weiter –, so solle man vor allem darauf achten, wie dieser Jemand mit sich selbst umgeht, denn dann wisse man auch, wie er mit den ihm Anvertrauten umgehen wird.

Das kann doch nur bedeuten, daß es für die Lehrerausbildung nötig wäre, dafür zu sorgen, daß Lehrer erst dann mit Schülern umgehen dürfen, wenn sie sich einen freundschaftlichen und liebevollen Umgang mit sich selbst angeeignet haben. Tatsächlich weiß jeder Lehrer, wie schlimm es ist, zu unterrichten, wenn man mit sich selbst und der Welt ganz uneins ist (man sollte dann besser zu Hause bleiben), und wieviel leichter, wenn man sich selbst und folglich auch die Schüler bejahen kann. Und weil in der Kunst des Erziehens das Vorbild mit zu den wichtigsten Wirksamkeiten gehört, darf man die Wirkung des übelgelaunten Lehrers auf die Schüler nicht unterschätzen; die bemerken seinen Zustand sofort und antworten – kraft Vorbild und der dazugehörenden Nachahmung – mit einer Verschlechterung ihrer eigenen Laune.

Ebenso vorbildlich wirkt aber auch der mit sich selbst einverstandene Lehrer, der guter Dinge in den Unterricht geht, auch er ruft Nachahmung hervor, so daß selbstzerstörerisches Handeln wenigstens nicht durch sein schlechtes Vorbild gefördert wird. Udo Derbolowsky hat diesen Gedanken in seiner »Psychopädie« genannten Methode ausführlich entwickelt und gezeigt, daß alle Bewältigung von vergangenem Leid und Schmerz nur durch Änderungen des Verhältnisses zu sich selbst möglich ist. Das Verhältnis zu sich selbst wird in keiner anderen aus der Psychotherapie kommenden Methode so hoch bewertet wie in der Psychopädie.

Dem Leser mag aufgefallen sein, daß hier immer von Autodestruktion und nicht von Autoaggression die Rede war. Ist das nicht eigentlich dasselbe? Aggressionen sind überall im Tierreich lebensnotwendig, auch bei uns Menschen. Denn man muß schon an die Dinge herangehen, um sich mit ihnen vertraut zu machen, sich ihrer zu bemächtigen. Genau das meint der dem Wort »Aggression« zugrundeliegende lateinische Begriff »ad gredi«: herangehen im Sinne von sich bemächtigen; aber das hat mit Zerstören oder gar böswilligem Zerstören noch gar nichts zu tun. Ohne Aggression ist Destruktion nicht möglich; aber Aggression ist sehr wohl ohne Destruktion möglich! Autoaggression muß nichts Schlimmes sein, Autodestruktion ist es aber sehr wohl. Bei der autoaggressiven Handlung des Nägelschneidens kann man leicht abgleiten und sich in die Haut schneiden. Der Weg von der Autoaggression zur Autodestruktion ist in diesem Beispiel sehr kurz; aber deshalb muß man nicht in jedem Nägelschneiden schon Selbstzerstörung erkennen wollen. Es ist nicht gut, mit allen Entartungen auch die dazugehörenden Artungen zu verurteilen, nur weil sie so verwandt sind. Wenn mit dem zerstörerischen Verhalten (Destruktion) auch das sich bemächtigende Verhalten (Aggression) geächtet wird, kommt leicht eine Stimmung auf, in der nur noch sanft im Sinne eines therapeutischen Säuselns miteinander umgegangen wird, und ein solches Zusammenleben macht keinen Spaß mehr. In einer fröhlichen, selbstbewußten Klassengemeinschaft darf es Aggressionen und Heftigkeiten geben, die keineswegs mit falsch verstandenem Zartgefühl zivilisiert werden müssen.

Die gegenwärtige Neigung, in jeder körperlichen Auseinandersetzung zwischen Schülern ganz pauschal den Mißbrauch von Gewalt erkennen zu wollen, schadet mehr, als sie nützt: Das – vor allem bei vielen Jungen geradezu unbändige – Bedürfnis nach deutlicher Berührung, die in ihrer Heftigkeit auch mit Schmerz verbunden sein darf, bleibt auf schädliche Weise unbefriedigt, wenn jedwede körperliche Auseinandersetzung geächtet wird und bloß mit den Mitteln verbaler Problemlösungsstrategien überwunden werden soll.

Fordern und Fördern – Wann ist ein Lehrer förderlich?

Unterrichtsvorbereitungen von Referendaren strotzen nur so von Formulierungen, die mit »Die Schüler sollen ...« beginnen. Von Dürfen ist da selten die Rede, und leicht kann man den Eindruck gewinnen, praktische Pädagogik in Schulen sei vor allem ein Durchsetzen von Forderungen, die von der Gesellschaft gestellt und über den Lehrer als Mittelsmann bei den Schülern vollstreckt werden.

Wer politisch Eindruck machen will, stellt vor allem Forderungen, das kommt gut an; und meist werden solche Forderungen mit Empörung vorgetragen, nämlich über jene, die das Geforderte immer noch nicht umgesetzt haben. Aber dieses Verständnis des Wortes »Fordern« ist hier nicht gemeint, eher die Art und Weise, wie ein Lehrer etwas von seinen Schülern mit Nachdruck verlangt. Aber darf ein Lehrer überhaupt etwas fordern, und wenn ja, in welcher Form? Oder ist Fördern nicht eigentlich das bessere Wort, um das Verhältnis des unterrichtenden Lehrers zu seinen Schülern zu kennzeichnen? Gefördert wird in den Schulen sehr viel: Rechtschreibförderung, Leseförderung, Rechenförderung, Ausländerförderung und anderes mehr; dabei geht es darum, über das normale Maß hinaus zu unterrichten, wenn einzelne Schüler Mängel in bestimmten Schulfächern zeigen. Fördern nur als Maßnahme bei Mängeln? Ist Fördern nicht die wichtigste und eigentliche Aufgabe des Lehrers, wichtiger noch als das Lehren, das Unterrichten? Denn Fördern heißt doch ursprünglich, »jemanden oder etwas zu unterstützen und vorwärtszubringen«. Ist das nicht genau die Aufgabe des Lehrers, seine Schüler zu unterstützen, sie vorwärtszubringen? Oft wird die Tätigkeit des Lehrers als eine Art Abfüllung mit Wissen und Fertigkeiten mißverstanden wie im bekannten Bild vom Nürnberger Trichter.

Der Staat, der die Schulen einrichtet und für genügend ausgebildete Lehrer zu sorgen hat, verlangt vom Lehrer aber gar nicht, daß die Schüler bestimmte Dinge lernen. Das klingt zunächst sehr merkwürdig, denn das Ziel der Schule ist doch, daß die Schüler etwas lernen. Aber aus der Erkenntnis heraus, daß die mögliche Verantwortung des Lehrers nicht darin liegen kann, wieviel seine Schüler gelernt haben, verlangt der Staat von seinen Lehrern nur, daß sie einen kunstgerechten Unterricht geben. Wäre der Lehrer dafür verantwortlich zu machen, wieviel seine Schüler gelernt haben, wären Schadensersatzklagen möglich, wenn Eltern beispielsweise der Meinung sind, ihr Kind habe bei einem bestimmten Lehrer zu wenig gelernt und deshalb keine Lehrstelle (oder keinen Studienplatz) bekommen. Lehrer werden nicht dafür bezahlt, daß die Schüler bestimmte Dinge wissen und können, sondern allein dafür, daß sie einen guten Unterricht geben. Darin sind sie ausgebildet, und diesbezüglich werden sie auch gelegentlich überprüft. Die bekannteste Formulierung dafür ist immer noch: »Der Schulrat kommt nicht, um zu sehen, wie die Kinder lernen, sondern um zu sehen, wie der Lehrer lehrt.« Solche Überlegungen können entlasten, etwa wenn der Lehrer in seiner Klasse viele Schüler hat, die – aus welchen Gründen auch immer – sehr schwer lernen. Und umgekehrt kann es am Selbstbewußtsein des Lehrers zehren, besonders dann, wenn er irrtümlich der Meinung ist, es läge in seiner Verantwortung, ob die Schüler bestimmte Dinge wissen und können oder nicht.

Eltern versuchen zuweilen, Lehrer mit dem Hinweis unter Druck zu setzen, ihre Nichte in dem Ort Sowieso sei auch in der Klasse 6, und die könne schon dies und das, hier sei man erst auf Seite 23. Da kann man als Lehrer leicht in Hektik geraten, hastig den Trichter bemühen, um den fehlenden Stoff doch noch und möglichst schnell einzuflößen, und darüber die eigentliche Aufgabe des Lehrers – das Unterstützen und Vorwärtsbringen im Sinne von Fördern – vergessen. Wirkliches Lernen, so, wie es die Schüler schon aus ihrem Leben vor Schulbeginn kennen, ist aber etwas anderes als die Fütterung mit Wissen. Kinder wissen, wie es ist, etwas zu lernen. Sie haben als Säugling damit angefangen, und neuere Forschungen zeigen, daß sie schon in Mamas Bauch angefangen haben zu lernen. Bis zum Beginn der Schule haben sie bereits sehr viel gelernt, und das alles ohne Lehrer. Die Muttersprache – und vieles andere – wird allein durch Nachahmung gelernt, ohne ausgebildete Sprech- und Spracherzieher. Etwas zu lernen ist für Kinder eine Quelle der Lebensfreude. Lernen bedeutet für sie Lust. Um etwas zu lernen, braucht deshalb kein Kind einen staatlich ausgebildeten Lehrer, wohl aber braucht es Gelegenheiten, Anregungen, Hilfen und Förderung.

Schulen für alle Kinder sind eine relativ neue Erfindung der Menschheit; Millionen von Jahren sind die Menschen ohne Schulen ausgekommen, was aber nicht bedeutet, daß erst seit dem siebzehnten Jahrhundert, als in Deutschland die allgemeine Schulpflicht eingeführt wurde, Kinder anfingen, etwas zu lernen. Gelernt wurde immer, man kann das gar nicht verhindern, und da wundert es schon, wie heftig auf der Bedeutung der Schulen bestanden wird, als wären sie die einzigen und daher wichtigsten Institutionen für die Entwicklung der Kinder. Vor der Einschulung, außerhalb des Unterrichts und nach dem Schulabschluß wird auch sehr viel gelernt, womöglich sogar mehr und besser als in den Schulen. Die Vorfreude der Kinder auf ihre Einschulung ist jedenfalls darauf zurückzuführen, daß sie genau wissen, was Lernen heißt: Es macht Spaß, und man fühlt sich hinterher immer besser, wichtiger und reicher als vorher. Viele Menschen haben ihre eigene Schulzeit tatsächlich als in diesem Sinne beglückend erlebt. Da waren Lehrer, die ihren Schülern Dinge nahegebracht haben, die ihnen bis dahin unbekannt waren: Lehrer, die ganz viel wußten und so gut erklären konnten, daß man das alles ganz leicht begreifen konnte. Da war ein Gleichgewicht der Kräfte: Die Kraft zu lehren war genau an die Kraft zu lernen angepaßt. Aufgabe der Lehrer war es, ihre Schüler – ganz im Sinne des Wortes »fördern« – zu unterstützen und sie vorwärtszubringen.

Wenn einzelne Schüler in bestimmten Fächern große Schwierigkeiten haben, ist das von den Schulen eingesetzte Mittel die Förderung, nicht jenes der Forderung. Lernen Schüler nicht so, wie man es möchte, erreicht man mit dem Mittel der Forderung eher das Gegenteil dessen, was angestrebt wird. Die Förderung bezieht das Maß für das pädagogische Handeln aus dem Schüler selbst; Förderung ist deshalb der Königsweg der Pädagogik. Wenn es einem Lehrer gelingt, seine Schüler im besten Sinne des Wortes zu fördern, beschreiben die Schüler das immer in der Form: »Bei dem habe ich was gelernt.« Dem Kind ist nur sein eigenes Lernen wichtig, nicht das Lehren des Lehrers. Derjenige, bei dem es etwas gelernt hat, der es gefördert hat, ist für das Kind ein guter Lehrer.

Das Fordern ist viel weiter von den Bedürfnissen der Schüler entfernt als das Fördern und daher ganz ungeeignet als Maßstab für guten Unterricht. Beim Fordern betrachtet der Lehrer viel zu sehr sich selbst, und er verliert dabei leicht den Blick auf das Kind, er denkt an die Richtlinien, die Eltern, den Staat. Beim Fördern muß sich der Lehrer eingehend mit seinen Schülern vertraut machen, um überhaupt erkennen zu können, wie er sie in ihrem Drang zu lernen unterstützen kann. Lernvorgänge kann man nur sehr begrenzt durch Forderungen beflügeln; und wenn das Mittel der Forderung bei Eltern und Politikern auch sehr beliebt ist, im Schulalltag ist es dem Lernen eigentlich eher abträglich.

Dennoch hat auch das Fordern seinen Platz im Unterricht,

insbesondere deshalb, weil die ganze Veranstaltung des Unterrichtens in den Schulen unter den bekannten Bedingungen stattfinden muß: Viele Schüler sollen sich gemeinsam in einem Raum in vorgegebener Zeit einen vorgegebenen Lernstoff aneignen. Da sind ganz klare Regeln nötig, wenn man sich nicht gegenseitig das Leben schwermachen will. In jeder Gemeinschaft müssen von jedem Beteiligten Opfer gebracht werden, um den Bestand der Gemeinschaft zu sichern. Auch in einer Klasse mit dreißig Schülern müssen alle einunddreißig Anwesenden – der Lehrer ist da genauso betroffen wie die Schüler – Opfer bringen, nämlich Opfer an Freiheit und an Spontaneität. Da darf kein Schüler einfach drauflosreden oder etwas ganz anderes machen, als dran ist, oder seine Sachen zusammenpacken und einfach gehen, wenn ihm danach ist; alle haben sich an Regeln zu halten, die um so schärfer eingehalten werden müssen, je mehr Schüler anwesend sind. Das allein spricht schon für kleine Klassen unter zwanzig Schülern.

Eine Klassengemeinschaft braucht aber nicht nur Regeln, sondern auch einen Wächter der Regeln; diese Rolle muß der Lehrer übernehmen. Ob er nun die Regeln, die gelten sollen, zusammen mit den Schülern erarbeitet oder sie wie eine Art Gesetz verkündet, hängt sicher auch vom Alter der Kinder ab; aber wie auch immer – die ausführende Durchsetzung solcher Regeln liegt beim Lehrer. Und so schwer es vielen Lehrern fällt, tagtäglich diese ungeliebte Rolle zu spielen, es muß sein. Klugerweise beschränkt man sich auf wenige einfache Regeln, die von den Schülern verstanden werden, und achtet dann unbeugsam auf deren Einhaltung (Ausnahmen sind – wie überall im Leben – nötig und möglich).

Zu verschieden sind freilich die Klassen und die Lehrerpersönlichkeiten, als daß man nur aufzuschreiben bräuchte, welche Regeln unbedingt einzuhalten sind. Der eine Lehrer wird »wahnsinnig«, wenn Schüler mit dem Stuhl kippeln; andere Lehrer, die vielleicht davon gehört haben, wie wichtig es für viele Kinder ist, durch Kippeln ihr Gleichgewichtsorgan zu reizen, zeigen Verständnis (»Ja, ja, das bringt immer ein bißchen Unruhe, aber das stört mich weiter nicht«). Der eine Lehrer empfindet es als beleidigend, wenn während seines ausgezeichneten Unterrichts gegessen wird, ein anderer erlaubt es stillschweigend und erklärt den erstaunten Kollegen, er selbst äße auch gern während der Arbeit. Wer unsicher ist, wie man denn dieses oder jenes regeln und durchsetzen kann, sei auf den Gedankenaustausch mit Kollegen verwiesen; vieles von dem, was man da hört oder sieht, kann man sich leicht über den Weg der Nachahmung aneignen. Der Lehrerberuf ähnelt in dieser Hinsicht dem Handwerk (vielleicht noch eher dem Kunsthandwerk), wo man durch Abgucken und Nachahmung Verhaltensweisen lernt.

Lehrer, die auf diese Weise zu fordern verstehen, sind ihren Schülern förderlich. Woran aber erkennt man so einen Lehrer? Vor allem daran, daß seine Schüler ihn mögen und sich darauf freuen, wieder bei ihm Unterricht zu haben.

Die innere Vorbereitung des Lehrers

Andreas war vierzehn Jahre alt und besuchte eine Gesamtschule. Wegen seines auffälligen Verhaltens ging er regelmäßig zum Beratungsdienst der Schule, um dort Wege zu finden, wie er seine Probleme in den Griff bekommt. Andreas war ein Schüler, der seine Lehrer sehr bewußt wahrnahm und deshalb Einzelheiten sah, die anderen jungen Menschen während ihrer ganzen Schulzeit verborgen blieben. Was er bei manchen Lehrern sah, rief nicht nur Kopfschütteln oder Naserümpfen bei ihm hervor, sondern vor allem Lust, das Gesehene sofort laut zu kommentieren, da konnte er sehr verletzend sein, und Äußerungen wie »Wenn Sie das hier nicht packen, dann müssen Sie sich einen anderen Beruf suchen« gehörten noch zu den mildesten. Jener Lehrer, der als Mitglied des Beratungsdienstes mit ihm zu tun hatte, war von der offenen Ehrlichkeit, mit der Andreas die Kollegen betrachtete, immer wieder beeindruckt, auch deshalb, weil sein eigenes Urteil nicht selten mit dem des Schülers übereinstimmte. Als Andreas sich einmal über Herrn Schulze beklagte, weil der weder unterrichten könne noch fähig sei, sich durchzusetzen, schilderte er den Beginn einer Unterrichtsstunde mit den folgenden Worten: »Sie müßten mal sehen, wie der reinkommt; da würden Sie auch zuviel kriegen. Wie ein verängstigter Hase drückt er sich in den Klassenraum; da verliert sofort jeder die Lust, von so einem unterrichtet zu werden.« Und dann fügte Andreas eine Empfehlung hinzu, wie Herr Schulze seine Lage verbessern könne: »Der müßte mal, bevor er die Türklinke des Klassenraums runterdrückt, einen Moment warten, dreimal tief durchatmen und dann erst rein in die Klasse gehen.«

Wer sich sein Lehrerdasein erleichtern möchte, tut gut daran, seinen Beruf in der Nähe der Schauspielerei zu sehen. Der Klassenraum ist ja einer Bühne nicht unähnlich: Eine Unterrichtsstunde ist zu Ende, die Schüler warten auf den nächsten Lehrer, die Tür geht auf, er kommt rein. Ein Blick in das mürrische Gesicht des Lehrers genügt, und die Schüler wissen: Das gibt eine Tragödie, heute ist keine Komödie angesagt. Da werden die Schüler noch mürrischer, als sie es schon waren; das Schicksal nimmt seinen Lauf, nicht selten müssen sich vielleicht sogar die Schulleitung, der Schulrat und etliche Eltern mit dem Verlauf dieser Unterrichtsstunde, die – wieder einmal – in einer Katastrophe endete, beschäftigen.

Zwingt eigentlich das Gebot von Offenheit und Ehrlichkeit dazu, daß der Lehrer seine Gefühle und Ängste den Schülern nicht vorenthält? Wenn die Umstände es nötig machen, daß der Lehrer eine Ich-Botschaft im Sinne Thomas Gordons sendet, um seine – wegen eines familiären Trauerfalls – gedrückte Stimmung seinen Schülern verständlich zu machen, ist Offenheit und Ehrlichkeit geradezu notwendig; aber das bedeutet nicht, daß Lehrer grundsätzlich ihre Schüler an den eigenen Sorgen, Nöten und Ängsten – um der Authentizität willen – teilhaben lassen müßten.

Man könnte nun einwenden, daß der Lehrer gleichsam zur Lüge aufgefordert wird, wenn man von ihm verlangt, seine Stimmungen wie ein berufsmäßiger Schauspieler hinter einer Maske zu verbergen. Aber das wäre zu einfach. Wenn Will Quadflieg auf der Bühne den »Faust« spielt und das so gut macht, daß seine Zuschauer das Geschehen auf der Bühne gebannt verfolgen, dann fällt niemandem ein zu rufen: »Ach, Herr Quadflieg, Sie tun doch nur so.« Das wissen alle: Herr Quadflieg tut nur so, schließlich ist er Schauspieler und wird dafür bezahlt; aber ebendas macht sein Können aus; er beherrscht die Fähigkeit, in eine Rolle zu schlüpfen, so vollendet, daß wir ihm wie gebannt dabei zusehen und uns in Gedanken noch lange mit dem Erlebten beschäftigen. Schulen sind keine Schauspielhäuser, das ist wahr; aber das Geschehen in den Schulen ist vom sonstigen Lebensalltag der Schüler und Lehrer so verschieden, daß jeder dort eine (oder mehrere) Rollen spielen muß, die er sonst nie spielt. Lehrerkinder wären erstaunt, wenn sie sehen könnten, wie anders sich Mama oder Papa als Lehrer im Unterricht verhalten als zu Hause, ebenso wie Eltern häufig erstaunt sind, wenn sie erfahren, in welche absonderlichen Rollen ihre Kinder in der Schule schlüpfen.

Der Schauspieler O.W. Fischer wurde in einem Fernsehgespräch einmal gefragt, wie er denn zur Schauspielerei gekommen sei, und in seiner Antwort erzählte er, wie ihm sehr früh aufgefallen sei, daß jeder Mensch gezwungen ist, in seinem Leben die sonderbarsten Rollen zu spielen; da habe es ihn gereizt zu lernen, wie man das berufsmäßig macht. Viele Lehrer können das auch: von jetzt auf gleich in eine andere Rolle schlüpfen. Das kann man zuweilen bei erfahrenen Lehrern kurz vor Beginn des Unterrichts beobachten: Morgens in der Pausenhalle einer Grundschule sind die Schüler versammelt und warten auf das Läuten zur ersten Stunde; auch einige Lehrer stehen da, unterhalten sich über dies und das, und ein Lehrer sagt – sichtlich lustlos: »Und jetzt muß ich wieder in diese furchtbare 2a; wie ich diese Stunde hasse.« Dann läutet es, der Lehrer sagt noch: »Na, dann wollen wir mal«, wendet sich den wartenden Kindern zu, breitet die Arme aus und ruft fröhlich: »So, ihr Lieben, jetzt geht's los; wir gehen jetzt in den Musikraum, aber ganz, ganz leise; mal sehen, ob das klappt.«

Die innere Vorbereitung ist in diesem Beispiel auf das »Na, dann wollen wir mal« verkürzt. Der Lehrer beendet, als es zur Stunde läutet, das Gespräch mit seinen Kollegen und spricht mit sich selbst. Mit dem Wörtchen »wir« beschwört er eine Gemeinschaft, die ihm die schwere Aufgabe, jetzt eine Unterrichtsstunde mit der Klasse 2a zu verbringen, erleichtert. Das ist nicht Ausdruck einer Persönlichkeitsspaltung, sondern die Erinnerung an die lebenslange Gemeinschaft mit sich selbst, der wichtigsten Gemeinschaft, die es im Leben eines Menschen gibt; und das »Wir« wirkt in dieser Situation erleichternder als das »Ich«. Die Formel »Na, dann wollen wir mal« hat aber noch eine andere – höchst wichtige – Seite: die Umkehrung des Müssens ins Wollen. Zu seinem Kollegen hatte er noch gesagt: »Jetzt muß ich wieder in diese furchtbare 2a; wie ich diese Stunde hasse«, jetzt heißt es: »Na, dann wollen wir mal.« Er spricht seine Schüler freundlich an, auch wenn er tief im Innern anders gestimmt ist. Dieser Wechsel der Rollen gehört zum Beruf des Lehrers, zu seiner Professionalität. Er hätte auch anders reagieren können: »Jetzt fängt das Elend an, und das mußt du nun fünfundvierzig Minuten lang aushalten.« Das klingt, als wenn ein Folterknecht dem Gefangenen den Beginn der Folter ankündigt – eine recht ungünstige Voraussetzung für den Beginn einer Unterrichtsstunde.

Es ist wie immer in der Pädagogik: Ein allgemeines Rezept für die angemessene Art der inneren Vorbereitung gibt es nicht. Wer fromm ist, wird eine aus dem Umkreis des Glaubens stammende Form wählen und vielleicht zu sich sagen: »Die Kinder der Klasse 2a und ich, wir alle sind ebenbürtige Geschöpfe Gottes.« Er kann damit den Schrecken, den die Klasse in ihm auslöst, verringern. Ein anderer singt laut den Beginn des Schlagers »Es geht alles vorüber, es geht alles vorbei« und kommt durch den gesungenen Reim in eine fröhlichere Stimmung. Aber so unbedeutend die innere Vorbereitung angesichts der wenigen Sekunden, die sie braucht, auch zu sein scheint, so wirksam ist sie dennoch für den guten Unterricht.

Wenn hier als Gelegenheit für die innere Vorbereitung das Beispiel einer schwierigen Klasse 2a gewählt wurde, soll das nicht heißen, daß sie nur in ungünstigen Fällen hilfreich wäre. Eine innere Vorbereitung, die auf Zuversicht ausgerichtet ist, stellt die einfachste Form dar, sich auf die anstehende Aufgabe, eine Unterrichtsstunde zu bewältigen, einzustimmen. Sie erfordert keine lange Vorbereitungszeit und keine große Übung. Sie läßt jedem die Freiheit, eine ihm angemessene Form zu finden, und verbessert, wenn er es richtig macht, nicht nur seine eigene Stimmung, sondern auch die der Schüler.

Anlässe zum Lachen

»Mit der Schule beginnt der Ernst des Lebens«, sagt der Volksmund. Hat das Lachen in der Schule gar keinen Platz? Unser christliches Abendland hat ein eigenartig gestörtes Verhältnis zum Lachen; nirgendwo heißt es im Neuen Testament, daß Jesus herzlich lachen mußte; die Kirchen sind nur ausnahmsweise Orte, an denen fröhlich gelacht wird. Wir Deutsche haben überdies einen im Vergleich mit anderen Völkern größeren Hang zur Ernsthaftigkeit und tun uns schwerer, die vielfältigen Gelegenheiten zum Lachen zu nutzen. Unser Verhältnis zum Lachen ist sehr zwiespältig. Schon Friedrich Nietzsche hat die Abneigung gegen das Lachen im *Zarathustra* beklagt: »Welches war hier auf Erden bisher die größte Sünde? Waren es nicht die Worte dessen, der sprach: Wehe denen, die hier lachen!« Das ist deutlich: Nicht das Lachen ist Sünde, sondern das Lachverbot.

Was also hat es mit dem Lachen und hier besonders mit dem Lachen in der Schule auf sich? Kinder lachen gern; das beginnt schon sehr bald nach der Geburt mit dem ersten Lächeln, dem niemand sich entziehen kann, und auch das spätere fröhliche und laute Kinderlachen behält seinen anstekkenden Zauber; man hört es und gerät unversehens in eine heitere Stimmung. Die »Konsonanz der Affekte« ist beim Lachen besonders groß: Einer fängt an zu lachen, ein anderer stimmt ein, und schließlich lachen alle, und viele, die mitlachen, wissen gar nicht, worüber eigentlich gelacht wird. Kindern ist das Lachen sehr wichtig, und deshalb möchten sie einen Lehrer haben, der fröhlich ist, damit es viel zu lachen gibt. Tatsächlich kann Lachen aber auch sehr kränkend sein, wenn jemand sich wegen einer Eigenart ausgelacht fühlt, die er womöglich an sich selbst auch nicht mag. Es kommt nicht allein darauf an, überhaupt zu lachen, sondern darauf, in der Klasse eine innere und äußere Sicherheit zu schaffen, die das Lachen erst zu jenem Quell der Freude werden läßt, der Kindern so uneingeschränkt gefällt.

Das Lachen ist eine der schönsten menschlichen Regungen, und wer es versteht, dem Leben viele Gelegenheiten zum Lachen abzugewinnen, ist sicher besser dran als ein chronischer Sauertopf. Lachen setzt aber Selbstvertrauen und Selbstsicherheit voraus, zwei Eigenschaften, die weder alle Schüler noch alle Lehrer von Haus aus mitbringen; vielleicht steht das Lachen ja deshalb bei uns nicht sehr hoch im Kurs. Der selbstsichere Lehrer muß deshalb auch über sich selbst lachen können, um den Schülern zu zeigen, daß eine entspannte Atmosphäre herrscht, in der jederzeit gelacht werden darf. Der Lehrer stolpert während des Unterrichts im Klassenraum und macht dabei eine so komische Figur, daß alle, die es gesehen haben – später auch alle, die es nicht gesehen haben –, schallend lachen; und schließlich stimmt auch der erschrokkene Lehrer ein. Wer einmal erlebt hat, wie dankbar Schüler sind, wenn sie mit ihrem Lehrer über dessen Mißgeschick lachen dürfen, wird vom Wert des Lachens in der Schule überzeugt sein; es verbessert schlagartig die Stimmung im ganzen Raum. Neulich stand sogar in einer Zeitung: »Schüler sollten täglich mindestens 20 Minuten im Unterricht lachen.«

Nun kann man einwenden, daß es sehr unfein ist, über die Mißgeschicke eines anderen Menschen zu lachen; statt dessen gehe man höflich darüber hinweg, erkundige sich höchstens fürsorglich nach möglichen Verletzungen und spreche sein Mitgefühl aus. Aber worüber soll man denn lachen, wenn nicht über die vielen täglichen Mißgeschicke? Kinder sind gerade für Mißgeschicke sehr empfänglich und können sich auch über ganz kleine Ereignisse schieflachen, bei denen etwas anders gelaufen ist als geplant. Hier muß der Lehrer mit gutem Beispiel vorangehen und den Mut haben, in das fröhliche Lachen der Schüler, etwa über sein Stolpern, einzustimmen. Da kann es dann geschehen, daß ein achtjähriger Junge, der sich vor Lachen gar nicht wieder einkriegen kann, schließlich zu seinem Lehrer sagt: »Ich lache nicht über Sie; aber das sah so komisch aus, wie Sie da plötzlich gestolpert sind und ganz erschrocken geguckt haben, da mußte ich einfach lachen.« Wer sich als Lehrer so sicher zeigt, daß er in das Lachen seiner Schüler einstimmen kann, wird auch bei ihnen mit der Zeit die Fähigkeit wecken, sich vom Lachen der anderen nicht verletzt zu fühlen. Was erzählen Kinder zu Hause von der Schule? Ganz bestimmt erzählen sie davon, wie der Lehrer gestolpert ist und wie alle herzhaft darüber gelacht haben.

Eine auf diese Weise im Schulalltag gelebte Fröhlichkeit, die keine Gelegenheit zum Lachen ungenutzt verstreichen läßt, ist nicht nur bestens geeignet, Unbilden und Mißgeschicke besser ertragen zu können, sie macht das Herz auch leicht und frei und sorgt so für eine geistige Offenheit, die das Lernen mehr als trockener Ernst zu beflügeln vermag.

Da sollen Schüler die Höhe eines Trinkglases berechnen. Volumen und Grundfläche sind gegeben, und als die Ergebnisse gesammelt werden, nennt der erste Schüler sein Ergebnis: 22 Meter. Das ist natürlich falsch und kann zu sehr verletzenden Bemerkungen Anlaß geben; kriegt man aber als Lehrer die Kurve und läßt mit bildhaften Beschreibungen in der Vorstellung der Schüler ein 22 Meter hohes Glas entstehen, hat man wieder einen schönen Anlaß, gemeinsam zu lachen. Die Kunst des Lehrers besteht nämlich darin, eine Stimmung zu schaffen, in der auch jener Schüler in das Lachen einstimmen kann, der das ganz und gar unsinnige Ergebnis eines 22 Meter hohen Trinkglases berechnet hat. Wie bringt man das seinen Schülern bei?

Vorbild zu sein ist hier am wirkungsvollsten: Der Lehrer macht es immer wieder vor, wie man gekonnt über die eigenen Fehler, Schwächen und Mißgeschicke lacht. Leider wird das in der Lehrerbildung nie geübt; denn die heutige Lehrerbildung ist wohl nicht besonders geeignet, den pädagogischen Blick auf das gemeinsame Lachen zu lenken.

Wichtig wäre es freilich schon, insbesondere deshalb, weil es noch einen sehr traurigen Grund gibt, das Werkzeug des Lachens für die Lebensbewältigung in den Schulen zu pflegen: die Ziffernzensuren. Wer als Schüler – etwa einer dritten Klasse – zum ersten Mal eine »5« unter seinem Diktat stehen hat, mag darin einen Ansporn sehen, sich beim nächsten Diktat noch mehr Mühe zu geben und noch mehr zu üben. Bei der zweiten »5« fällt das schon schwerer, und irgendwann begreift der Schüler schmerzlich: »Ich kann keine Diktate schreiben.« Wer als Erwachsener immer wieder solchen peinlichen Mißerfolgserlebnissen ausgesetzt ist, wird alles daransetzen, ihnen aus dem Weg zu gehen, indem er nicht mehr dahin geht, wo man ihm sein Versagen so deutlich bescheinigt. Schüler aber müssen ausharren, jahrelang. In unseren Schulen legen wir es geradezu darauf an, einem Teil der Schüler solche Mißerfolgserlebnisse immer wieder, über viele Jahre hinweg, zu verschaffen. Welcher Schüler hält das aus?

Lernen macht dauerhaft nur Spaß, wenn auch Erfolge da sind; ohne Erfolge hat weiteres Belehren, auch wenn es mit Ermahnungen, Drohungen oder Bitten verbunden wird, gar keinen Sinn. Dauerhafte Mißerfolge kommen in den Schulen aber massenweise vor; sie sind vielleicht nicht ausdrücklich gewollt, werden aber überall in Kauf genommen. Die üblichen Rückwirkungen bei den Schülern sind Unlust, Trotz, Zerstörungslust, Minderwertigkeitsgefühl und Niedergeschlagenheit. Wenn solche Mißerfolge beispielsweise einen Schüler treffen, der mit einem stark ausgebildeten Anspruch an sich selbst auf die Welt gekommen ist, dann haben auch die Lehrer nichts mehr zu lachen. Hat aber der Lehrer nichts mehr zu lachen, haben es auch die Schüler nicht mehr.

Den Schwierigkeiten, die mit Mißerfolgen und Enttäuschungen zusammenhängen, kann man kaum entgehen, am leichtesten und wirkungsvollsten aber mit Humor. Wo in Klassen viel gelacht wird, stellt sich eine Atmosphäre ein, die weit entfernt ist von jedem Gesäusel, die mit der Formel »rauh, aber herzlich« beschrieben wird und die sehr geeignet ist, den Schulalltag für alle Beteiligten erträglicher zu gestalten. Einstweilen hilft darum im Klassenraum vor allem die altbekannte Empfehlung: »Es darf gelacht werden.«

Kinder haben Eltern

Alle Kinder haben Eltern. Aber nicht jedes Kind, das von seiner Mutter oder von seinem Vater erzählt, meint damit seine leiblichen Eltern, wie jeder Lehrer aus seinem Alltag weiß. Unter den Bedingungen von moderner Medizin und Gentechnik wird alles noch viel schwieriger werden. Da kann ein Kind eine genetische Mutter haben, die nicht gleichzeitig die Frau ist, die das Kind ausgetragen hat, und die soziale Mutter, bei der das Kind aufwächst, kann wieder eine andere Frau sein. Außerdem können die sozialen Väter oder Mütter – als Folge von Partnerwechsel – im Laufe der Kindheit wechseln. Ähnliches gilt für Väter, mit der Abweichung, daß es für die pränatale Nährmutter nichts Vergleichbares bei den Vätern gibt. Die Gentechnik macht theoretisch Kinder ohne genetischen Vater möglich, und wer weiß, ob wir es nicht einst in den Schulen mit Kindern zu tun haben, deren genetische Eltern nicht mehr eindeutig bestimmbar sind, weil ihr Erbmaterial auf gentechnische Weise aus mehreren Teilen zusammengesetzt worden ist. Vielleicht klingt es eines Tages ganz normal, wenn der Lehrer am Ende der

Stunde sagt: »Die Klone bleiben bitte noch hier, die anderen packen ihre Sachen und gehen nach Hause.«

So verwirrend, wie es vielleicht im nächsten Jahrhundert werden wird, ist es einstweilen noch nicht; daß aber das Gespräch mit dem zuständigen Vater von Sabine Müller mit den Worten »Guten Tag, Herr Schulze« begonnen werden muß, ist nichts Besonderes mehr. Auch die notwendige Erkundigung darüber, ob denn Herr Schulze das Sorgerecht hat und das Gespräch über Sabine überhaupt mit ihm geführt werden darf, kommt jedem Lehrer inzwischen leicht über die Lippen. Die Familienverhältnisse können schon heute so diffus sein, daß es einige Mühe braucht, alle Kinder einer Familie den verschiedenen Partnerschaften der Eltern richtig zuzuordnen. Die einstmals eindeutigen Begriffe »Vater«, »Mutter« und »Familie« sind mehrdeutig geworden. Dennoch bleibt die für die Schule wichtige Tatsache bestehen, daß jeder Schüler, der noch keine achtzehn Jahre alt ist, bei Erwachsenen aufwächst, die für ihn verantwortlich sind und für ihn sorgen; und das wird wohl auch noch lange so bleiben; weshalb Lehrer in den kommenden Jahrzehnten außer mit Schülern auch mit deren »Eltern« zu tun haben werden.

Über die Begegnungen zwischen Elternhaus und Schule ist viel geschrieben worden, und alle sind sich einig, wie wichtig eine vertrauensvolle Zusammenarbeit zwischen Elternhaus und Schule ist. Solange diese vertrauensvolle Zusammenarbeit sich wie von selbst einstellt, ist alles in Ordnung, schwierig wird es dann, wenn gegenseitig Vorbehalte gemacht werden und Elternhaus und Schule sich wie verfeindete Lager argwöhnisch beobachten oder einander sogar bekriegen. Da hat jede Seite dann gute Gründe, die andere für ungerecht, selbstherrlich und uneinsichtig zu halten. Wenn die Schüler sich der Volljährigkeit nähern, sollte man das auch nicht mehr mit aller Kraft ändern wollen; in der Grundschule und der Sekundarstufe I tut man als Lehrer aber gut daran, alles daranzusetzen, die Eltern auf seiner Seite zu haben. Solange die Kinder gern zur Schule gehen, fällt es den Eltern leicht, die Schule gut zu finden, und ein gelegentliches Kopfschütteln über unverständliche Maßnahmen der Lehrer ist schnell wieder vergessen. Wenn aber Schwierigkeiten auftreten, ist ein anfänglich vorhandenes Vertrauen schnell dahin, und die Eltern sowie die Schule betrachten alles, was die Gegenseite anstellt, mit Argwohn.

Von Schule verstehen alle etwas, und zwar nicht nur die Lehrer, weil sie professionelle Pädagogen sind, sondern auch die Eltern, weil sie selbst einmal zur Schule gegangen sind. Von Ausnahmen abgesehen, sind jeder Vater und jede Mutter in Deutschland mindestens neun Jahre zur Schule gegangen. Das ist eine lange Zeit; sogar eine sehr lange Zeit, wenn man bedenkt, wieviel gedehnter das Zeitempfinden bei Kindern im Vergleich zu Erwachsenen ist. Selbst ein 15jähriger hat ein derart gedehntes Zeitempfinden, daß er glaubt, noch alle Zeit der Welt vor sich zu haben, wenn ihn der Lehrer ermahnt, sich ranzuhalten, weil nur noch ein Vierteljahr Zeit bis zum Schulabschluß bleibt. Spricht man Erwachsene auf ihre Schulzeit an, dann ist ein bedeutender Lebensabschnitt gemeint, nicht nur eine Episode wie etwa ein Ferienaufenthalt. Und weil – auch so betrachtet – Lehrer und Schule Schicksal sind, ist es gut, sich als Lehrer auch für die Schulzeit der Eltern zu interessieren. Wie die Noten waren und welche Schule wie lange und wo mit welchem Abschluß besucht wurde, ist nebensächlich; wichtig ist vor allem die Frage nach dem Gefühl, das die Schulzeit hinterlassen hat. So könnte man in der Sprechstunde fragen: »Wie war eigentlich Ihre eigene Schulzeit; wie gern sind Sie selbst zur Schule gegangen?« Häufig wird geantwortet: »Ich bin immer gern zur Schule gegangen; das war zwar nicht immer nur angenehm, in der Grundschule war es schon manchmal schlimm; aber danach hatte ich eine sehr gute Zeit.« Erfahrungsgemäß ist eine so positive Erinnerung an die eigene Schulzeit eine der besten Voraussetzungen für eine vertrauensvolle Zusammenarbeit zwischen Elternhaus und Schule.

Treten aber Schwierigkeiten mit einem Kind in der Schule auf, und man fragt als Lehrer nach der Schulzeit von Vater oder Mutter, dann wird häufig geantwortet: »Erinnern Sie mich bloß nicht daran! Das war eine einzige Katastrophe, von Anfang bis Ende.« Zuweilen wird ergänzt: »Und wenn ich heute in die Schule gehen muß und die Eingangstür öffne, wird mir schon von dem Geruch ganz elend.« Da nützt es auch nichts, auf die gänzlich anderen Reinigungsmittel gegenüber früher hinzuweisen. Die schlimmen Erfahrungen, die viele Menschen in der Schule über viele Jahre hinweg gemacht haben, sind unauslöschlich in die Seelen eingebrannt, werden nie ganz vergessen und wirken bis ins hohe Alter. Viele Eltern tragen schwer an dieser Last und werden durch die eigenen Kinder immer wieder schmerzlich daran erinnert, was ihnen selbst in der Schule – von anderen Schülern und von den Lehrern – angetan worden ist.

An der Schulvergangenheit der Eltern eines Schülers kann kein Lehrer etwas ändern; aber man kann Anteilnahme zeigen und sich der Mutter oder dem Vater als verständnisvoller Verbündeter zeigen. Bei guten Schulerfahrungen kann man gratulieren: »Herzlichen Glückwunsch! Nicht alle Menschen haben eine so gute Schulzeit hinter sich wie Sie.« Und bei schlimmen Erfahrungen könnte man sagen: »Da haben Sie viel durchgemacht. Ich kann mir vorstellen, wie bitter das damals für Sie war. Es ist bestimmt nicht einfach für Sie, Schule und was alles damit zusammenhängt, ohne Vorbehalte zu sehen.« So schlicht das klingt, so wirksam ist es auch. Werden Eltern auf ihre eigenen Nöte in der Schule angesprochen, ist die Möglichkeit, zu ihnen eine Brücke zu bauen, über die unangenehme Dinge getragen werden können, viel größer, als wenn man auf ihre früheren Nöte nicht eingeht. Verständlich ist es schon, daß der Lehrer im Gespräch mit den Eltern eines Schülers vor allem Interesse für seine eigenen Nöte als Lehrer wecken möchte. Wenn aber die Schulzeit der Eltern von der Art war, daß der Schule und den Lehrern noch nach vielen Jahren nur mit Argwohn begegnet werden kann, ist es klug, sich nach den womöglich vorhandenen Wunden aus der Vergangenheit zu erkundigen, um den Eltern näherzukommen.

Lehrer möchten die Eltern auf ihrer Seite wissen, damit sie gemeinsam die auftretenden Schwierigkeiten angehen. Aber Eltern mit schlimmen Schulerfahrungen aus der eigenen Kindheit haben Vorbehalte, die gar nichts mit den aktuellen Schwierigkeiten ihres Kindes zu tun haben müssen. Der aufgestaute Haß wirkt wie ein unsichtbarer Filter, durch den alles, was in der Schule geschieht, als feindselige Handlung erscheint, gegen die es sich zu wehren gilt. In Gesprächen mit Eltern kommen Lehrer gern schnell zur Sache und sprechen die Schwierigkeiten mit dem Schüler ohne Umschweife an; aber mit der gleichen Geschwindigkeit und Selbstverständlichkeit wehren sich Eltern, vor allem wenn ihre eigene Schulzeit schlimm war; somit ist der Boden für dauerhafte Zwistigkeiten zwischen Schule und Elternhaus bereitet. Wer selbst als Kind viel hat einstecken müssen, neigt auch eher dazu, den eigenen Kindern Empfehlungen zu geben, die in der Schule als elterliche Entgleisung verstanden werden: »Mein Vater hat gesagt, ich soll mir von niemandem etwas gefallen lassen, nicht von anderen Kindern und auch nicht von Lehrern.« Erfahrungsgemäß ist der Umgang mit solchen Schülern dauerhaft schwierig und anstrengend, obwohl solche elterlichen Empfehlungen nur die Kinder vor den eigenen Schulerfahrungen bewahren sollen. Werden Eltern auf die eigene Schulzeit mit Mitgefühl angesprochen, ist deren Gegenangriff deutlich gemildert, und man hat es leichter, erst sie und später ihr Kind für sich zu gewinnen.

Nicht nur Eltern, auch Lehrer müssen gelegentlich daran erinnert werden, daß es ein Leben nach der Schule gibt. Die Schule ist nicht das ganze Leben, und weder Schulerfolge noch Schulmißerfolge können als Zeichen dafür gewertet werden, daß es immer so weitergehen wird. Lehrer wie Eltern haben also allen Grund, mit Gelassenheit und Ruhe die Kinder während der Schulzeit zu begleiten, zu fördern und nicht den Ehrgeiz zu haben, ganze Kindheiten sanieren zu wollen.

Erhellend ist oft für Lehrer, die Lebenswelten ihrer Schüler durch Hausbesuche kennenzulernen. Nicht allen Lehrern ist das angenehm, und manch einer muß sich darin richtig üben. Denn die Begegnungen mit den absonderlichen Lebenswelten mancher Schüler können durchaus anstrengend und unangenehm sein, so daß die Lust darauf immer mehr schwindet. Manchen Eltern und zuweilen auch Kindern sind Hausbesuche des Lehrers äußerst peinlich, und sie erfinden viele Gründe, sie zu vermeiden. Es gehört aber zur Professionalität des Lehrers, sich darum oder um Alternativen (Treffen im Café oder Einladen zu sich) zu bemühen, und zwar nicht, um noch mehr gute Ratschläge geben zu können, sondern vor allem, um den Schüler besser zu verstehen, insbesondere dann, wenn das Kind in der Schule zunehmend Schwierigkeiten hat oder macht. Wer bei solchen Besuchen aufmerksam die häusliche Welt des Schülers beobachtet und analysiert, kann sich vielleicht besser vorstellen, wie es um das Innenleben des Schülers steht. Gerade bei schwierigen Schülern fällt ja vor allem das Verhalten nach außen auf, so wenn er beispielsweise ohne ersichtlichen äußeren Grund einem anderen Schüler auf tückische Weise ein Bein stellt, damit der auf die Nase fällt. Da kein äußerer Grund erkennbar ist, muß ein innerer Grund die treibende Kraft für dieses Verhalten sein. Bei Hausbesuchen kann man als Lehrer viel leichter etwas darüber erfahren als durch lange Gespräche mit den Eltern in der Schule.

Hat ein Schüler neurogen bedingte Schwierigkeiten beim Schreiben, weil ihm das Halten des Bleistifts nach kurzer Zeit Schmerzen bereitet oder weil er Probleme mit der Feinmotorik hat, dann ist das Wissen um diese körperlich bedingte Not für den Lehrer sehr nützlich. Ebenso hilfreich ist es, bei Hausbesuchen ein Stück Lebenswelt eines Schülers zu sehen, um besser zu verstehen, wie er sein Leben unter den gegebenen Verhältnissen eingerichtet hat und einrichten mußte.

So merkwürdig und unfähig die Eltern aus der Sicht des Lehrers auch sein mögen, das Kind hält dennoch zu ihnen, mit einer Liebe, die von außen betrachtet vielleicht nicht nachvollziehbar ist.

Die Möglichkeiten der Lehrer – und der Schule überhaupt –, auf die Lebensgewohnheiten oder gar auf die Einstellungen und Gefühle, die in den verschiedenen Familien üblich sind, einzuwirken, sind sehr klein. Groß dagegen kann die Lust des Lehrers sein, auch in der privaten Lebenswelt der Schüler pädagogisch wirksam zu werden; aber dafür sollten Hausbesuche nicht mißbraucht werden. Sie dienen allein dem Zweck, das familiäre Umfeld eines Schülers kennenzulernen, mit dem Ziel, ihn und seine schulischen Probleme besser zu verstehen.

Wie faul sind Gerhard Schröders »faule Säcke«?

Als der damalige niedersächsische Ministerpräsident und jetzige Bundeskanzler vor einiger Zeit zu Redakteuren einer Schülerzeitung sagte: »Ihr wißt doch, was für faule Säcke das sind!«, hat er zwar nur ausgesprochen, was ohnehin viele Menschen denken. Er hat sich zwar später dafür entschuldigt, aber aus dem Munde eines Regierungschefs wollten die Lehrer ein solches Vorurteil jedenfalls nicht hören. Immerhin hat Schröder mit seiner Aussage zusätzlich den Boden für schmerzhafte Sparmaßnahmen im Schulwesen bereitet, und kein Bundesland war dabei so rigoros wie Niedersachsen. Dem damaligen Kultusminister Rolf Wernstedt war die Lehrerschelte äußerst unangenehm, denn auch er hätte für seine Schulen gern mehr Geld ausgegeben, mehr Lehrer eingestellt und die Klassenfrequenzen eher verkleinert als vergrößert, und auch er wußte, wie ungerecht Schröders Ausfall mit seiner pauschalen Stoßrichtung gegen einen ganzen Berufsstand war.

Manche »faule Säcke« kommen auf eine 80-Stunden-Woche, weil sie nicht nur ihrer bloßen Unterrichtsverpflichtung nachgehen, sondern zum Teil auch unter Verzicht auf ein eigenes Familienleben Unterrichtseinheiten mit vielen Materialien gründlich vorbereiten, sich um schwierige Schüler am Nachmittag und Abend kümmern, mit deren Eltern bei Hausbesuchen und Elternstammtischen reden, für eine gute Computerausstattung ihrer Schulen sorgen, ganz zu schweigen von nachmittäglichem Sport, von abendlichen Basketballturnieren, von Wandertagen, Klassenfahrten, Theaterprojekten, Museums- und Betriebserkundungen, Teich- oder Walderkundungen und intensiven Pausengesprächen mit einzelnen Schülern sowie ihrem Engagement für die Schülerzeitung oder den Schülerrat.

Wie in jedem anderen Beruf gibt es aber natürlich auch unter Lehrern schwarze Schafe, die Klassenarbeiten erst nach Monaten korrigieren, die täglich zu spät zum Unterricht kommen, die unvorbereitet und oft krank sind, die keinen Bock haben, sich außerhalb der Dienstzeit um die Schüler zu kümmern. Sie nähren das Vorurteil, sie säßen »auf einer kleinen Morgenstelle mit guter Bezahlung und vielen Ferien« und lägen nachmittags im Liegestuhl in der Sonne. Und wenn sie sich nicht einmal die Mühe machen, im Laufe eines Jahres die Namen aller ihrer Schüler zu lernen, oder sogar die Sportnoten von Karl-Heinz und Joachim vertauschen, dann leisten sie dem Ansehen ihres Berufsstandes einen schlimmen Bärendienst.

Aber wie hoch ist der Prozentsatz dieser »faulen« oder »schlechten« Lehrer? Als eine Zeitschrift und ein Boulevardblatt unlängst einmal die Zahl 70 Prozent auswarfen, indem sie einen Erziehungswissenschaftler falsch zitierten, kommentierte ein Kieler Schulleiter: »Das ist ja unerhört; ich bin an vier Schulen Lehrer gewesen und nun Leiter eines Gymnasiums, aber so viele gute Lehrer, nämlich 30 Prozent, habe ich noch nirgendwo erlebt.«

Mit den Begriffen »faul« oder »schlecht« kommt man bei Lehrern genauso wenig weiter wie bei Pastoren, Ärzten, Anwälten oder Journalisten, vor allem auch deshalb nicht, weil jeder einen anderen Maßstab anlegt und jeder vom Lehrerberuf etwas anderes, manchmal sogar ganz Gegensätzliches erwartet.

Die Kultusministerien entwickeln Arbeitsplatzbeschreibungen für Lehrer, mit denen sie Wochenstundenverpflichtungen, die Zahl der Elternabende pro Schuljahr, Vorbereitungs- und Korrekturaufwand, Zeiten für Konferenzen und Betriebspraktika, Klassenfahrten, Wandertage, Sportfeste und Tage der offenen Tür irgendwie schräg über den Daumen messen. Um hier künftig größere Genauigkeit zu erzielen, hat Nordrhein-Westfalen einige Lehrer für insgesamt 3 Millionen Mark mit »Pädagotchis« ausgestattet, die per Knopfdruck die Arbeitszeit messen sollen.

Lehrer müssen vor allem Unterrichtsstunden geben, Arbeiten korrigieren und gelegentlich an Konferenzen teilnehmen; das etwa wäre das Minimum. Ob und wie intensiv sie sich vorbereiten, ist schon kaum noch meßbar. Gespräche mit Eltern und Schülern kann man weitgehend vermeiden, fortbilden muß man sich nicht unbedingt, eine Klasse muß man nicht führen, so daß dann Elternabende und Klassenfahrten entfallen, und außer einem Buch muß man nichts in den Unterricht mitbringen. Zweimal im Jahr kann man sich eine Grippe gönnen, einmal bei einer schulinternen Lehrerfortbildung oder Konferenz entschuldigen, und wenn man einen schweren Bandscheibenschaden hat, kann man beim Personalarzt erreichen, daß man frühpensioniert wird. So etwa ließe sich extrem minimalisierter Einsatz beschreiben, und jedem Lehrer fällt irgendein Kollege ein, auf den diese Beschreibung paßt. Das Gegenteil am anderen Ende der Verhaltens- und Leistungsbandbreite von Lehrern haben wir bereits angedeutet, und die allermeisten Lehrer bewegen sich irgendwo in der Mitte.

Die Unternehmensberatungsfirmen Knight-Wegenstein und Kienbaum haben völlig unabhängig voneinander mit ihren großflächigen Arbeitsplatzanalysen festgestellt, daß Lehrer mehr, als es in anderen Berufen der Fall ist, gefordert, belastet, gestreßt und krank sind. Die Universität Potsdam ist in einer Studie sogar zu dem Schluß gekommen, daß 85 Prozent aller Lehrer des Bundeslandes Brandenburg eigentlich psychisch krank seien, und zwar als Folge ihres Berufslebens. In der Tat kann Lehrersein verdammt hart sein, nämlich dann, wenn man sich nicht wohl in diesem Beruf fühlt, wenn man neue Richtlinien, Lehrpläne, Arbeitszeitregelungen, Erlasse und Schulreformen als Zumutungen empfindet, wenn man über jeden auffälligen Schüler jammert und jede Einmischung von Eltern als unerträglich empfindet. Lehrer hingegen, die jede Veränderung in der Klasse oder in der Schule als Chance für neue Impulse begreifen, die ihre Motivation von den Schülern her beziehen – und seien sie auch noch so schwierig – und die der Auffassung sind, sie hätten ohnehin noch gar nicht alle Möglichkeiten ausgeschöpft, zeigen fast gleichzeitig eine größere Berufszufriedenheit. Es gilt sogar die Formel: Je mehr Engagement, desto mehr Berufszufriedenheit und desto längeres Durchhalten im Beruf ohne Burn-out. Engagierte Lehrer haben erlebt, daß sich ihr außerunterrichtliches Engagement für Schüler und Eltern letztlich als Entlastung im Unterricht auszahlt, da sie dadurch zugleich ein Stück Psychohygiene für sich selbst betreiben. Dazu gehört aber auch, daß sie sich zwar außergewöhnlich engagieren, aber dennoch die Anfeindungen einzelner Schüler in einzelnen Situationen nicht ganz so dicht an sich heranlassen. Uns fällt dazu immer Hans Allers ein, der in Hamburg eine Schule für Verhaltensgestörte leitete. Wenn ein Schüler in großer Wut »Du Arschficker« zu ihm sagte, blieb er ruhig, gab ihm ein Schokoladenbonbon, das er immer in seiner Tasche hatte, drückte ihn in seine Arme und entgegnete ihm: »Du fühlst dich gerade nicht wohl; vielleicht tröstet dich dieser Bonbon.« Hätte er sich geärgert oder sich beleidigt gefühlt, weil er die Schüleräußerung wörtlich genommen hätte, hätte er nicht mehr die Kraft gehabt, angemessen zu reagieren.

Wenn Lehrer mit dem Bewußtsein leben, daß sie selbst nichts dafür können, daß der Staat immer weniger Geld für die Schulen ausgibt, daß die Klassenfrequenzen und die Wochenstundenzahlen erhöht werden, daß erzieherische Leistungen geringer bewertet werden als wissenschaftsorientierte Bildung, daß immer mehr von zu Hause zu gering geförderte und gestörte Kinder in die Schulen kommen, daß Eltern von den Lehrern höchst Unterschiedliches und sogar Gegensätzliches fordern, daß man Kompromisse mit Kollegen, Schulleitern und Schulräten eingehen muß, daß sie allein den Stadtteil ihrer Schule nicht verändern können, daß Politiker nur wenig Fürsorge von oben her walten lassen und daß Handwerksbetriebe, die in einem regionalen Wettbewerb stehen, von ihnen etwas ganz anderes erwarten als Großbetriebe, die sich in der Konkurrenz eines internationalen Wettbewerbs behaupten müssen, – wenn sie sich all dessen bewußt sind, dann ertragen sie mit einem gewissen Galgenhumor ihren Alltag viel besser, dann sind die konkreten Schüler mit ihren Augen, ihrer Mimik und ihrer Gestik in jeder Unterrichtssituation ihr aktueller Bezugspunkt, ihre Kraftquelle, ihre Motivation und ihre täglich neue Zukunft. Denn was man auf Dauer angerichtet oder versäumt hat, das zumindest kann man insgesamt als Lehrer nie so genau messen, es sei denn an der Reaktion der Schüler an dem jeweiligen Tag.

Lehrkräfte sind nicht geschlechtslos – Brauchen wir eine Quotenregelung für die Grundschule?

Als der ukrainische Pädagoge Anton S. Makarenko einmal forderte: »Jedes Kollegium braucht zumindest eine junge Frau«, wollte er damit zum Ausdruck bringen, daß Kollegien eine gesunde Mischung aus jung und alt, männlich und weiblich sein sollten, daß unterschiedliche Altersstufen und Geschlechter sich im Kopf und Herzen des jungen Menschen ergänzen müssen, damit etwas Ganzes dabei herauskommt. Dieser Grundsatz ist in unseren Schulen durchweg vernachlässigt, da es den Kultusministerien und Regierungspräsidien an einer langfristig geplanten, sinnvollen Einstellungspolitik mangelt. Vieles wird wohl erst dann besser werden, wenn eine autonomere Schule ihr Personal selbst einstellen darf, wie es ja an Privatschulen längst üblich ist. Alte Lehrer mit ihrem Reichtum an Erfahrung, Geschick und Routine und junge mit ihrem andersartigen Vitalitätsprofil sowie ihren von ihrer Ausbildung mitgebrachten Reformimpulsen können sich gegenseitig anregen, helfen und stützen, sie sorgen für einen lebendigen Schulorganismus, der sich den Veränderungen der Gesellschaft anpaßt. Kollegien brauchen einen innovativen Fluß, sie brauchen immer wieder neue Anregungen von außen. Schüler fühlen sich im Wechsel von Lebenserfahrung und Aufbrechen verkrusteter Strukturen wohler, als wenn sie nur Lehrer im Großelternalter haben.

Es ist nicht gut, daß Deutschland die weltweit ältesten Lehrerkollegien hat und daß in den vergangenen Jahren viele junge Lehrer, die ihre Ausbildung mit guten Noten absolviert haben, wegen des Stellenmangels in andere Berufe ausweichen mußten und damit der Schule und den Schülern verlorengingen. Die Schlagworte »Burn-out-Syndrom« und »Vergreisung der Lehrerkollegien« stehen für die Verantwortungslosigkeit und Probleme der Altersstruktur der Regierungen, immer älteren Lehrern immer mehr Belastungen zuzuschieben, also auch für die Ignoranz, die jetzige junge Generation bezahlen zu lassen, was frühere Generationen bereits verpraßt haben.

Auch in puncto Geschlechterverteilung zeichnen sich Lehrerkollegien durch ein extremes Mißverhältnis aus, zumindest an der Grundschule. Die deutschen Grundschulen haben im Moment die im Schnitt ältesten Lehrkräfte aller Schulformen, und diese sind überwiegend weiblich, an manchen Grundschulen sogar ausschließlich. Auf den ersten Blick ist das weiter nicht schlimm, so, wie es durchaus in Ordnung sein kann, daß Karl-Heinz allein mit seiner Mutter aufwächst, denn Frauen machen ihre Sache, was die Erziehung betrifft, durchweg gut, in der Regel sogar besser als die Männer.

Schon Mädchen tut es meist nicht gut, wenn sie ohne Vater aufwachsen. Aber für Jungen, die keinen Vater haben und mit einer Mutter, einer Schwester, einer Oma drei Straßen weiter und nacheinander mit einer Kindergärtnerin und drei Klassenlehrerinnen groß werden, kann es sich überaus mißlich auswirken, wenn sie auf der Suche nach ihrer Männlichkeitsrolle ausschließlich auf die Identifizierung mit Bildschirmhelden und mit älteren Jungen aus Stadtteilbanden ihrer Nachbarschaft angewiesen sind. Daher ist es überhaupt nicht als Kritik an weiblicher Erziehung zu verstehen, wenn wir meinen, daß Frauen und Männer in Lehrerkollegien sich ergänzen sollten und daß wir eigentlich so etwas wie eine Quotenregelung für Grundschulen und eventuell sogar für Kindergärten bräuchten, damit sichergestellt ist, daß im Aufwachsen der Kinder auch liebevolle Väterlichkeit nicht zu kurz kommt.

Mittlerweile haben viele Schulen beste Erfahrungen mit dem Prinzip »zwei Klassenlehrer für eine oder für zwei Klassen« gemacht, und zwar die allerbesten, wenn das Zweierteam aus einer Frau und einem Mann besteht. Wie in der Familie ist das Kind dann nicht der zufällig unstimmigen Beziehung zu nur einem Menschen als Bezugsperson ausgeliefert, es kann sich seine Hauptperson je nach Wellenlängen unter zwei Menschen wählen, es kann sich phasenweise mal mehr diesem, mal mehr jenem zuwenden, oder es bevorzugt je nach Thema mal diese und mal jene Person, so, wie es zu Hause auch mal mehr »Mamakind« und dann wieder »Papakind« ist.

Manchmal hört man den Einwand, für Männer seien die schlechtbezahlten Kindergarten- und Grundschulberufe nicht attraktiv genug, sie würden lieber in Gymnasien und Berufsschulen mit den besseren Besoldungsgruppen arbeiten. Aber das kann nicht der Grund sein, wie das Beispiel Hamburg belegt. In Hamburg werden Grund-, Haupt-, Real- und Gesamtschullehrer überwiegend nach A 13 besoldet, dennoch unterrichten in den Grundschulen viel weniger Männer als in den Haupt- und Realschulklassen. Offenbar arbeiten Männer lieber mit Jugendlichen und Frauen tendenziell lieber mit Kindern. Aus der Sicht der Kinder ist das nicht gut, was man beobachten kann, wenn sich Kindergartenkinder und Grundschüler an männliche Praktikanten, Studenten, Zivildienstleistende oder Referendare klammern, wenn diese ganz selten und vereinzelt für eine Weile in ihrem Alltag auftauchen: Es mutet fast so an, als wollten sie einen Rest Männlichkeit festhalten, wenn sie so einen jungen Mann necken, zwicken, anfassen, streicheln, an der Hand greifen, sich ihm auf den Schoß setzen, ihn umarmen oder mit ihm toben und rangeln wollen.

Solche Beobachtungen müssen uns sehr nachdenklich stimmen, zumal gleichzeitig immer mehr Männer aus Angst davor, eine liebevolle Väterlichkeit könne als Weichheit, Pädophilie oder sexueller Mißbrauch mißverstanden werden, emotional und körperlich auf dem Rückzug sind. Kinder brauchen Körperkontakt, und sie brauchen liebevolle Väterlichkeit als Kontrast zu Macho-Idealen, auch damit sie lernen, auf die vielen kleinen Nuancen von Nähe, Emotionalität und Körperkontakt angemessen zu reagieren. Wenn beispielsweise Jungen bis etwa zum elften Lebensjahr derartige Erfahrungen nicht hinlänglich machen können, weichen sie später aus Mangel an Nuancierungskompetenz auf eindeutige Formen von Körperkontakt aus, nämlich auf gewalttätige oder sexistische, die in ihrer Weltsicht nicht als weich, schwul oder pädophil mißinterpretiert werden können. Liebevolle Väter, Erzieher und Lehrer sind also der beste Schutz gegen die Verrohung unserer Gesellschaft, und deshalb müssen wir männliche Lehrerstudenten und Referendare eher zu Körperkontakt ermuntern als sie davor warnen, und deshalb müssen wir dafür sorgen, daß sie auch in die Schulen und besonders auch in die Grundschulen gelangen.

Durchhalten durch Investieren

Wir haben hinlänglich dargestellt, daß Lehrer, die engagiert in ihre pädagogische Arbeit mit pädagogischer Liebe, Zeit, Kraft und Materialien investieren, auch leichter und länger in ihrem Beruf durchhalten. Minimalisierung des Aufwands dagegen ist der sicherste Weg in eine frühe Erschöpfung.

Dem langen Durchhalten der Lehrer stehen im Wege:

* gravierende Sparmaßnahmen,
* zu große Schulen,
* ein übertriebenes Fachlehrer- und Kurssystem mit hoher Störanfälligkeit und erheblichen Reibungsverlusten,
* die Zuständigkeit für zu viele Schüler pro Woche,
* der Verzicht auf Lehrerfortbildung,
* die Steuerung der Schulen durch bürokratische Regierungszentralen.

Andererseits zeigt die Erfahrung, daß Lehrer besser mit ihren Kräften haushalten können,

* wenn sie das Lernen in ein höheres Maß an Erziehung einbetten,
* wenn im Sinne eines »Frühwarnsystems« Kompensation und Prävention schon von der 1. Klasse an einen größeren Stellenwert gewinnen, weil Lehrer oft bereits in der Grundschule feststellen, welcher Schüler später einmal wegen seiner Verhaltensstörungen erhebliche Schwierigkeiten haben wird, und weil eine zu spät beginnende »Reparatur« ein Vielfaches an Aufwand erfordert,
* wenn sie zu zweit eine Klasse führen, weil sie sich dann gegenseitig fachlich unterstützen und als Supervisoren dienen,
* wenn das Klassenlehrersystem erheblich ausgeweitet wird,
* wenn Lehrer kräftig in eine enge Zusammenarbeit mit Eltern investieren.

Daß auch niedrige Klassenfrequenzen, die verstärkte Einstellung von jungen Lehrern, eine bessere Sachmittelausstattung der Schulen und eine deutliche Reduktion der Wochenstundenverpflichtung der Lehrer bei gleichzeitiger Anerkennung ihrer außerunterrichtlichen Erziehungsleistungen das Durchhalten begünstigen, ist so selbstverständlich, daß es hier nur am Rande wiederholt werden soll.

Bei den immer größer werdenden Verhaltensbandbreiten von Schulklassen verschleißen sich Lehrer immer früher, wenn sie weiterhin lehrerzentriert und frontal unterrichten. Da sich heutzutage Schüler weniger nach Begabungen als vielmehr nach Verhaltensweisen, die ja auch Lernverhaltensweisen implizieren, auf die verschiedenen Schulformen aufteilen, funktioniert die klassische Art von Unterricht nicht mehr so gut, denn sie setzt einigermaßen homogen zusammengesetzte Lernverbände voraus. Wegen der Begabungs- und Verhaltensheterogenität heutiger Klassen schon vom ersten Schuljahr an und wegen der höchst unterschiedlichen erzieherischen Voraussetzungen, die Kinder aus den Familien mitbringen, sind Lehrer effektiver eingesetzt, wenn sie weniger belehren, sondern mehr selbst lernen lassen, wenn sie einen Teil der notwendigen kompensatorischen und sozialerzieherischen Arbeit auf Mitschüler verlagern können und wenn sie selbst mehr Lernberater als Stundengeber sind. Als Lernberater haben sie es weniger mit der ganzen Klasse als vielmehr abwechselnd mit einzelnen Schülern zu tun, und vieles, was sie früher selbst lehren mußten, können sich die Schüler in so einer Lernwerkstatt selbst von ihren Mitschülern, aus Büchern, Arbeitsbögen, Lexika, Atlanten, aus dem Lernprogramm des Computers oder aus dem Internet besorgen.

Wenn Schüler sich wohl fühlen, sind sie weniger schwierig; deshalb muß der Lehrer ihr Wohlbehagen organisieren, beispielsweise indem er einen kahlen Klassenraum gemeinsam mit seinen Schülern wohnlich einrichtet:

* Kreis- oder hufeisenförmige Sitzordnungen oder Gruppentische begünstigen das gemeinsame Arbeiten der Schüler.

* Tiere, Pflanzen und Teppiche sowie eine Kuschel- oder Entlastungsecke mit Matratzen oder Couchgarnitur schaffen eine lernfördernde Atmosphäre.
* Von Schülern gestaltete Wände geben der Klasse eine persönliche Note.
* Eine Zeitleiste rings um den Raum, ein Handapparat mit Arbeitsbögen und Karteikastensystemen, eine Bücherecke, eine Computerecke mit Internetanschluß sowie Radio, Fernseher, Videoprojektionswand und Tageslichtprojektor machen den Unterricht anschaulicher und aktueller.
* Ein Neben- oder Gruppenraum mit Herd, Waschbecken, Getränken und Speisen unterstützt die leibliche Versorgung der Schüler und ermöglicht individuellen Unterricht, wenn zwei Lehrer die Klasse betreuen.
* Eine Klassendruckerei und Spielgeräte für die »Aktive Pause« in einer »Bewegten Schule« sowie Sitzbälle, aber auch in der Höhe verstellbare Stühle und Tische runden die optimale Ausstattung eines Klassenzimmers ab.

Es wäre natürlich zuviel verlangt, daß jeder Lehrer alles, was hier aufgelistet wird, in seinem Klassenzimmer umsetzt. Das ist auch gar nicht nötig, jeder sollte nur diejenigen Elemente übernehmen, die zu ihm und seinen Schülern passen.

Mit einem Gesprächskreis zu Beginn des Unterrichts können Lehrer die Kommunikationstechniken fördern und das Zuhören schulen sowie Klassen- und Unterrichtsvorhaben planen. Er ermöglicht auch Entlastung von Vorkommnissen des Klassenlebens und von unverarbeiteten außerschulischen Ereignissen sowie Bildschirmerlebnissen. Bei älteren Schülern kann am Beginn des Unterrichtstages zum Beispiel eine Presseschau oder die Analyse eines Sprichwortes stehen.

Die letzten beiden Stunden eines Unterrichtstages sollten der »Freien Arbeit« im Rahmen eines »Wochenplanes«, der Arbeit am Computer, der Partner- und Gruppenarbeit oder der Projektmethode dienen. So kann jeder Schüler die zu ihm, zu seinem Thema oder zum Stand seiner Lernentwicklung passende Arbeitsweise, das Tempo und die Pausen selbst bestimmen.

Die Projektmethode ermöglicht die Vernetzung von Fächern zu Lernbereichen und fördert Schlüsselqualifikationen wie Selbständigkeit, Teamfähigkeit, Erkundungs-, Handlungs- und Konfliktfähigkeit, Kreativität und Fähigkeit zum vernetzenden Denken. Investitionen in ein Theaterprojekt, in einen Schulbasar, in den Unterricht vor Ort (in einem Betrieb, im Wald, am See oder Fluß, in der Fußgängerzone, im Rathaus), in nachmittäglichen Sport und in gemeinsames Musikmachen zahlen sich atmosphärisch und oft auch ästhetisch aus.

Die Diskussion von Verhaltensalternativen für Konfliktsituationen über Rollenspiele aus Anlaß von Dilemmata im Schulleben wandelt Zuschauer von Gewalt zu »Konfliktlotsen«, Opfer zu Menschen, die sich wehren und sich helfen können, und Täter zu Menschen, die in der Lage sind, ihren Frust gewaltfrei zu bewältigen.

Hausbesuche, Elternabende mit Erziehungsthemen, Elternstammtische und die Mitarbeit von Eltern im Unterricht stärken den erzieherischen Rahmen für das Lernen. Dazu gehört auch die Organisation von Hausaufgabenpatenschaften für Kinder, die nachmittags allein sind, bei Müttern, die nachmittags zu Hause sind.

Mit allem, was Lehrer über das vorgeschriebene Minimum hinaus unternehmen, investieren sie in ihren Arbeitsplatz und organisieren nicht nur ihre spätere Entlastung, sondern auch bessere Lernerfolge ihrer Schüler.

Letztlich reicht der Investitionsaufwand eines jedes Lehrers bis hin zu seiner Körperpflege, seiner Bekleidung, seiner Frisur, seinem Sprechverhalten und seiner Entscheidung, ob er in der Nähe seiner Schüler wohnen will oder lieber weit entfernt, ob er sich duzen oder siezen läßt, ob er Schüler auch einmal zu sich nach Hause einlädt oder nicht und ob er bereit ist, sich von Schülern und Eltern auch abends und an Wochenenden anrufen zu lassen, oder ob er sich das mit dem Hinweis auf seine schulischen Sprechzeiten verbittet.

Das Leid mit der Leistung

Der Präsident der deutschen Hochschulrektorenkonferenz, Klaus Landfried, fordert ein Zentralabitur, wie es bislang sieben deutsche Bundesländer haben (Baden-Württemberg, Bayern, Mecklenburg-Vorpommern, Saarland, Sachsen, Sachsen-Anhalt und Thüringen). In Nordrhein-Westfalen und Hamburg sollen Abiturklausuren noch einmal daraufhin überprüft werden, ob gleiche Leistungen je nach Region, einzelner Schule und konkretem Lehrer unterschiedlich benotet worden sind, in Kiel hat jahrelang ein Professor Deutschaufsätze einer Vielzahl von Lehrern vorgelegt und dabei festgestellt, daß für ein und dieselbe Leistung Noten zwischen »2« und »5« gegeben wurden. Das Boston-College hat mit seiner Tims-Studie für die deutschen Achtkläßler in Mathematik und Naturwissenschaften nur einen Mittelplatz in einer internationalen Rangreihung eruiert und in der höheren Mathematik der Oberstufenschüler sogar nur den drittletzten. Die Kultusministerkonferenz hat sich auf bundesweite Leistungsvergleiche in verschiedenen Klassenstufen geeinigt. Und demnächst soll die erwähnte Pisa-Studie das Leseverständnis von Grundschülern in mehreren Ländern messen.

In immer kürzer werdenden Abständen beklagen die Industrie- und Handels- sowie die Handwerkskammern, daß Schulabsolventen nicht mehr so gut lesen, schreiben und rechnen könnten wie früher. Hamburg hat eine Untersuchung über die »Lernausgangslage« von Schülern in Auftrag gegeben, und der Bundesbildungsminister mahnt eine deutliche Leistungssteigerung der Schulen an, damit der »Wissenschafts- und Wirtschaftsstandort Deutschland« nicht gefährdet werde. Bei der Neubewertung von 3000 Abiturarbeiten will die nordrhein-westfälische Schulministerin Gabriele Belder ermitteln lassen, ob es ein Gefälle zwischen den Abschlußniveaus von Gymnasiasten und Gesamtschülern gibt; angeblich drängt auch ihr Ministerpräsident Wolfgang

Clement auf schärfere Abschlußprüfungen, weil er immer häufiger von Ausbildungsleitern auf einen dramatischen »Leistungsverfall« hingewiesen werde.

Was aber ist Leistung? Der Präsident des Deutschen Lehrerverbandes, Josef Kraus, stellt in seinem Buch *Spass-Pädagogik*, das im Untertitel »Sackgassen deutscher Schulpolitik« heißt, heraus, daß der Leistungsbegriff oft immer noch einen negativen Beigeschmack habe, weil er mit »Streß«, »Selektion«, »Ellenbogengesellschaft« und mit »inhuman« assoziiert werde. Einige Anmerkungen zur derzeitigen Leistungsdiskussion:

* Schon kleine Kinder möchten etwas leisten; sie wollen gut, tüchtig, erfolgreich und anerkannt sein. Und auch Jugendliche und Erwachsene sind stolz, wenn sie etwas zu leisten imstande sind.
* Schule hat vor allem die Aufgabe, junge Menschen zu qualifizieren; sie sollen Lesen, Schreiben und Rechnen lernen, sie sollen ein Fundament an Allgemeinbildung, an Fremdsprachenkompetenz, an naturwissenschaftlichen Kenntnissen, an historischer und politischer Bildung und noch so manches mehr mit auf ihren Lebensweg bekommen. Schule hatte bislang drei Funktionen, die Helmut Fend Qualifikation, Selektion und Reproduktion nennt. Und auch wenn sie künftig 14 Funktionen haben sollte (Integration, Kompensation, leibliche Versorgung, Gewalt- und Suchtprävention, Innovation ...), wird ihre Leistungsfunktion weiterhin die allerwichtigste bleiben.
* Jeder junge Mensch hat ein anderes Leistungsprofil, und Schulen messen nur einen Teil dieses Profils durchweg mit Noten. Vieles, was Schüler können, wird nicht benotet. So können sie fleißig, ordentlich und pünktlich sein oder eine hohe »Medienkompetenz« haben, ohne daß ihre Schule das benotet.
* Obwohl die Großbetriebe in Deutschland zunehmend »Schlüsselqualifikationen« bzw. »Kernkompetenzen« von Bewerbern um einen Ausbildungsplatz erwarten (Selbständigkeit, Teamfähigkeit, Kreativität, Konfliktfähigkeit,

Fähigkeit zum vernetzenden Denken, Fähigkeit zur Selbstkritik, Toleranz, Mobilität ...), wird das in Abschlußzeugnissen aber dennoch nicht benotet oder ausgewiesen.

* Leistungssteigerungen lassen sich nicht allein über den Kopf erzielen, sie setzen auch eine stimmige leibliche Versorgung (Ernährung, Bewegung, Muße und Entlastung) voraus. Und die Herausforderung der linken Hirnhälfte allein (dort sitzen das Rationale, das Logische, das Zahlen- und Raumverständnis) bringt nicht unbedingt einen Leistungszuwachs.
* Landesweite, bundesweite oder internationale Leistungsvergleiche messen Ausschnitte, sie messen jedoch nicht, was Schüler statt dessen können. Wenn russische Schüler in der Tims-Studie beim Rechnen besser abschneiden als deutsche, dann wird leider nicht berücksichtigt, daß ein deutscher Schüler eine Menge in anderen Lernbereichen erfahren hat, während ein sibirischer Schüler in einer dürftig ausgestatteten Schule von einem schlecht und unregelmäßig bezahlten Lehrer durchaus gelernt hat, in wenigen Sekunden zu berechnen, was 37 mal 43 ergibt, weil dieser Lehrer eigentlich gar nichts anderes machen kann, als stundenlang zu erzählen, vorzulesen und abschreiben zu lassen. Und wer mißt bei internationalen Leistungsvergleichen, daß deutsche Schüler vielleicht gut schätzen bzw. überschlagen können und wissen, daß das genaue Ergebnis auch der Taschenrechner liefert?
* Schweden hat im wesentlichen staatliche Gesamtschulen, die Niederlande haben durchweg gegliederte Privatschulen; beide Länder liegen aber im internationalen Leistungsvergleich ganz vorn. Offenbar ist also das Schulsystem nicht so relevant für die Leistungen der Schule wie das, was Lehrer konkret im Unterricht tun.
* Das Max-Planck-Institut für Bildungsforschung in Berlin, das den deutschen Beitrag zur Tims-Studie des Boston-College geliefert hat, stuft die Leistungsfähigkeit schleswig-holsteinischer Schüler über der von Mecklen-

burg-Vorpommern und Thüringen ein, obwohl Schleswig-Holstein kein Zentralabitur hat. Ein Zentralabitur garantiert also nicht automatisch eine Leistungssteigerung, vor allem kann es nicht den regionalen Besonderheiten, den konkreten Stärken und Schwächen von Schüler- und Lehrerpersönlichkeiten oder dem Unterrichtsausfall Rechnung tragen.

* Noten tun Schülern, die immer gute Noten bekommen, gut. Schüler, die durchweg schlechte Noten bekommen, werden hingegen immer schlechter; sie geben sich in den Fächern mit schlechten Noten bald auf, oder sie verlieren insgesamt das Vertrauen in ihre Leistungsfähigkeit und entwickeln ein »Versagergefühl«. Zentrale Leistungsvergleiche setzen Lehrer und Schüler so unter Druck, daß die Leistungsfähigkeit von Schule insgesamt gefährdet wird, denn Schule muß gerade auch gegenüber schwachen Schülern leistungsfähiger werden. In Dänemark verzichtet man seit 20 Jahren auf Noten bis zur Klassenstufe 7, und die Tims-Studie weist die dänischen Schulen als besonders leistungsfähig aus.
* Der bayerische Kultusminister hat die norddeutschen Schüler einmal als »dümmer« bezeichnet, und der bayerische Ministerpräsident hat beklagt, daß in Hamburg doppelt so viele junge Menschen zum Abitur kommen wie in Bayern. Ist es tatsächlich der »Niveauverlust«, der so vielen Hamburgern die Hochschulreife ermöglicht? Oder machen der Offene Unterricht, die notenfreie Grundschule, die Integrationsklassen, der Projektunterricht, die Partner- und Gruppenarbeit in der »Lernwerkstatt« mit »Wochenplanarbeit« und Lehrern, die sich weniger als Wissensvermittler und mehr als »Lernberater« in sozialen Lernformen verstehen, sowie die Konzepte »Nachbarschaftsschule« mit »Schulprogramm«, »Verläßliche Halbtagsgrundschule« und »Offene Ganztagsschule« die Hamburger Mädchen und Jungen schon früher selbständiger, teamfähiger, erkundungs- und handlungsstärker, konfliktkompetenter und politisch mündiger? Immerhin

waren es zunächst Hamburger Schüler, die auf die Straße gingen, um für mehr Unterricht zu demonstrieren.

* Um leistungsfähiger zu werden, entwickeln sich die deutschen Schulen gerade in Richtung Fähigkeit zum vernetzenden Denken, zum Lernen in Lernbereichen statt in Einzelfällen, zur Teilautonomie in Sachen Schulprofil, Personalhoheit, eigene Budgetierung und mehr Partizipation von Eltern und Schülern. Vergleichsarbeiten und ein Zentralabitur wirken da allerdings ganz und gar gegenläufig. Wollen die Kultusminister damit wieder bremsen, was sie mit der Autonomiedebatte losgetreten haben?

Das Zentralabitur ist ein Schritt zurück zur bisherigen »Belehrungsanstalt« Schule, die nach Ansicht vieler nicht mehr in unsere Zeit und schon gar nicht ins nächste Jahrhundert paßt. Schulen müssen »Häuser des Lernens« – wie die Rau-Kommission in Nordrhein-Westfalen sagt – oder »Lernwerkstätten« werden – wie man in Basel sagt –, weil Kinder mehr lernen, wenn sie selbst lernen (als wenn man sie belehrt), wenn sie beim Lernen handeln dürfen (statt nur zuhören zu müssen), wenn ihnen Fehlermachen beim Lernen erlaubt ist (statt sie dafür zu strafen), wenn sie zu zweit ein Problem lösen können (statt allein bei Hausaufgaben und Klassenarbeiten zu bleiben oder beim zentralen Vorgehen im Klassenverband mit allzu vielen Mitschülern gleichzeitig lernen zu müssen) und wenn sie möglichst häufig die Gelegenheit erhalten, anderen das Gelernte zu erklären.

Wenn der Ausbildungsleiter des Volkswagenwerks beklagt, daß Schulen vor allem das anbieten und benoten, was Großbetriebe nur noch am Rande an Qualifikationen benötigen, und daß dasjenige nicht in den Abschlußzeugnissen bescheinigt wird, was sie zunehmend erwarten, nämlich Schlüsselqualifikationen wie Selbständigkeit, Teamfähigkeit, Kreativität und Konfliktfähigkeit, dann werden Schulen durch zentrale Leistungsvergleiche in die falsche Richtung gedrängt, nämlich in die Vergangenheit.

Der Bundesbildungsminister mit seiner Aktion »Schulen ans Netz« und der Bundespräsident Roman Herzog mit seinen drei Reden zur Bildungssituation in Deutschland wollten mit ihren Hinweisen darauf, daß es künftig mehr darauf ankomme, sich selbst Wissen aneignen zu können, als es parat zu haben, wohl etwas ganz anderes erreichen als Diskussionen um überregionale Leistungsvergleiche und zentral durchgeführte Abiturprüfungen. Vor allem haben sie doch darauf hinweisen wollen, daß Leistung demnächst etwas anderes bedeuten muß als bisher und daß sie nicht unbedingt mit einer Ziffernskala meßbar ist. Oder ist ein Zeugnis vorstellbar, in dem steht: »Kreativität: 2, Konfliktfähigkeit: 3, Vernetzendes Denken: 4«?

Motivation durch Arbeitsplatzreform

Am besten wäre die Schule für das nächste Jahrhundert gerüstet, wenn sie sich aus den bürokratischen und zentralistischen Fesseln befreien könnte. Schulen müssen in einen Wettbewerb miteinander treten, damit sie besser, also leistungsfähiger werden. Das setzt voraus, daß Eltern und Schüler zwischen ihnen frei wählen dürfen, und das schon von der Vorschule an. Die wohnortabhängige Zuordnung der Schüler zu einer bestimmten Schule ist nicht mehr zeitgemäß. Schulen müssen heute eine Vielzahl von Profilen nebeneinander anbieten dürfen, weil nur das zu den höchst unterschiedlichen elterlichen Erwartungen sowie den Begabungen und Motivationen von jungen Menschen in unserer pluralistischen Gesellschaft paßt. Die Zeiten von Einheitsschulen sind vorbei; Schulprogramme, profilierte Schulen werden die Zukunft bestimmen.

Politiker haben das erkannt, und deshalb sind sie zur Öffnung von Schulen in alle möglichen Richtungen hin bereit, auch weil sie sonst die Schulen nicht mehr finanzieren können und weil sie die Kritik, die bisher vor allem an sie gerichtet ist, gern weiterleiten möchten an die jeweils selbstverantwortliche Schule.

Die ausgesprochen leistungsfähigen Privatschulen dienen mittlerweile auch dem Staat zunehmend als Vorbild, zumal immer mehr Eltern den staatlichen Schulen mißtrauen und ihre Kinder lieber an Freien Schulen, Montessori-Schulen, Internaten, Landerziehungsheimen, Waldorfschulen oder gar im Ausland anmelden. Bereits zehn Prozent der deutschen Schüler besuchen Privatschulen, und die Zahl der Schüler, die von ihren Eltern vorübergehend ins Ausland geschickt werden, hat sich in wenigen Jahren vervielfacht.

Die Vorteile von autonomen staatlichen Schulen nach dem Vorbild der Privatschulen liegen auf der Hand:

* Schulen werden leistungsstärker, wenn sie einen höheren Konsens in ihrem Lehrerkollegium erzielen, und der wird am leichtesten durch die Personalhoheit der einzelnen Schule erreicht. Wenn jede Schule ihre Lehrer selbst einstellen darf, wie es in Hessen und Niedersachsen geplant ist, dann kann sie das gezielter tun als eine Regierungszentrale, dann kann sie geschickt jung und alt, aber auch männlich und weiblich mischen, und sie muß nicht nur Lehrer einstellen, sie kann auch kostengünstiger für einige ihrer Funktionen Erzieher, Sozialpädagogen, Schulassistenten, Lehrbeauftragte, ABM-Kräfte, Eltern, Lehrwerkmeister und Studenten beschäftigen.
* Die *Profilbildung* hat zur Folge, daß hier durch ein spezifisches *Schulprogramm* Schüler und Lehrer zusammentreffen, die auch hinter diesem Profil stehen, sei es nun ein altsprachliches, ein neusprachliches, ein mathematisch-naturwissenschaftliches oder ein technisches, sei es das Konzept einer Ganztagsschule, einer Stadtteilschule, einer Schule mit doppelqualifizierendem Bildungsgang (Abitur plus Facharbeiterbrief) mit Expreß-Abi- bzw. D-Zug-Klassen, mit E- bzw. Z-Klassen (erweiterter Fremdsprachenunterricht, mehrere Fächer werden in englischer oder französischer Sprache unterrichtet), sei es eine Schule mit Chinesisch, Türkisch, Italienisch, Russisch, Spanisch, Frie-

sisch, Niederdeutsch, Romanes, Sorbisch oder Dänisch als zweiter Fremdsprache, sei es ein Fußball-, Tennis-, Ski- oder Schwimmgymnasium, eine Hochbegabtenschule oder ein Legastheniker-Internat. Auch innerhalb einer Schule können für vier Parallelklassen zwei bis vier unterschiedliche Profile oder so etwas wie eine Profil-Oberstufe angeboten werden. Schleswig-Holstein und Hamburg begünstigen mit ihren neuen Schulgesetzen die profilierte Schule ganz entschieden.

* Mit der *Budgetierung*, also mit der Haushaltshoheit der einzelnen Schule, läßt sich erreichen, daß sie gezielter und damit letztendlich sparsamer mit Geldern umgeht, die nicht mehr nach Haushaltsjahren zugewiesen werden, sondern auch über Jahre hinweg beispielsweise für die Computerausstattung angespart werden können. (In Schleswig-Holstein, Niedersachsen und Hamburg wird dieses Prinzip zur Zeit erprobt.)
* Durch *Sponsoring* könnten sich die Schulen ergänzende Finanzquellen erschließen. Der Staat müßte dann für einen Ausgleich gegenüber den Schulen sorgen, die keine Sponsoren finden. Das Sponsoring beginnt mit der Selbsthilfe der Eltern, die heruntergekommene Klassenräume renovieren, geht über ihre Finanzierung der Schulbücher und die Mitfinanzierung von Computern und reicht bis zur Schenkung der Turnhalle durch eine ortsansässige Firma. Einige Schulen haben schon jetzt Betriebe gefunden, die ihnen die Ruderboote, die Hockeyausrüstung für die Schulmannschaft und den Druck der Schülerzeitung bezahlen. Und in Schleswig-Holstein hat es die Ministerpräsidentin Heide Simonis höchstpersönlich geschafft, genügend Betriebe zu finden, die die Kosten für die Internetanschlüsse sämtlicher Schulen übernehmen. Umstritten ist noch, ob zum Sponsoring auch Werbung beispielsweise für Coca-Cola oder adidas in Turnhallen und in Pausenhallen gehören darf. Ziemlich einig ist man sich hingegen schon in vielen Bundesländern in bezug auf ein Sponsoring ohne Gegenleistung.

* *Regionalisierung* soll den Schulen ermöglichen, auf die besonderen Bedingungen und Bedürfnisse einer Nachbarschaft, eines Stadtteils oder einer ländlichen Region einzugehen und in genau dem Maße von den übergeordneten Richtlinien abzuweichen.
* Nordrhein-Westfalen überlegt, drei bis fünf Schulen zu einem Verbund zusammenzuschließen und von einem *Schulmanager* führen zu lassen, der einmal Lehrer war, sich dann aber durch ein betriebswirtschaftliches Studium und durch Praktika in Großbetrieben weitergebildet hat. Man erhofft sich dadurch mehr Effizienz und die Einsparung von etwa 450 Schulleitern und Schulräten. Die Unternehmensberatungsgruppe Kienbaum hat dem Land dieses Modell vorgeschlagen. Unter dem Schulmanager sollen Oberlehrer arbeiten, die jeweils die pädagogische Verantwortung für 50 bis 75 Lehrer haben.
* An einer autonomen Schule muß auch das Prinzip *Partizipation* verwirklicht werden. Eltern und Schüler sollten bei der Wahl des Schulleiters, bei der Einstellung von Personal, bei der Festlegung des Schulprofils und bei der Gestaltung des Etats der Schule mitbestimmen, und zwar im Rahmen einer deutlich gestärkten Schulkonferenz. *Schulräte* müßten sich von Aufsichtsbeamten zu Beratern und Koordinatoren wandeln, die vor allem die Aufgabe haben, die Vergleichbarkeit der Schulabschlüsse sicherzustellen.
* Ein Effekt der autonomen bzw. autonomeren Schule wird sein, daß die Schulen nicht nur in einen Wettbewerb miteinander treten, sondern daß auch so etwas wie ein *Ranking* auf sie zukommt. Zeitungen werden »Schulhitlisten« aufstellen, um Eltern in der höchst bunten Schullandschaft eine Orientierung zu geben und ihnen die Wahl zu erleichtern. Auch wenn die Kriterien für die Rangordnung gewiß sehr fragwürdig sind, wird das Ranking den positiven Effekt haben, daß unten stehende Schulen sich ziemlich rasch etwas einfallen lassen, um bei der nächsten oder übernächsten Anmelderunde wieder günstiger da-

zustehen; sie müssen besser werden, wenn sie nicht geschlossen werden wollen.

Zu einer autonomen Schule paßt nicht mehr der Beamtenstatus der Lehrer. Einige Bundesländer wie Schleswig-Holstein sind deshalb dabei, ihn abzuschaffen. Zu ihr passen aber flexiblere Arbeitszeitregelungen, wie sie Schleswig-Holstein gerade mit »Stundenkonten« bzw. Arbeitszeitkonten einführt, von denen man abbucht. So können nun junge Lehrer, wenn sie es wollen, mehr unterrichten, um mit dem Älterwerden dann sinnvollerweise weniger zu unterrichten. Mit Arbeitszeitkonten werden dann auch »Sabbatjahre« zur Regeneration oder zur Weiterbildung möglich, so daß mit ihnen den mißlichen Effekten Burn-out-Syndrom und Frühpensionierung vorgebeugt werden kann. Überdies dürfen Lehrer dann grundsätzlich entscheiden, für wie viele Wochenstunden sie gern eingestellt werden möchten, wenn die jeweilige Schule damit einverstanden ist. Und da kein Naturgesetz vorschreibt, daß Schüler nach Geburtsjahrgängen zu Lerngruppen zusammengeworfen werden, kann mit dem Prinzip »Einschulung ohne Auslese« und dem der »Jahrgangsübergreifenden Klassen« erreicht werden, daß Jungen und Mädchen so lange in einer Stufe bleiben, bis sie deren Ziel erreicht haben. In Schleswig-Holstein ist deshalb statt der Klassen 1 und 2 eine »Eingangsphase« vorgesehen, von der aus die Schulen nach ein, zwei oder drei Jahren in die Klassenstufe 3 wechseln.

Alle Reformen zu einer autonomen Schule werden die Motivation der Lehrer erhöhen. In diesem Zusammenhang darf nicht unerwähnt bleiben, daß künftig unbedingt die außerunterrichtlichen erzieherischen Leistungen von Lehrern ebenso gewertet werden müssen wie ihre Leistungen im Unterricht, daß sie also ebenso auf ihre Arbeitszeit angerechnet werden müssen wie ihre Unterrichtsstunden. Praktikabel ist eine solche Berechnung für Lehrer aber nur, wenn man ihre Unterrichtsverpflichtung kürzt, damit sie Zeit für ihren sozialpädagogischen Aufwand gewinnen. Für den Staat würde sich eine erzieherische Stärkung der Schulen durchaus rechnen, weil dann mit einem geringeren Unterrichtsvolumen dennoch mehr an Lernen herauskäme. Hamburg hat das allerdings noch nicht verstanden, denn es erwägt, völlig kontraproduktiv, Lehrer, die Klassenfahrten machen, zu zwingen, den ausgefallenen Unterricht später nachzuholen; offenbar ist es der Meinung, die auch viele Eltern teilen, daß Lehrer sich auf Klassenreisen vor allem erholen ...

Der Lehrer als Schulleiter

Friedrich Mahlmann leitet ein Gymnasium im nordrhein-westfälischen Oerlinghausen. Er sieht ein bißchen wie Heinz Rühmann aus, und nicht nur deshalb fühlt man sich an Heinrich Spoerls »Feuerzangenbowle« erinnert, wenn er in seinem satirischen Buch »Pestalozzis Erben« Episoden aus seinem Städtchen und seinem Gymnasium wiedergibt. Natürlich hat er Namen und Situationen abgewandelt, aber trotzdem erkennen viele Leser vor Ort ganz bestimmte Pädagogen ziemlich eindeutig wieder, wenn er von tragischen Begebenheiten mit »skurrilen Kollegen«, mit »zähen Bürokraten«, »prinzipiellen Vereinsmeiern« und »profilneurotischen Kommunalpolitikern« schreibt, wie »Die Zeit« formuliert. Kein Wunder, daß es Beschwerden beim Schulrat, bei der Bezirksregierung und beim Kultusministerium gehagelt hat, und ein Betroffener klagte sogar beim Landgericht. Das Buch ist nett zu lesen.

Aber ist es auch geschickt, als Schulleiter so etwas zu schreiben, solange man noch im Dienst ist, seine Schulgemeinde zu führen hat und vor allem ja auch um den Schulfrieden bemüht sein muß? Das ist es wohl nicht; denn auch wenn vieles an den schulischen Bedingungen und Lehrerverhaltensweisen kritisiert werden muß und satirisch angreifbar ist, so muß doch im Vordergrund stehen, daß die Schule erst einmal mit möglichst wenig Reibungsverlust ihre Aufgaben erfüllen kann, genau das jedenfalls hat Friedrich Mahlmann mit seiner satirischen Kritik ganz bestimmt nicht befördert.

Die meisten Lehrer ertragen es nicht gut, wenn man sie belehrt, bewertet, kritisiert und durch den Kakao zieht, obwohl sie selbst das immer wieder mit Schülern tun. Wer bei ihnen etwas erreichen will, der muß das ausgesprochen klug anstellen. Ein Schulleiter muß sich deshalb vor allem durch seine Qualifikation zur Menschenführung auszeichnen. Daß ein Schulleiter einmal ein guter Lehrer war, reicht nicht aus. Zwar gibt es Begleitseminare für werdende oder gerade eingesetzte Schulleiter, aber dort werden sie vor allem im Verwaltungsrecht unterwiesen.

Mitglieder der Deputationen der Hamburger Behörden für Wissenschaft und Forschung sowie für Schule, Jugend und Berufsbildung haben Ende 1998 gefordert, an der Universität einen »strukturierten Ausbildungsgang« für potentielle Schulleiter einzurichten, der absolviert werden muß, um überhaupt erst als Schulleiter wählbar zu sein. Personalführung, -beurteilung und -entwicklung, Budgetplanung, Bauplanung, Öffentlichkeitsarbeit und Elterninformation sollen nach Meinung der Deputierten die Studienschwerpunkte sein. Ihre Initiative basiert auf der Einsicht des nordrhein-westfälischen Instituts für Bildungsbetriebslehre, das da formuliert: »Schulleitung als das zentrale pädagogische Steuerungsorgan hat eine unternehmerische Komponente.«

Schulleiter sind eine höchst heterogene Gruppe. Wie bei den Lehrern gibt es unter ihnen starke und schwache Persönlichkeiten, engagierte und träge, junge und alte, männliche und weibliche. Sie können von einer breiten Zustimmung getragen oder einsam sein, vom Lehrerkollegium oder von der Schulkonferenz gewählt oder von oben her eingesetzt sein. Manche sind Partei- oder Verbandsfunktionäre, vielleicht sogar Ideologen, andere politisch und verbandsmäßig neutral. Die einen sind auf Lebenszeit bestallt, andere bloß für zwei oder zehn Jahre gewählt. Manche entscheiden selbstherrlich allein, manche verstehen sich als Mitglied eines Leitungsteams. Manche heißen Schulleiter, manche

Rektoren und ganz viele Direktoren, und ihre Vertreter dürfen sich entweder bescheiden »Stellvertretender Schulleiter« oder etwas überhöht »Konrektor« nennen. Leiter von Grund- oder Hauptschulen werden nicht so gut bezahlt, aber Leiter von Gymnasien, Gesamtschulen und Berufsschulen beziehen das gleiche Gehalt, das auch ein Oberschulrat bekommt, oder gar noch etwas mehr. Einige Schulleiter müssen neben ihrer Leitungsfunktion nur wenig Unterricht oder auch keinen geben, andere – meist von kleineren Schulen – geben ziemlich viel Unterricht, und wieder andere führen sogar noch eine Klasse nebenbei.

Es gibt Schulleiter, die zwar ein bißchen Entlastung durch ihre Stellvertreter finden, aber ansonsten ihren oft großen Laden ziemlich allein führen; es gibt aber auch solche, die reichlich Unterstützung durch einen weitgehend vom Unterricht freigestellten Stellvertreter haben, durch bis zu vier Abteilungsleiter (für die Grundschule, für die Klassen 5 bis 7, die Klassen 8 bis 10 und die Oberstufe), durch einen Didaktischen Leiter und mehrere Koordinatoren. Es gibt Schulleiter, die bis zu ihrer Pensionierung im Amt bleiben und als herausragende Figuren in die Chronik ihrer Schule eingehen, und solche, die ihr Amt vorzeitig freiwillig zurückgeben, die per Mißtrauensantrag abgewählt oder später nicht bestätigt bzw. nicht wiedergewählt werden, so daß sie – in der Regel mit angeknackstem Selbstbewußtsein – wieder einfache Lehrer werden.

In Hamburg und Bremen wurden Schulleiter vorübergehend auf Zeit gewählt, und zwar zunächst vom Lehrerkollegium nach Ausschreibung und Erstellung einer Bewerberliste mit bis zu drei Kandidaten, die ein Schulleiterfindungsausschuß vorschlug. Nach zwei Jahren konnten sie von der Erweiterten Schulkonferenz, in der Eltern, Schüler und Vertreter des Hauspersonals neben Lehrern sitzen, auf weitere zehn Jahre gewählt werden. Sie bekamen für diese Zeit ihr Lehrergehalt plus eine Funktionszulage. Das Bundesverwaltungsgericht hat diese zweite Wahl auf Zeit untersagt: Seitdem werden die Schulleiter nach zwei Jahren von der Erweiterten Schulkonferenz wieder auf Lebenszeit gewählt oder abgewählt. Mit dem neuen Hamburger Schulgesetz ist jedoch wieder die Wahl auf zehn Jahre nach einer zweijährigen Bewährungszeit vorgesehen.

In den meisten anderen Bundesländern werden die Schulleiter von oben, also vom Kultusministerium oder von der Bezirksregierung, auf Lebenszeit bestallt – nicht selten solche, die sich zuvor als Partei- oder Verbandsfunktionäre »bewährt« haben. Von oben eingesetzte Schulleiter sind in der Regel stärker die Schule und ihr Kollegium prägende und führende Persönlichkeiten; von Lehrern gewählte Schulleiter dagegen sind oft besonders kompromißfähig und nicht so stark prägend und führend. Denn welcher Lehrer ist schon bereit, sich seinen Handlungsspielraum durch eine besonders stark führende Persönlichkeit einengen zu lassen?

Die optimale Lösung liegt wohl in einer partizipatorischen Wahl, bei der Eltern und Schüler über ihren künftigen Schulleiter mitbefinden, denn sie sind an einer »aalglatten« Leitungsfigur interessiert, die sich mit Verwaltung, Konfliktausgleich und Repräsentation der Schule nach außen begnügt, wie Lehrer das nun mal oft sind.

Die baden-württembergische Kultusministerin Annette Schavan will die Schulleiter stärken. Mit der Tendenz zu Profilierung und Automatisierung der Schulen müssen ihre Leiter deutlicher führen können, weil sie auch herkömmliche Schulaufsichtsfunktionen teilweise mit zu übernehmen haben, weil sie mit den jeweiligen spezifischen Schulprogrammen zugleich auch dafür verantwortlich werden, daß die übergeordneten Richtlinien und Bildungspläne eingehalten werden und daß die Vergleichbarkeit der Abschlüsse garantiert bleibt.

Schulleiter müssen Menschen führen können, und zwar sowohl Lehrer und Hauspersonal genauso wie Eltern und Schüler, aber auch Kommunalpolitiker und Bauleiter. Sie sind nicht nur Lehrer in der Nebentätigkeit eines Schulleiters, sie brauchen auch konzeptionelle Visionen, Menschenführungsstärken und finanziellen Sachverstand; sie sollten in ihrem Amt professionell sein, und das in jeder Beziehung.

Daneben dürfen sie aber auch den guten Lehrer in sich nie vergessen. Insofern erkennt man starke Schulleiter nicht nur an ihrer Fähigkeit, Konferenzen zu leiten, Verwaltungsvorschriften zu kennen und zwischen Schule und Behörde zu vermitteln, schon gar nicht daran, wie sie ministerielle Erlasse in ihrer Schule umsetzen, sondern auch daran, daß sie Anfechtungen von oben und von außen mit couragiertem Widerstand abzuwehren wissen und daß sie ihre Bürotür stets für Schüler und Eltern offen haben, ihnen also nicht erst das mühselige Überwinden der Hürde Schulsekretariat zumuten, bevor sie Einlaß und ein Gespräch gewährt bekommen.

Schulleiter müssen sich auch einer Menge Unbequemem stellen. Sie müssen sich in die Kommunalpolitik, in die Verkehrspolitik, in die Nachbarschaft und in die Gemeinwesenarbeit einmischen, wenn es um die Verbesserung der Bedingungen für ihre Schule und ihre Schüler geht. Sie müssen den Kontakt zu Kindergärten und benachbarten Schulen pflegen und zu einer übergreifenden Kooperation mit ihnen fähig sein. Sie müssen ihre Lehrer für notwendige Veränderungen begeistern, sie müssen, wenn sie neu berufen sind, verkrustete und ideologische Strukturen aufzubrechen bereit sein, sie müssen den Mut haben, mit Eltern Klartext zu reden, wenn diese bei der Erziehung ihrer Kinder fast alles falsch machen. Und sie sollten vor allem auch bereit sein, ihre Lehrer zu kritisieren, allerdings nicht so, wie es Friedrich Mahlmann mit seiner Satire über sein Gymnasium in Oerlinghausen tat: Denn Ironie, Satire oder gar Sarkasmus sind immer schlechte Helfer, wenn man etwas verändern oder verbessern will; das gilt für die Erziehung von Kindern ebenso wie für die Führung von Kollegen.

Veränderte Kinder – Gewalt, Sucht, Krankheit und zeitgemäße Lehrerantworten

Wir sprechen nun schon seit vielen Jahren über die Ursachen von Gewalt; wir haben in vielen Städten Gewaltpräventionsräte institutionalisiert, haben Bewegungs-, Sport-, Strand- und Waldkindergärten eingerichtet und Sinnespfade geschaffen, damit Kinder mit einer ausgeglichenen Bewegungs-, Körperkontakt-, Muskelkoordinations- und Wahrnehmungsentwicklungsbilanz aufwachsen können, damit sie nicht psychomotorisch gestört, aggressiv, süchtig, krank, rechenschwach und stark unfallgefährdet werden, wir haben Projekte »Sport gegen Gewalt« und nun auch »Musik gegen Gewalt« geschaffen, wir haben »Werteerziehung über Dilemmata«, »Täter-Opfer-Ausgleich« und »Anti-Aggressivitäts-Training« in den Schulen gepflegt, damit junge Menschen schon früh, passend zu unserer werte- und meinungspluralistischen Gesellschaft, konfliktfähig werden; denn wer nicht gelernt hat, angemessen auf ein Problem zuzugehen und eine Krise zu meistern, weicht mit Gewalt, Sucht oder Krankheit aus, weil das dann für ihn leichter ist, als das Problem direkt zu lösen. Und dennoch dreht sich die »Spirale der Gewalt« offenbar immer weiter nach oben; ganz aktuell wird folgendes diagnostiziert:

* 20 bis 30 Prozent aller Vergewaltigungen und 30 bis 40 Prozent aller Fälle sexuellen Mißbrauchs werden von Kindern und Jugendlichen verübt.
* Der Gerichtsgutachter Wilfried Rasch meint, daß im Alter von etwa 16 Jahren bei Jugendlichen »die größte kriminelle Energie« vorhanden sei.
* 16jährige Jungen haben gewaltige Identitätsprobleme auf der Suche nach ihrer Männlichkeitsrolle.
* Hamburg und Sachsen-Anhalt sind bundesweit führend in bezug auf Kinder- und Jugendkriminalität.

* 80 Prozent aller jungen Menschen werden irgendwann zumindest einmal erpreßt; dieses »Abpressen« oder »Abziehen« betrifft Jacken, Schuhe, Geld, Handys, Zigaretten, Telefonkarten und anderes.

Ende April brachte »The Sunday Times« einen ganzseitigen Artikel mit der Überschrift »The Trouble with the Boys«, der die Klage des britischen Premiers Tony Blair darüber aufgreift, daß immer mehr junge Männer von Arbeitswelt und Familiengründung wegdriften würden und daß gerade die männliche Jugend von Entwurzelung, von Erziehungsdefiziten, von strukturellen Veränderungen in Gesellschaft und Wirtschaft sowie von Kriminalität betroffen sei. »Die Jungen verlieren ihren Kompaß«, wird resümiert, was heißen soll, daß sie zunehmend Orientierungsprobleme in bezug auf ihre Rolle und ihre Zukunft haben, während sich zugleich für die Mädchen immer mehr Perspektiven eröffnen, weil sie dank Demokratisierungs- und Emanzipationsbewegung die Fesseln ihrer herkömmlichen Rolle haben sprengen können und zugleich flexibler auf den gesellschaftlichen Wandel reagieren können.

Was in den USA schon länger beobachtet wird, was jetzt in Großbritannien problematisiert wird und was sich auch in Deutschland andeutet, ist wohl dieses: Wenn der Umbau von der bisherigen Industriegesellschaft, in der der einzelne so etwas wie ein »funktionierendes Rädchen im Getriebe« war, zu einer Dienstleistungs-, Kommunikations-, Informations-, Freizeit- und Produktionsgesellschaft nicht aktiv erzieherisch begleitet wird, dann muß ein hoher Preis bezahlt werden, und den zahlen offenbar vor allem die Jungen und die Männer, jedenfalls in Großbritannien:

* Während in den Industriegebieten Englands früher insbesondere die Männer zur Arbeit gingen und die Frauen »Haus und Kinder« hüteten, gehen heute immer häufiger Frauen zur Arbeit, während die Männer tagsüber irgendwelche Rennen auf dem Bildschirm verfolgen, sich keineswegs um Haus und Kinder kümmern und in dem Mo-

ment in den Pub flüchten, in dem die Frau von ihrem Job nach Hause kommt.

* Fabrik- und Hafenarbeitsplätze haben an Zahl stark abgenommen, auch weil immer weniger Menschen immer mehr produzieren; gleichzeitig hat die Zahl der Arbeitsplätze im Dienstleistungsbereich erheblich zugenommen, aber dort werden vor allem Frauen beschäftigt.
* Schulabgänger mit geringen Qualifikationen sind vor allem Jungen; Mädchen sind schon in der Schule durchweg fleißiger und erfolgreicher, und zwar selbst dann, wenn sie aus gestörten Familienverhältnissen kommen.
* Jungen aus Ein-Eltern-Familien, die ohne eine positive Vaterfigur und zudem eher in Armut aufwachsen, leben mit einem erhöhten Risiko bezüglich emotionaler Störungen, eines niedrigen Schulabschlusses, Versagens im Studium, eines geringen Wochenlohns, Arbeitslosigkeit, Kriminalität sowie eines späteren Single-Daseins.

Für Jugendliche ist Musik fast das Liebste in ihrem Leben, aber auf der Beliebtheitsskala der Schulfächer steht Musik auf dem vorletzten Platz. Woran liegt das? Die Hirnforscher geben uns eine Antwort darauf: Schule versucht, das Kind nicht nur weitgehend auf den Kopf zu reduzieren, sondern innerhalb des Kopfes auch auf die linke Hirnhälfte, in der das Rationale, das Logische und das Raumvorstellungsvermögen lokalisiert sind. Die rechte Hirnhälfte hingegen ist für das Musische, das Kreative, das Emotionale und das Soziale zuständig, das aber in der Schule kaum direkt angesprochen wird. Das Fach Musik wird in der Schule überwiegend über die linke Hirnhälfte unterrichtet, obwohl es zumindest bei Jungen über die rechte unterrichtet werden müßte.

Da bei Jungen nur eine schwache Brücke zwischen den Hirnhälften besteht, können sie nur schlecht mit der rechten Hälfte kompensieren, wenn sie überwiegend »linkshirnig« erzogen wurden. Frustgefühle leiten sie nach außen ab, beispielsweise mit Aggressionen, während die starke Brücke zwischen linker und rechter Hirnhälfte den Mädchen erlaubt, eher einen Ausgleich in sich selbst zu finden. Unsere »linkshirnige« Schule begünstigt zur Zeit vor allem die Mädchen, die deshalb mittlerweile die Mehrheit der Abiturienten (54 Prozent) stellen und die auch noch bessere Abiturdurchschnittsnoten erzielen als die Jungen. Mädchen sind im Vergleich zu Jungen so viel erfolgreicher beim Lernen, daß neuerdings einige Schulen wie das Hamburger Gymnasium Lerchenfeld nicht einmal mehr genug Jungen für die Koedukation zusammenbekommen, so daß sie einzelne reine Mädchenklassen neben koedukativen Parallelklassen führen müssen, obwohl sie das eigentlich gar nicht so wollen.

Weil Mädchen leichter in sich einen Ausgleich für mißliche Lebensumstände, aber auch für dramatische Veränderungen in ihrem Umfeld finden können, sind sie, so, wie Schule heute ist, schulgeeigneter als Jungen und damit auch ausbildungs- und studiengeeigneter. Erst mit einer anderen Schule, die auch die rechte Hirnhälfte mit Emotionalem, Musischem, Sozialem und Kreativem fördert und zu Selbständigkeit, Teamfähigkeit und Konfliktfähigkeit erzieht, könnten die Jungen wieder mit den Mädchen gleichziehen; sie müßten dann nicht mehr so oft aggressiv oder resignativ reagieren.

Vor 25 Jahren gab es noch eine ziemlich einheitliche Jugend in der westlichen Welt; sie war relativ uniform in ihrer Lebenseinstellung und – vor allem auf dem Land – in das Vereinsleben und andere Aktivitäten eingebunden. Heute ist das ganz anders. Zwar gibt es noch in Deutschland 145000 Jungen und Mädchen bei den Jugendfeuerwehren, aber Löschen und Bergen, Retten und Kameradschaft bieten für immer mehr junge Leute nicht mehr den notwendigen »Kick«, die Dosis an Abenteuerreizen ist ihnen zu gering. Auch die Sport- und Schützenvereine beklagen Nachwuchsmangel.

Fast 200 Arten von Jugendkultnischen werden zur Zeit für Deutschland beschrieben. Sie sind höchst unterschiedlich, einige sind langlebig, andere sind nur für kurze Zeit »in«. Da gibt es Hooligans, Skinheads, Neonazis, Grufties, die in Särgen schlafen und ihre Zimmer mit Grabsteinen dekorieren, da gibt es okkultistische und Satanskultgruppen, zahlreiche Jugendsekten, da gibt es die HipHopper mit ihrer Graffiti-, Rap- und Breakdance-Nische, da gibt es S-Bahn-Surfer, Crash-Kids, Cruiser, Skater, sowie Straßen- und Stadtteilbanden. Darüber hinaus gibt es auch noch Pfadfinder und diejenigen, die Extremsportarten wie Mountainbiking, Freeclimbing, Wildwasser-Rafting, Extrembergsteigen, Motocrossing, Fallschirmspringen, Bungeespringen, House-Running oder Gleitschirm- und Drachenfliegen bevorzugen, weil nur dabei der Reiz des Prickelnden und die Lust am Risiko befriedigt werden können.

Die Sucht nach der Gefahr hat durchaus autoaggressive Züge, der eigene Körper und die Willenskraft sollen bis an seine Grenzen und darüber hinaus geführt werden, damit der Erfolg zur Ersatzbefriedigung wird und das schwache Ich gestärkt wird, aber auch, um die eigenen Möglichkeiten bis zum Äußersten auszutesten.

Die Bereitschaft zu häufigen und brutalen Gewalttaten verspricht in Teilen der Jugendszene, etwa bei den Skinheads, ein hohes Maß an Anerkennung, so daß Aggressionsbereitschaft zu einer allgemein akzeptierten Binnennorm wird, die selbst dann gepflegt wird, wenn man sie für sich allein ablehnt. Zur Gruppe gehören zu dürfen ist eben ein höherer Wert als die private Abneigung gegen Gewalt, so daß man »mit den Wölfen« anders »heult« als allein. Der Gruppenzwang macht daher aus so manchen zu Hause pflegeleichten und in Polizeiverhören liebenswert erscheinenden Individuen gewalttätige Bestien.

Die Familie zu ersetzen ist die wichtigste Funktion von Jugendkultnischen. Man kann direkt einen Zusammenhang zwischen Familienzerfall und Abdriften in gefährdende Jugendgruppen feststellen; je kaputter die eigene Familie ist, desto größer wird der Sog in die Gruppe hinein. Die Gruppe bietet Wir-Bewußtsein, Geborgenheit, Solidarität und Akzeptanz.

Kinder, die mit Geborgenheits- und Zuwendungsdefiziten aufwachsen, trösten sich vielfach mit Kuscheltieren, mit Haustieren oder gar mit Ratten. Wenn ihre Eltern ihnen nicht zuhören, wenn sie von ihnen zuwenig Ansprache bekommen, dann kompensieren sie, indem sie mit ihren Stofftieren, ihrer Katze oder ihrer Ratte sprechen und sie streicheln. Sie erproben mit diesen Platzhaltern Nähe und Distanz, Körperkontakt und Ablehnung, Liebe und Strafe. Sie genießen die unwidersprochene Macht, die Anhänglichkeit, das Dressier- und Knetbare. Deshalb gibt es auch so viele zarte Mädchen, die etwas für ihr Selbstwertgefühl tun, indem sie ein großes und starkes Pferd, auf dessen Rücken sie sitzen, mit leichtem Fuß- und Zügeldruck in die von ihnen gewünschte Richtung zwingen. Und die Ratte erfüllt gleich zwei gegensätzliche Funktionen: Man kann sich mit ihr Respekt und Anerkennung bei Gleichaltrigen verschaffen und gleichzeitig die Erwachsenen, die sich dadurch provoziert fühlen, auf Abstand halten. Diese Doppelfunktion hat auch das Piercing-, Tätowier- und Bekleidungsverhalten vieler Jugendkultgruppen wie der Punks, der Skins, der Autonomen oder der Hooligans.

Jedes siebte deutsche Kind wächst mit nur einem Elternteil auf, von denen 70 Prozent zugleich keine Geschwister haben. Jedes Jahr müssen etwa 300 000 Mädchen und Jungen in Deutschland die Scheidung ihrer Eltern verkraften – oder sie leben auf, weil der ewige Familienstreit mit der Trennung endlich aufhört. Ein Drittel der Scheidungskinder erleidet durch die Trennung der Eltern bleibende psychische Schäden, insbesondere wenn die Scheidung der Eltern zwischen ihrem vierten und 13. Lebensjahr geschieht. Sie scheitern mit doppelt so hoher Wahrscheinlichkeit im Gymnasium und werden mit anderthalbfachem Risiko später arbeitslos. Töchter von geschiedenen Eltern werden selbst früher als andere Frauen Mütter, und die Chance, daß sie auch wieder alleinerziehend sein werden, ist bei ihnen wesentlich höher.

* Drei Millionen deutsche Kinder leben von der Sozialhilfe bzw. an der Armutsgrenze, und vier Millionen der 15,6

Millionen Kinder wachsen in beengten Wohnverhältnissen auf. Sie beugen sich nicht der Askese als einem hohen Wert, sondern entwickeln zum Ausgleich ihrer Nöte überstarke Konsumwünsche.

* Kleinkinder wollen eigentlich nur Liebe, viel Zeit des Zusammenseins mit ihren Eltern, Ansprache, Zuhören, Bewegung, Spiel, Körperkontakt, Orientierung für ihren Weltbildaufbau, sie möchten, daß ihre Kräfte herausgefordert werden, und sie brauchen eine stimmige Ernährung. In dem Maße, wie ihre streß- und problemgeplagten Eltern ihnen statt des eigentlich Gemeinten eine stoffliche Ersatzbefriedigung geben (Nahrung, Spielzeug, später Geld und den Bildschirm), lernen sie schon früh, daß die Grundbedürfnisse auch stofflich ersatzbefriedigt werden können. Sie fügen sich dann zum Bilanzausgleich selbst etwas vermeintlich Gutes zu, indem sie zunächst zucker- und dann eßsüchtig werden, indem sie später zu Nikotin, Alkohol, Tabletten und illegalen Drogen greifen.

Verplante Jugendliche, die von ihren Eltern permanent überfordert, in viele Niederlagen hineingetrieben und mit enttäuschten Gesichtern und schlechten Noten bestraft werden, weichen schließlich, vielfach in den Klassenstufen 9 bis 12, aus, indem sie mit Aufputschmitteln irgendwie über den Tag zu kommen versuchen. Sie beginnen ihn mit Koffein und Zucker, setzen ihn in den Hofpausen mit Nikotin fort, greifen nachmittags zu Power-Drinks mit besonders viel Koffein und dröhnen sich abends mit Alkohol und am Wochenende mit Hasch oder Ecstasy zu.

Jeder zehnte Schüler zwischen 13 und 16 Jahren nimmt regelmäßig Schmerz-, Beruhigungs- oder Schlafmittel, jedes vierte Vorschulkind ist sprachgestört (Sprachverweigerung, Stottern, Poltern), weil die Eltern keine Zeit zum Artikulieren lassen. Hinzu kommt das Phänomen Sprachverzögerung durch zuviel Fernsehkonsum bei gleichzeitigem Mangel an Ansprache und Zuhören durch Eltern und Geschwister. Jedes dritte Schulkind ist mittlerweile verhaltensgestört (psychisch bedingte Unruhe, Konzentrationsmängel, das »Montags-Syndrom«, der »Neun-Uhr-fünf-Effekt«, hyperkinetische Störungen, Wahrnehmungsstörungen und Gewaltbereitschaft zählen dazu), und an vielen Schulen wie an der Gesamtschule im nordrhein-westfälischen Kamen erreichen zwei Drittel aller Schüler nicht mehr das Mindestniveau, das sich die Schulpolitiker und Lehrer erhoffen; ihre Texte sind kaum zu entziffern, und sie verhalten sich alltäglich so, »als ob ihr zentrales Nervensystem direkt ans Fernsehprogramm angeschlossen« sei, sagt ihr Lehrer Horst Hensel.

* Aggressionen sind, biologisch gesehen, für den Menschen normal; er braucht sie, um sich zu wehren, sich zu behaupten und sich durchzusetzen. Erziehung sorgt für ihre Kultivierung, für ihre Kanalisierung in Dispute, in Kampf- oder Mannschaftssportarten oder auch in Leserbriefe. Wer aber schon früh und oft Opfer von Gewalt wird, sammelt chemische Spuren im Gehirn an, die Gewaltausbrüche forcieren, nämlich Serotonin und Vasopressin, so daß Menschen in aggressionsreichen Milieus besser gewappnet sind, sich auch ihrerseits rascher mit entsprechenden Aggressionen zu wehren. Es verwundert also nicht, daß die am häufigsten verprügelten und am schlimmsten vernachlässigten Kinder genau diejenigen sind, die später die gewalttätigsten Jugendlichen werden. Sie begehen 50 Prozent mehr Gewaltdelikte als andere Gleichaltrige, wenn sie vernachlässigt, und 100 Prozent mehr, wenn sie körperlich mißhandelt wurden.

Überdurchschnittlich viel und schon früh fernsehende Kinder werden mit Bildschirmreizen überdosiert versorgt. Sie wachsen meist mit Bewegungsmangel und daher auch mit Sinnesschwächen auf; nur noch die Kombination aus farbigem, action-reichem Bild und Ton überwindet ihre Reiz- bzw. Wahrnehmungsschwellen, so daß das stehende Bild, das schwarzweiße Bild und der Ton allein von ihnen nicht mehr richtig aufgenommen werden. Das moderne Kind kann deshalb nicht mehr gut zuhören und schon gar nicht am Montag nach 30 Stunden Bildschirmkonsum am Wochenende (»Montags-Syndrom«), so daß Schulen im morgendlichen »Stuhlkreis« die Gelegenheit bieten müssen, unverarbeitete Reize erst einmal aufzuarbeiten. Was die Bildschirmhelden der Kinder können und dürfen, können und dürfen sie selbst zu Hause meist nicht, so daß für sie die Fernseh- und Filmwelt einerseits und ihre graue Alltagswelt andererseits weit auseinanderdriften. Die Kluft dieses für sie unstimmigen Weltbildes vermögen sie nicht zu überbrücken, so daß sich in ihnen Spannungen aufbauen, die sie abreagieren müssen – oft in der Weise ihrer Comic- und Wrestling-Idole. Sie können sich später in den zwischenmenschlichen Beziehungen unserer gesellschaftlichen Realität nicht gut zurechtfinden, sie ecken überall an und ziehen sich, in einem Teufelskreis gefangen, erst recht in ihre Bildschirmwelt zurück, und dabei benötigen sie dann zum Ausgleich ihres nichtgelebten Lebens immer stärkere Reize, die ihnen Ninja-, Horror-, Zombie-, Action-, Kriegs-, Gewaltexzeß- und Sexfilme bieten. Als vorwiegende Konsumenten von Bildschirmleben und mit ihrem Mangel an realem Leben versagen sie dann schließlich auch im »turn-talking«, also im kommunikativen Wechsel zwischen Hörer- und Sprecherrolle. Kinder, die wenig fernsehen, sind dagegen deutlich dialogfähiger.

Wenn wir schon beim kleinen Kind dafür sorgen, daß es weder vernachlässigt noch verwöhnt wird, und wenn wir dem Grundschüler bereits beibringen, Konfliktsituationen zu bewältigen, indem wir ihm per Rollenspieltraining und per Bewertung in anschließenden Diskussionen Verhaltensalternativen für jede kritische Lebenssituation zur Verfügung stellen, dann werden Gewalt, Sucht und Krankheit abnehmen. Wir nähern uns dann endlich unserem schon so alten, aber immer noch nicht umgesetzten Erziehungsziel des mündigen Staatsbürgers, der sich angemessen entscheiden, wehren, behaupten und durchsetzen kann und der es nicht mehr nötig hat, mit Coolsein, mit Macho-Gehabe, mit martialischem oder gar bewaffnetem Auftreten, mit provozierender Häßlichkeit und Tatoos, mit muskelstrotzendem Bodybuilding, Kampfsporttechniken und Kampfhunden, mit Zuschlagen oder mit Zerstören seine inneren Schwächen zu kaschieren oder in einer zweifelhaften Jugendbande seinen Familienersatz zu suchen und mit dem Mut, Hakenkreuze an Synagogenwände zu malen, eine hohe Rangordnungsposition in ihr zu erobern. Mit der Förderung des Selbstwertgefühls, mit dem Ermöglichen von Erfolgserlebnissen sowie dem Aufbau der Schlüsselqualifikation Konfliktfähigkeit durch das Zur-Verfügung-Stellen von zahlreichen Verhaltensalternativen werden junge Menschen gestärkt, und zwar in bezug auf das Überwinden von Täter-, Opfer- und Zuschauerrolle, damit sie bei äußerer oder innerer Not nicht nur so reagieren, wie Mama, Papa, andere Verwandte und Bekannte, die Mitglieder der Jugendbande in ihrer Nachbarschaft oder ihre Bildschirmhelden es stets tun, sondern wie wir alle es letztendlich wünschen, nämlich angemessen und hilfreich, also als »Konfliktlotsen«, wie man in Niedersachsen sagt. »Totreden« ist schließlich besser als »Totschlagen«, sagt man in der Jugendstrafanstalt Hameln, in der junge Gewalttäter per »Coolness-Training«, also über »Provokationstests« auf dem »Heißen Stuhl«, argumentieren statt zuschlagen lernen. Eingebettet wird dieses Vorgehen oft noch, wie in norwegischen Schulen, in eine aktive Höflichkeitserziehung oder, wie in einigen deutschen Schulen, in Regeln für das Zusammenleben, die mit der jeweiligen Schulklasse erarbeitet werden, sowie in Verträge, die mit einzelnen Jugendlichen geschlossen werden und die zum Glück von den jungen Menschen häufiger, als von Kritikern vermutet, eingehalten werden: Sie verzichten im Falle von Unwohlsein in der eigenen Haut und bei Niederlagen bzw. Versagenserlebnissen fortan durchweg auf Gewalt, weil sie gelernt und trainiert haben, wie man sich auch anders wehren, behaupten und durchsetzen kann.

In dem Maße, wie in den vielen kleinen Lebenswelten eines einzigen Tages, also im Gedrängel der öffentlichen Verkehrsmittel, im Stau auf dem Weg zur Arbeit, im Großraumbüro, in der Schlange vor der Kasse im Supermarkt, in der Charterflughalle auf dem Weg in den Urlaub und in den multimedial vernetzten Wohn- und Schlafzimmern immer höhere Reizdosen auf den einzelnen Menschen einströmen, die er nicht mehr verarbeiten kann, ist er geneigt, mit sozialem Rückzug gegenzusteuern, sich entlastende Freiräume zu schaffen, in denen er niemandem mehr Rechenschaft schuldig ist. Was dabei auf andere wie bloße Ichbezogenheit oder gar wie Autismus wirkt, steht jedoch vielfach nur für ein hilfloses Bemühen um Balance, also um ein inneres Gleichgewicht gegenüber den von außen kommenden realen oder auch nur vermuteten Überforderungen.

Das ist auch der Grund, warum Soziologen heute von der Zunahme der Vereinzelung in unserer Gesellschaft sprechen, was die Trendforscher »Cocooning« nennen, also das Bedürfnis, einen Kokon um sich zu bauen. 37 Prozent der deutschen Haushalte sind bereits Single-Haushalte; in Hamburg sind es 48 Prozent, in München gar 54 Prozent. Diese Singles sind nicht unbedingt einsam, sie wollen aber wenigstens einige Stunden am Tag allein sein, niemandem Rechenschaft schuldig sein, wenn sie die Wohnungstür hinter sich zumachen, um nur noch Musik zu hören, am besten ganz laut, um ihr inneres Gleichgewicht zwischen den vielen Reizüberflutungen wiederzufinden und um ihre rechte Hirnhälfte in der »linkshirnigen« Beschulungs- und Verwaltungswelt, in der es an Musischem, Ästhetischem, Emotionalem, Taktvollem, Kreativem, Kommunikativem und (Mit-)Menschlichem mangelt, direkt und damit kompensatorisch pflegen zu können. Das gilt für kontaktarme Jugendliche, die sich von Freunden zurückgezogen haben, ebenso wie für gelegentlich oder ganz überforderte und um die Wiederentdeckung der Balance bemühte Lehrer.

Lehrer für das 21. Jahrhundert

Wir haben in den vergangenen Jahren zahlreiche Schulen im In- und Ausland besucht und dabei sehr unterschiedliche Formen des Unterrichtens und Erziehens kennengelernt. Jede Schulform hat ihre Berechtigung, ihre Vor- und Nachteile, aber erfolgreich war sie stets dann, wenn Lehrer, Eltern und Schüler dahinterstanden. Wir haben sehr viele Lehrer kennengelernt und dabei sehr viel Engagement, Routine, aber auch Hilflosigkeit gespürt, und wir haben mit einer großen Zahl von Eltern und Schülern zu tun gehabt, die ratlos, schwierig, schulbegeistert oder schulmüde waren oder die unter einem besonderen Förderbedarf, dem nicht entsprochen wurde, litten.

Zusammenfassend können wir feststellen, daß wir für die Zukunft eine ganz andere Schule brauchen, daß wir anders motivierte Menschen als Nachwuchs für den Lehrerberuf brauchen. Die Lehrerbildung muß sich deutlich ändern, aber auch die Art, wie man Lehrer einsetzt und wie man mit ihnen umgeht. So wie Schulen und Lehrer zur Zeit sind, und so, wie Schüler heutzutage sind, können wir verstehen, daß Eltern nicht selten zu dem Schluß kommen, daß ihr Kind nicht zum staatlichen Schulwesen paßt, daß sie es lieber auf eine Privatschule geben. Wenn immer mehr Eltern schulische Elternabende und den Kontakt zu Lehrern meiden, wenn sie über Lehrer empört sind oder Angst vor ihnen haben, wenn sie von den Lehrern als Väter und Mütter mit »Ablieferungsmentalität« gerügt werden, wie es Josef Kraus, der Präsident des Deutschen Lehrerverbandes, einmal tat, wenn Grundschulen im niederländischen Groningen schon Verträge mit Eltern von Problemkindern abschließen müssen, damit sie nicht nur ihrem Erziehungsrecht, sondern auch ihren Erziehungspflichten nachkommen, wenn man in einem Erlaß des niedersächsischen Kultusministeriums von »wachsenden Schwierigkeiten mit unerzogenen Kindern unerzogener Eltern« spricht, dann ist es wohl allerhöchste Zeit für eine neue Schule mit neuen Lehrern.

Im 21. Jahrhundert brauchen wir Lehrer,

* die schon Fünfjährigen nichtschreibend eine Fremdsprache beibringen können,
* die in jahrgangsübergreifenden Klassen oder in einer flexiblen Eingangsphase der Vor- und Grundschule als Lernberater statt als lehrerzentriert und frontal unterrichtende Stundengeber Kinder in die Lage versetzen, selbst zu lernen, statt belehrt zu werden, so daß sie nach ein, zwei oder drei Jahren reif für die 3. Klassen sind,
* die den Offenen Unterricht in der Lernwerkstatt und die Integration von Behinderten und Schülern mit einem erhöhten Förderbedarf beherrschen,
* die etwas von Ernährung, Bewegungserziehung, Psychomotorik, von Hirnforschung und Lernpsychologie, von Prävention gegen Gewalt, Sucht und Krankheit, von Spielpädagogik, von Muße, Musischem, Aktiver Pause und Bewegter Schule verstehen sowie von Rollenspiel und Darstellendem Spiel,
* die hilfreiche Lernentwicklungsberichte schreiben können,
* die bereit sind, Bildung in ein Mehr an Erziehung und Entlastung einzubetten,
* die Lust haben, Lernbereiche statt Fächer zu unterrichten,
* die ihren Schülern über Fachlernziele hinaus auch Schlüsselqualifikationen wie Selbständigkeit, Teamfähigkeit, Erkundungs- und Konfliktfähigkeit, Kreativität und die Fähigkeit zum vernetzenden Denken vermitteln können,
* die mit dem Computer und dem Internet umgehen können,
* die in der Lage sind, mit Eltern zu kooperieren und ihnen bei der Erziehung ihrer Kinder zu helfen, indem sie Hausbesuche machen, Elternstammtische einrichten sowie Elternabende mit Erziehungsthemen veranstalten und den Schülern und Eltern signalisieren, daß man sie jederzeit anrufen kann,
* die bereit sind, mehr umfassende Klassenlehrer als Fach-

lehrer zu sein, und auch in ihrer eigenen Klasse Fächer zu unterrichten, die sie nicht studiert haben,

* die willens sind, sich ständig über Kursangebote des Instituts für Lehrerfortbildung weiterzuentwickeln,
* die zu Co- oder Team-Teaching fähig und mit Supervision einverstanden sind,
* die aber auch das herkömmliche Lehrerinstrumentarium beherrschen, nämlich das Erzählen, das Vorlesen, das Veranschaulichen, das wissenschaftsorientierte Vorgehen, das lehrerzentrierte Einführen, das methodisch sinnvolle und spannende Lehren und das Grenzensetzen,
* die ihre Schüler mögen, die zu außerunterrichtlichem sozialpädagogischen Engagement bereit sind und die den Mut haben, trotz oder wegen knapper werdender öffentlicher Mittel neue Wege zu beschreiten, und zwar ohne zu jammern.

Mehr ist es eigentlich nicht. Oder ist das zuviel der Zumutungen?

Daß der Staat dieses alles mit mehr Flexibilität begleitet, nämlich mit Arbeitszeitkonten, mit der Genehmigung von Sabbatjahren, mit Teilzeitverträgen, mit der Möglichkeit, auch Nicht-Lehrer zu beschäftigen, mit einer autonomeren Schule, mit einer dezentralisierten Lehrerfortbildung und mit der Gestattung von immer mehr Schulprofilen im gleichwertigen Nebeneinander anstelle eines hierarchisch gegliederten Schulsystems mit höher- und minderwertigen Bildungsgängen, trägt gewiß auf Dauer nicht nur zu einem günstigeren Lehrerbild in der Öffentlichkeit bei, sondern führt am Ende bei den Schülern auch zu mehr Schulfreude und zu besseren Leistungen. Und genau die werden ja vor allem von den Betrieben und von den Hochschulen im Wirtschafts- und Wissenschaftsstandort Deutschland für das 21. Jahrhundert erwartet.

Einen guten Lehrer, der nicht auch ein ganz klein wenig verrückt ist, gibt es kaum, während Lehrer, die zugleich Partei- oder Verbandsfunktionäre sind, in der Regel durch ein hohes Maß an Normalität ausgezeichnet sind, das sie nicht unbedingt bekömmlich für ihre Schüler macht, ihnen aber dazu verhilft, daß sie Schulleiter, Schulrat oder Minister werden; sie können jedoch dann nicht ermessen, welche Rahmenbedingungen gute Lehrer brauchen, weil sie zum Kern des Verständnisses von Lehrer-Schüler-Beziehungen nie vorzudringen vermochten oder weil ihnen von Anfang an die Antenne dafür gänzlich fehlte. Das ist tragisch für die Schüler.

Vielleicht erkennt man einen guten Lehrer ja auch daran, daß er nicht den Eltern von Karl-Heinz einen Brief schickt, wenn der sich danebenbenommen hat, sondern Karl-Heinz selbst?

Literatur

Amication, Freundschaft mit Kindern: http://www.free.de/fmk/index.htm, 1998.

Ariès, Philippe: Geschichte der Kindheit, München 1993.

Beck, Johannes: Der Bildungswahn, Reinbek 1994.

Bildungskommission NRW: Zukunft der Bildung – Schule der Zukunft, Neuwied 1995.

Block, Katharina: Geht es Ihnen gut, oder haben Sie Kinder am Gymnasium? Reinbek 1998.

Bollnow, Otto F.: Die pädagogische Atmosphäre, Heidelberg 1964.

Brammen, Cornelia/Peter Struck: Für jedes Kind die richtige Schule, Berlin 1998.

Broos, Susanne (Hrsg): Welche Schule für unser Kind? Reinbek 1997.

Brück, Horst: Die Angst des Lehrers vor seinem Schüler, Reinbek 1978.

Buber, Martin: Reden über Erziehung, Heidelberg 1962.

Büttner, Christian: Mit aggressiven Kindern leben, Weinheim 1992[3].

Büttner, Christian/Eberhard W. Meyer (Hrsg.): Rambo im Klassenzimmer, Weinheim 1991.

Callahan, Mary: Tony, Bergisch-Gladbach 1990.

Daschner, Peter/Hans-Günter Rolff/Tom Stryck (Hrsg.): Schulautonomie – Chancen und Grenzen, Weinheim 1995.

Decker, Franz: Bildungsmanagement für eine neue Praxis; Lernprozesse erfolgreich gestalten, pädagogisch und betriebswirtschaftlich führen, budgetieren und finanzieren, München 1995.

Defersdorf, Roswitha: Drück mich mal ganz fest, Freiburg i. Br. 1991.

Derbolowsky, Udo: Individuelle Psychoanalyse als Gruppentherapie, Heidelberg 1982.

Derbolowsky, Udo: Wer mich nicht liebt, ist selber schuld, Basel 1991.

Deutscher Bildungsrat: Strukturplan für das Bildungswesen, Stuttgart 1970.

Dreikurs, Rudolf/ Vicki Stoltz: Kinder fordern uns heraus, Stuttgart 1992.

Ernst, Andrea/Sabine Stampfel: Kinder-Report; Wie Kinder in Deutschland leben, Köln 1991.

Eschenauer, Barbara (Hrsg.): Medienpädagogik in den Lehrplänen; Eine Inhaltsanalyse zu den Curricula der allgemeinbildenden Schulen im Auftrag der Bertelsmann-Stiftung, Gütersloh 1989.

Faulde, Joachim: Schule und außerschulische Jugendbildung; Eine Untersuchung zu institutionellen Aspekten der Kooperation, Weinheim 1996.

Faulstich, Peter/Hannelore Faulstich-Wieland: Computer-Kultur; Erwartungen, Ängste, Handlungsspielräume, München 1988.

Faulstich-Wieland, Hannelore: Koedukation – Enttäuschte Hoffnungen? Darmstadt 1991.

Feger, Barbara/Tania M. Prado: Hochbegabung; Die normalste Sache der Welt, Darmstadt 1998.

Fend, Helmut: Theorie der Schule, München 1981².

Ferchhoff, Wilfried: Patchwork-Jugend, Opladen 1997.

Flitner, Andreas: Mißratener Fortschritt, München 1977.

Flitner, Andreas: Reform der Erziehung, München 1992.

Frech-Becker, Cornelia: Fördern heißt Fordern; Über die Verantwortung der Eltern für den Schulerfolg ihrer Kinder, Frankfurt a. M. 1995.

Gardner, Howard: Der ungeschulte Kopf; Wie Kinder denken, Stuttgart 1993.

Giesecke, Hermann: Das Ende der Erziehung; Neue Chancen für Familie und Schule, Stuttgart 1985.

Goetze, Herbert (Hrsg.): Pädagogik bei Verhaltensstörungen – Innovationen, Bad Heilbrunn 1994.

Grefe, Christiane: Ende der Spielzeit; Wie wir unsere Kinder verplanen, Berlin 1995.

Grell, Jochen: Techniken des Lehrerverhaltens, Weinheim 1989¹².

Gronemeyer, Marianne: Lernen mit beschränkter Haftung; Über das Scheitern der Schule, Darmstadt 1996.

Gudjons, Herbert: Pädagogisches Grundwissen, Bad Heilbrunn 1993.

Gudjons, Herbert: Handlungsorientiert lehren und lernen, Bad Heilbrunn 1994⁴.

Gudjons, Herbert/Reiner Lehberger: In Hamburg zur Schule gehen, Hamburg 1998.

Guntern, Gottlieb (Hrsg.): Imagination und Kreativität; Playful Imagination, Zürich 1995.

Hallowell, Edward M. und John Ratey: Zwanghaft zerstreut; ADD – Die Unfähigkeit, aufmerksam zu sein, Reinbek 1998.

Hansen, Wilhelm: Die Entwicklung des kindlichen Weltbildes, München 1960⁵.

Hartmann, Tom: Eine andere Art, die Welt zu sehen; Das Aufmerksamkeitsdefizitsyndrom, Lübeck 1997.

Heitmeyer, Wilhelm u. a.: Gewalt; Schattenseiten der Individualisierung bei Jugendlichen aus unterschiedlichen Milieus, Weinheim 1995.

Hennig, Claudius/Gustav Keller: Anti-Streß-Programm für Lehrer, Donauwörth 1995.

Hentig, Hartmut von: Die Schule neu denken; Eine Übung in praktischer Vernunft, München 1993.
Hentig, Hartmut von: Bildung; Ein Essay, München 1996.
Hesse, Silke/Klaus Hurrelmann: Gesundheitserziehung in der Schule, in: Prävention 2/1991, S. 50ff.
Hurrelmann, Klaus: Familienstreß, Schulstreß, Freizeitstreß; Gesundheitsförderung für Kinder und Jugendliche, Weinheim 1990.
Hurrelmann, Klaus/Heidrun Bründel: Gewalt macht Schule, München 1994.

Kammerer, Dorothea: Aggression und Gewalt bei Jungen, München 1993.
Keller, Gustav: Wir entwickeln unsere Schule weiter, Donauwörth 1997.
Kohlberg, Lawrence: Zur kognitiven Entwicklung des Kindes, Frankfurt a.M. 1974.
Kraus, Josef: Spass-Pädagogik; Sackgassen deutscher Schulpolitik, München 1998.

Lasch, Christopher: Geborgenheit; Die Bedrohung der Familie in der modernen Welt, München 1987.
Link, Manfred: Schulversagen; Ursachen verstehen, gezielt helfen, Reinbek 1995.
Lorent, Hans-Peter de: Schule ohne Vorgesetzte; Geschichte der Selbstverwaltung der Hamburger Schulen von 1870 bis 1986, Hamburg 1992.
Lukesch, Helmut: Video im Alltag der Jugend, Regensburg 1989.

MacCracken, Mary: Charlie, Eric und das ABC des Herzens; Außenseiter im Klassenzimmer, Frankfurt a.M. 1991.
Mahlmann, Friedrich: Pestalozzis Erben, Heidelberg 1997[2].
Maier, Hans: Standort: Deutschland – Tatort: Gymnasium, Eresing 1996.
Makarenko, Anton S.: Ausgewählte pädagogische Schriften, hrsg. von Horst E. Wittig, Paderborn 1961.
Mallet, Carl-Heinz: Untertan Kind, Frankfurt a.M. 1990.
Meißner, Monika/Ernst A. Stadter: Kinder lernen leben; Beziehungslernen in der Grundschule, München 1995.
Meyerberg, Rüdiger: Auch Schule produziert Gewalt, in: Einblicke 18/1993, S. 24ff.
Miller, Reinhold: Schul-Labyrinth; Gedanken-Gänge, Anstöße, Aus-Wege, Hilfen im Umgang mit Veränderungen, Weinheim 1993.
Mönks, Franz. J./Irene H. Ypenburg: Unser Kind ist hochbegabt; Ein Leitfaden für Eltern und Lehrer, München 1993.
Montagu, Ashley: Körperkontakt, Stuttgart 1992.
Mosler, Bernhard: Mehr Zukunftschancen? Wissen anders organisieren, Frankfurt a.M. 1995.

Nave-Herz, Rosemarie: Familie heute – Wandel der Familienstrukturen und Folgen für die Erziehung, Darmstadt 1994.
Neill, Alexander S.: Theorie und Praxis der antiautoritären Erziehung; Das Beispiel Summerhill, Reinbek 1970[14].
Neuhaus, Cordula: Das hyperaktive Kind, Ravensburg 1996.
Nietzsche, Friedrich: Sämtliche Werke, München 1980.
Nohl, Herman: Die pädagogische Bewegung in Deutschland und ihre Theorie (1935), Frankfurt a.M. 1978[8].

Osswald, Elmar: Gemeinsam statt einsam; Arbeitsplatzbezogene Lehrerfortbildung, Kriens 1990.

Palla, Rudi: Die Kunst, Kinder zu kneten; Ein Rezeptbuch der Pädagogik, Frankfurt a.M. 1997.
Papert, Seymour: Revolution des Lernens; Kinder, Computer, Schule in einer digitalen Welt, Hannover 1996.
Perelman, Lewis J.: School's out, New York 1993.
Peter, Rudolf: Grundlegender Unterricht, Bad Heilbrunn 1954.
Philipp, Elmar: Gute Schulen verwirklichen, Weinheim 1994[2].
Pöppel, Ernst: Lust und Schmerz; Über den Ursprung der Welt im Gehirn, München 1995.
Postman, Neil: Das Verschwinden der Kindheit, Frankfurt a.M. 1982[7].
Postman, Neil: Wir amüsieren uns zu Tode, Frankfurt a.M. 1985.
Postman, Neil: Keine Götter mehr; Das Ende der Erziehung, Berlin 1995.
Preuschoff, Gisela und Axel: Gewalt an Schulen; Und was dagegen zu tun ist, Köln 1992.
Preuß, Eckhardt: Leistungserziehung, Leistungsbeurteilung und Innere Differenzierung in der Grundschule, Bad Heilbrunn 1994.

Reinprecht, Hansheinz: Kinder erziehen ohne Ärger, Graz 1993.
Röhrs, Hermann: Die Reformpädagogik; Ursprung und Verlauf unter internationalem Aspekt, Weinheim 1991[3].
Rösner, Ernst/Wolfgang Böttcher/Hjalmar Brandt (Hrsg.): Lehreralltag – Alltagslehrer; Authentische Berichte aus der Schulwirklichkeit, Weinheim 1996.
Rolff, Hans-G.: Wandel durch Selbstorganisation; Theoretische Grundlagen und praktische Hinweise für eine bessere Schule, Weinheim 1993.
Roth, Heinrich: Der Wandel des Begabungsbegriffs, Stuttgart 1961.
Ruf-Bächtiger, Lislott: Das frühkindliche psychoorganische Syndrom, Stuttgart 1991.

Sacher, Werner: Prüfen, Beurteilen, Benoten, Bad Heilbrunn 1994.
Scarbath, Horst: Träume vom guten Lehrer, Donauwörth 1992.

Schmidtbauer, Wolfgang: Die Angst vor Nähe, Reinbek 1985³.
Schnack, Dieter/Rainer Neutzling: Kleine Helden in Not; Jungen auf der Suche nach Männlichkeit, Reinbek 1990.
Schoenebeck, Hubertus von: Antipädagogik im Dialog, Weinheim 1992³.
Schönweiss, Friedrich: Bildung als Bedrohung? Grundlegung einer Sozialen Pädagogik, Opladen 1994.
Schüler '95: Gewaltlösungen, hrsg. vom Friedrich-Verlag, Seelze 1995.
Singer, Kurt: Die Würde des Schülers ist antastbar, Reinbek 1998.
Sommer, Norbert (Hrsg.): Überall Haß, Krisen, Kriege und Gewalt – Gründe und Auswege, Berlin 1994.
Spanhel, Dieter/Heinz-Georg Hüber: Lehrersein heute; Berufliche Belastungen und Wege zu deren Bewältigung, Bad Heilbrunn 1995.
Spranger, Eduard: Der geborene Erzieher, Heidelberg 1963³.
Spranger, Eduard: Psychologie des Jugendalters, Heidelberg 1960²⁶.
Spranger, Eduard: Das Gesetz der ungewollten Nebenwirkungen in der Erziehung, Heidelberg 1962.
Spreiter, Michael (Hrsg.): Waffenstillstand im Klassenzimmer, Weinheim 1993.
Starck, Willy: Die Sitzenbleiberkatastrophe, Stuttgart 1974.
Struck, Peter: Die Hauptschule, Stuttgart 1979.
Struck, Peter: Sozialpädagogik der Schule und Soziales Lernen, Stuttgart 1980.
Struck, Peter: Projektunterricht, Stuttgart 1980.
Struck, Peter: Pädagogik des Schullebens, München 1980.
Struck, Peter: Pädagogik des Klassenlehrers, Hamburg 1981.
Struck, Peter: Erziehungsdefizite in Familie, Schule und Gesellschaft, Hannover 1982.
Struck, Peter: Pädagogische Bindungen, Frankfurt a.M. 1984.
Struck, Peter: Schul- und Erziehungsnot; Ein Ratgeber für Eltern, Lehrer und Bildungspolitiker, Neuwied 1993².
Struck, Peter: Familie und Erziehung; Pädagogik zum Anfassen, Neuwied 1995³.
Struck, Peter: Erziehung gegen Gewalt; Ein Buch gegen die Spirale von Aggression und Haß, Neuwied 1994.
Struck, Peter: Neue Lehrer braucht das Land; Ein Plädoyer für eine zeitgemäße Schule, Darmstadt 1994.
Struck, Peter: Schulreport; Zwischen Rotstift und Reform oder Brauchen wir eine andere Schule? Reinbek 1995.
Struck, Peter: Zuschlagen, Zerstören, Selbstzerstören; Kinder, Jugendliche und Gewalt, Darmstadt 1995.
Struck, Peter: Die Kunst der Erziehung; Ein Plädoyer für ein zeitgemäßes Zusammenleben mit Kindern und Jugendlichen, Darmstadt 1996.
Struck, Peter: Die Schule der Zukunft; Von der Belehrungsanstalt zur Lernwerkstatt, Darmstadt 1996.

Struck, Peter: Lehrer von gestern, Schüler von heute, Schule von morgen, München 1997.

Tillmann, Klaus-J.: Sozialisationstheorien, Reinbek 1990[2].
Tillmann, Klaus-J. (Hrsg.): Was ist eine gute Schule? Hamburg 1994[2].
Tönnies, Heinrich: Seelische Stabilität; Gute Leistungsfähigkeit durch bedarfsorientierte Ernährung, Alfeld 1996.
Tulodziecki, Gerhard: Medienerziehung in Schule und Unterricht, Bad Heilbrunn 1991[2].
Tymister, Hans Josef: Pädagogische Beratung mit Kindern und Jugendlichen; Fallbeispiele und Konsequenzen für Familie und Schule, Hamburg 1996.

Ulrich, Klaus: Beruf Lehrer/in; Arbeitsbelastungen, Beziehungskonflikte, Zufriedenheit, Weinheim 1996.

Voß, Reinhard/Roswitha Wirtz: Keine Pillen für den Zappelphilipp; Alternativen im Umgang mit unruhigen Kindern, Reinbek 1991.
Voß, Reinhard (Hrsg.): Die Schule neu erfinden, Neuwied 1996.

Wallrabenstein, Wulf: Offene Schule – Offener Unterricht, Reinbek 1991.
Webb, Colin/Wynne Rowe: Kinder entdecken den Computer, München 1996.
Weidner, Jens/Rainer Kilb/Dieter Kreft (Hrsg.): Gewalt im Griff; Neue Formen des Anti-Aggressivitäts-Trainings, Weinheim 1997.
Weimer, Hermann: Der Weg zum Herzen des Schülers, München 1908.
Würtl, Ingo: Schulische Regeln, der Spielraum des einzelnen und die Schulpflicht, in: G. Wagner/H. J. Bochnik (Hrsg.): Spielräume, Heidelberg 1985.
Würtl, Ingo: Über die seelischen Nöte der Verhaltensgestörten; Beispiele aus der Praxis, in: Zeitschrift für Heilpädagogik 4/1986, S. 269ff.

Xochellis, Panos: Pädagogische Grundbegriffe, München 1973[4].

Zimmer, Katharina: Wer sind unsere Kinder? München 1994.
Zöller, Dietmar: Wenn ich mit euch reden könnte ... Ein autistischer Junge beschreibt sein Leben, München 1991.

Register